teach
yourself

german
paul coggle
and
heiner schenke

For over 60 years, more than
40 million people have learnt over
750 subjects the **teach yourself**
way, with impressive results.

be where you want to be
with **teach yourself**

For UK order enquiries: please contact Bookpoint Ltd, 130 Milton Park, Abingdon, Oxon OX14 4SB. Telephone: +44 (0) 1235 827720. Fax: +44 (0) 1235 400454. Lines are open 09.00–18.00, Monday to Saturday, with a 24-hour message answering service. Details about our titles and how to order are available at www.teachyourself.co.uk

For USA order enquiries: please contact McGraw-Hill Customer Services, PO Box 545, Blacklick, OH 43004-0545, USA. Telephone: 1-800-722-4726. Fax: 1-614-755-5645.

For Canada order enquiries: please contact McGraw-Hill Ryerson Ltd, 300 Water St, Whitby, Ontario L1N 9B6, Canada. Telephone: 905 430 5000. Fax: 905 430 5020.

Long renowned as the authoritative source for self-guided learning – with more than 40 million copies sold worldwide – the **teach yourself** series includes over 300 titles in the fields of languages, crafts, hobbies, business, computing and education.

The publisher has used its best endeavours to ensure that the URLs for external websites referred to in this book are correct and active at the time of going to press. However, the publisher has no responsibility for the websites and can make no guarantee that a site will remain live or that the content is or will remain appropriate.

British Library Cataloguing in Publication Data: a catalogue record for this title is available from the British Library.

Library of Congress Catalog Card Number: on file.

First published in UK 1998 by Hodder Education, 338 Euston Road, London, NW1 3BH.

First published in US 1998 by Contemporary Books, a Division of the McGraw-Hill Companies, 1 Prudential Plaza, 130 East Randolph Street, Chicago, IL 60601 USA.

This edition published 2003.

The **teach yourself** name is a registered trade mark of Hodder Headline.

Typeset by Transet Limited, Coventry, England.
Printed in Great Britain for Hodder Education, a division of Hodder Headline, 338 Euston Road, London NW1 3BH, by Cox & Wyman Ltd, Reading, Berkshire.

Hodder Headline's policy is to use papers that are natural, renewable and recyclable products and made from wood grown in sustainable forests. The logging and manufacturing processes are expected to conform to the environmental regulations of the country of origin.

Impression number   20 19 18 17 16 15 14 13 12 11
Year   2007 2006

contents

introduction

Welcome to *Teach Yourself German*!

Is this the right course for you?

If you are an adult learner with no previous knowledge of German and studying on your own, then this is the course for you. Perhaps you are taking up German again after a break from it, or you are intending to learn with the support of a class? Again, you will find this course very well suited to your purposes.

Developing your skills

The language introduced in this course is centred around realistic everyday situations. The emphasis is first and foremost on **using** German, but we also aim to give you an idea of how the language works, so that you can create sentences of your own.

The course covers all four of the basic skills – listening and speaking, reading and writing. If you are working on your own, the recording will be all the more important, as it will provide you with the essential opportunity to listen to German and to speak it within a controlled framework. You should therefore try to obtain a copy of the recording if you haven't already got one.

The structure of this course

The course book contains **23 course units** plus a **reference section** at the back of the book. There are also **two cassettes** or **CDs** which you really do need to have if you are going to get maximum benefit from the course.

The course units

The course units can be divided roughly into the following categories, although of course there is a certain amount of overlap from one category to another.

Statement of aims

At the beginning of each unit you will be told what you can expect to learn, in terms of a) what you will be able to **do** in German by the end of the unit and b) the language points that are being introduced.

Presentation of new language

This is usually in the form of text material, often supported by illustrations, or of a dialogue. Most of the dialogues are recorded on the audio ▶ and also printed in the book. Some assistance with vocabulary is also given. The language is presented in manageable chunks, building carefully on what you have learned in earlier units.

Practice of the new language

Practice is graded, so that activities which require mainly **recognition** come first. As you grow in confidence in manipulating the language forms, you will be encouraged to **produce** both in writing and in speech.

Description of language forms and grammar

Information on the forms of the language is presented in two ways: i) in digestible 'bites' within the body of the unit (**SPRACHINFO**) and ii) in the grammar section at the end of the unit.

Learning the **forms** of the language will enable you to construct your own sentences correctly. For those who are daunted by grammar, assistance is given in various ways.

Pronunciation and intonation

The best way to acquire good pronunciation and intonation is to listen to native speakers and to try to imitate them. But most people do not actually notice that certain sounds in German are pronounced differently from their English counterparts, until this is pointed out to them. For this reason we include specific advice within the course units.

ℹ️ Information on German-speaking countries

Here you will find information on various aspects of life – from the level of formality that is appropriate when you talk to strangers to how the health service works if you should fall ill.

Vocabulary

To help you monitor your own learning of vocabulary, much of the new vocabulary is presented as it occurs. At the end of the book there is also a German–English and an English–German reference vocabulary.

Monitoring your progress

You will of course want to monitor your own progress. We provide additional exercises at the end of each unit for you to check whether you have mastered the main points. We have also designed a self-assessment test after every fourth unit, so you can check that you feel confident about the main vocabulary and phrases, skills and language points before you move on. These tests start at page 263.

The reference section

This contains:

- a list of German strong and mixed verbs
- a key to the activities
- transcripts of the recordings
- a German–English vocabulary
- an English–German vocabulary

How to use this course

Make sure at the beginning of each course unit that you are clear about what you can expect to learn.

Read any background information that is provided. Then either read the text material or listen to the dialogues on the recording. With the recording try to get the gist of what is being said before you look at the printed text in the book. Then refer to the printed text and the *Key words and phrases* in order to study the dialogues in more detail.

Don't fall into the trap of thinking you have 'done that' when you have listened to the recording a couple of times and worked through the dialogues in the book. You may **recognize** what you hear and read, but you almost certainly still have some way to go before you can **produce** the language of the dialogues correctly and fluently. This is why we recommend that you keep listening to the recording at every opportunity – sitting on the train or bus, waiting at the dentist's or stuck in a traffic jam in the car, using what would otherwise be 'dead' time. Of course, you must also be internalizing what you hear and making sense of it – just playing it in the background without really paying attention is not enough!

Some of the recordings are listen-only exercises. The temptation may be to go straight to the transcriptions in the back of the book, but try not to do this. The whole point of listening exercises is to improve your listening skills. You will not do this by reading first. The transcriptions are there to help you if you get stuck.

As you work your way through the exercises, check your answers carefully in the back of the book. It is easy to overlook your own mistakes. If you have a 'study buddy' it's a good idea to check each other's answers. Most of the exercises have fixed answers, but some are a bit more open-ended, especially when we are asking you to talk about yourself. We then, in most cases, give you a model answer which you can adapt for your own purposes.

We have tried to make the grammar explanations as user-friendly as possible, since we recognize that many people find grammar daunting. But in the end, it is up to you just how much time you spend on studying and sorting out the grammar points. Some people find that they can do better by getting an ear for what sounds right, others need to know in detail how the language is put together.

Before you move on to a new unit always make sure that you know all the new words and phrases in the current unit. Trying to recall the context in which words and phrases were used may help you learn them better. After every fourth unit, there is also a self-assessment test to help you monitor your progress and to make sure that you feel confident about the main vocabulary and language points covered. You will find the tests on pages 263–73.

Language learning is a bit like running – you need to do it regularly for it to do any good! Ideally, you should find a 'study buddy' to work through the course with you. This way you will have someone to try out your German on. And when the going gets tough, you will have someone to chivvy you on until you reach your target.

Commonly used instructions in *Teach Yourself German*:

Hören Sie (zu)	*Listen*
Lesen Sie...	*Read...*
Schreiben Sie...	*Write...*
Spielen Sie die Rolle von...	*Play the role of...*

German in the modern world

German is spoken as a first language by approximately 110 million people who live mainly in Germany, Austria and Switzerland. But German is also spoken elsewhere – for instance in Luxemburg, Liechtenstein, the South Tyrol region of Italy and in border regions of Belgium. German-speaking communities are also to be found in Eastern Europe, particularly in Romania, in North America (e.g. the Pennsylvania Dutch) and in Southern Africa (Namibia).

After English, German is the most widely spoken language within the European Union and is an important language in business and commerce, particularly in Eastern Europe.

Where can I find real German?

Don't expect to be able to understand everything you hear or read straight away. If you watch German-speaking programmes on TV or buy German magazines, you should not get discouraged when you realize how quickly native-speakers speak and how much vocabulary there is still to be learned. Just concentrate on a **small** extract – either a video/audio clip or a short article – and work through it till you have mastered it. In this way, you'll find that your command of German increases steadily.

We hope you enjoy working your way through *Teach Yourself German*. Try not to let yourself get discouraged. Mastering a new language does take time and perseverance and sometimes things can seem just too difficult. But then you'll come back to it another day and things will begin to make more sense again.

Acknowledgements

The authors and publishers would like to thank the following for granting permission to reproduce material in this book: AOK-Bundesverband, BMW AG, MAN AG, Volkswagen AG.

Every effort has been made to trace and acknowledge ownership of copyright. The publishers will be glad to make suitable arrangements with any copyright holders whom it has not been possible to contact.

01

mein Name ist ...

my name is ...

In this unit you will learn
- how to say who you are and greet people and say goodbye
- how to ask people where they come from and where they live

Language points
- *I* and *you*
- word order

Saying hello

▶1 Ich heiße ... *I am called ...*

Listen to how these people introduce themselves.

Guten Tag. Ich heiße
Helga Kirsch.

Hallo. Mein Name
ist Steffi Schmidt.

Guten Tag. Mein Name
ist Gerd Baumann.

Hallo. Ich heiße
Markus.

Did you notice the different ways they give their names?

Guten Tag*	(lit.) *Good day.*
Hallo.	*Hello.*
Ich heiße ...	(lit.) *I am called ...*
Mein Name ist ...	*My name is ...*

* A literal translation (lit.) of the German is sometimes given to help you
understand what the German actually says. But don't always think in
terms of single-word translations: try to learn to use complete
expressions.

Now have a go at giving your own name in German.

Lerntipp: Try saying the two different sentences for giving your
name. You could also record your responses onto a blank audio
cassette. Then write the sentences down.

▶ 2 Wie ist Ihr Name? *What's your name?*

Listen to the recording. What are the two ways of asking someone's name in German?

- Guten Tag. Wie heißen Sie?
- Ich heiße Elisabeth Schuhmacher.

- Wie ist Ihr Name, bitte?
- Mein Name ist Paul Matthiesen.

- Und Sie? Wie heißen Sie?
- Ich heiße Bianca Schulz.

- Guten Abend. Wie ist Ihr Name, bitte?
- Mein Name ist Deichmann, Oliver Deichmann.

bitte	*please*
Guten Abend.	*Good evening.*
Wie ist Ihr Name?	*What is your name?*
Wie heißen Sie?	*What are you called?*

▶ 3 Ein Unfall *An accident*

Listen to the recording and see if you can answer the questions.

a   What is the name of the first person?
    Is it Gertrud Gruber / Gerda Gruber / Gertrud Huber?
b   Is the name of the second person
    Martin Baumann / Markus Braun / Martin Braun?
c   Is the third person
    Boris Schulz / Boris Schwarz / Moritz Schulz?

Lerntipp: Hearing German spoken without seeing how it is written can be quite hard. But give yourself a chance to understand the recording by listening to it several times. If you really find you need more help, then turn to the transcripts on page 311.

Greeting people

▶ 4 Guten Tag! Guten Morgen!
Good day! Good morning!

Hören Sie zu und wiederholen Sie! *Listen and repeat.*

| Hallo! | Guten Morgen! | Guten Tag! |

| Guten Abend! | Gute Nacht! | Auf Wiedersehen! |

Useful expressions

Hallo.	*Hello.*	**Guten Abend.**	*Good evening.*
Guten Morgen.	*Good morning.*	**Gute Nacht.**	*Good night.*
Guten Tag.	*Good day.*	**Auf Wiedersehen.**	*Goodbye.*

Note there is no German equivalent for *Good afternoon.*

---

5 Guten Morgen, Herr Schneider!
Good morning, Mr Schneider!

Which greetings or farewells go with which picture?

a

b

c

d

1 – Gute Nacht, Frau Naumann!
  – Auf Wiedersehen!
2 – Auf Wiedersehen, Frau Hermann!
  – Auf Wiedersehen, Herr Schneider!
3 – Guten Abend, Frau Naumann!
  – Guten Abend!
4 – Guten Morgen, Herr Schneider!
  – Guten Morgen, Frau Hermann!

ⓘ Customs and traditions

Germans often shake hands when they meet and when they say goodbye. They also often give their surname only when they introduce themselves or answer the phone.

The courtesy titles **Herr** ... and **Frau** ... are used rather like *Mr* ... and *Mrs* ... in English but the word **Fräulein** is far less frequently used in German than the English word *Miss*. Women over the age of 18 are normally referred to as **Frau** ... irrespective of whether they are married or not.

▶ 6 Grüße im Radio und Fernsehen
Greetings on radio and TV

Hören Sie zu! How many different greetings did you hear? What were they?

Guten Morgen, liebe Zuhörer.

Guten Abend, verehrte Zuschauer.

SPRACHINFO: All nouns begin with a capital letter in German.

Guten Tag.　Guten Morgen.　　　　Guten Abend.
Gute Nacht.　Mein Name ist Claudia.

Why is it **Guten Tag** but **Gute Nacht**? This will be dealt with a bit later!

Where do you come from?

▶ 7 Ich komme aus ..., ich wohne in ...
I come from ..., I live in ...

Hören Sie zu! Listen to these people introducing themselves.

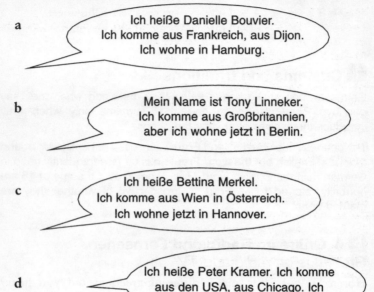

a
> Ich heiße Danielle Bouvier.
> Ich komme aus Frankreich, aus Dijon.
> Ich wohne in Hamburg.

b
> Mein Name ist Tony Linneker.
> Ich komme aus Großbritannien,
> aber ich wohne jetzt in Berlin.

c
> Ich heiße Bettina Merkel.
> Ich komme aus Wien in Österreich.
> Ich wohne jetzt in Hannover.

d
> Ich heiße Peter Kramer. Ich komme
> aus den USA, aus Chicago. Ich
> wohne jetzt in Hamburg.

Ich komme aus ...	*I come from ...*	**aber**	*but*
Frankreich	*France*	**Österreich**	*Austria*
Ich wohne in ...	*I live in ...*	**jetzt**	*now*
Großbritannien	*Great Britain*		
... aus den USA	*... from the USA*		

True or false?

a Danielle comes from Dijon and lives in Hamburg.
b Tony Linneker comes from Berlin, but now lives in London.
c Bettina comes from Austria and lives in Germany.
d Peter lives in Germany but comes from the USA.

▶ 8 In der Fußgängerzone
In the pedestrian precinct

Here are two interviews with visitors to Hanover. A reporter from a German radio station is finding out what their names are, where they come from and where they live.

Interview 1

Reporter	Entschuldigen Sie, bitte. Guten Tag, Radio N–4. Darf ich Ihnen ein paar Fragen stellen?
Passant	Ja, bitte.
Reporter	Wie heißen Sie?
Passant	Ich heiße Jochen Kern.
Reporter	Und woher kommen Sie?
Passant	Ich komme aus Aachen.
Reporter	Wo wohnen Sie, bitte?
Passant	Ich wohne jetzt in Bonn.
Reporter	Danke schön.

Interview 2

Reporter	Wie ist Ihr Name, bitte?
Passantin	Ich heiße Dana Frye.
Reporter	Ah. Und woher kommen Sie?
Passantin	Ich komme aus Stuttgart.
Reporter	Und wo wohnen Sie?
Passantin	Ich wohne jetzt hier in Hannover.

Entschuldigen Sie	*excuse (me)*
ein paar Fragen	*a few questions*
wo?	*where?*
woher?	*where … from?*
Wo wohnen Sie?	*Where do you live?*
Woher kommen Sie?	*Where do you come from?*

Now listen to the recording again and fill in the grid on the next page as you listen. Try not to look at the text. Note that the German for 'place of birth' is **Geburtsort** and for 'place of residence' is **Wohnort**.

Name	Geburtsort	Wohnort
Ich heiße …	Ich komme aus …	Ich wohne jetzt in …

▶ 9 Woher kommen Sie?
Where do you come from?

How would you say what your name is, where you come from and where you live? Try answering the questions on the recording. Then write your answers down.

Grammar

1 Personal pronouns

The personal pronouns (words for *I, you,* etc.) in German are:

	Singular (one person)		Plural (more than one person)	
1	**ich**	*I*	**wir**	*we*
2	**du**	*you* (informal)	**ihr**	*you* (informal)
	Sie	*you* (formal)	**Sie**	*you* (formal)
3	**er, sie**	*he, she*	**sie**	*they*
	es, man	*it, one*		

So far you have met **ich** and **Sie** (the formal *you*). You will learn about the others in the next few units.

In German you need to learn which endings to put on the verb for each pronoun. The endings that go with **ich** and **Sie** are given in Section 2.

2 Verb endings

A *verb* normally expresses an action or state. **Heißen, kommen** and **wohnen** are verbs you have met in this unit. The form of the verb that you find in a dictionary or glossary is called the *infinitive*: e.g. **wohnen** (*to live*).

The infinitive can be divided into two parts: **wohn-** the *stem*, **-en** the *ending*. The endings change according to the *subject* used (i.e. **ich, Sie,** etc.).

For most verbs the endings you add are:

		wohn-en	komm-en	heiß-en
ich	-e	wohne	komme	heiße
Sie	-en	wohnen	kommen	heißen

If you are curious about the other endings, you could have a look at pages 19, 29 and 38. They are all introduced step by step in the next few units.

3 Word order

In a German sentence the verb is usually in the second position, as you can see from the examples below:

Statements:

Ich	heiße	Schmidt.
Ich	komme	aus Bonn.
Ich	wohne	in Köln.

Wh- questions: These are questions which in English start with *What?*, *Who?*, *Where?*, etc. Hence the name *Wh- questions*, even though the question *How?* also comes into this category. In German these question words tend to start with **W-**.

Wie	heißen	Sie?
Woher	kommen	Sie?
Wo	wohnen	Sie?

More practice

1   Welche Antwort passt? *Which answer fits?*
    a   Guten Morgen, Herr Becker!
        i   Hallo! Wie heißen Sie?
        ii Guten Morgen, Frau Mönch!
        iii Guten Tag! Ich heiße Susanne Müller.
    b   Guten Abend! Mein Name ist Klaus Werner. Wie heißen Sie?
        i   Guten Abend! Ich komme aus Köln.
        ii Guten Abend! Und wie heißen Sie?
        iii Guten Abend! Mein Name ist Heinz Gruber.
    c   Auf Wiedersehen und gute Nacht, Frau Renke!
        i   Guten Tag, Herr Müller!
        ii Gute Nacht, Herr Müller!
        iii Guten Morgen, Herr Müller!

2   Wo? Woher? Wie? *Write in the missing words.*
    a   … heißen Sie?
    b   … wohnen Sie?
    c   … kommen Sie?
    d   … ist Ihr Name?

3   -e, -en? *Fill in the missing endings.*
    a   Ich heiß.. Simone Becker. Wie heiß.. Sie?
    b   Ich wohn.. in Berlin. Wo wohn.. Sie?
    c   Ich komm.. aus Großbritannien. Woher komm.. Sie?

4   Welche Worte fehlen? *Which words are missing? Here is an interview from* 8 **In der Fußgängerzone** *with some of the words missing. Supply the missing words.*

Reporter	(..**a**..) heißen Sie?
Passant	(..**b**..) heiße Jochen Kern.
Reporter	Und (..**c**..) kommen Sie?
Passant	Ich komme (..**d**..) Aachen.
Reporter	(..**e**..) wohnen Sie, bitte?
Passant	Ich wohne (..**f**..) in Bonn.

Congratulations, you have reached the end of **Unit 1**. Now check through the vocabulary and phrases to make sure you know them all.

02

I'm fine

mir geht's gut

In this unit you will learn
- how to ask people how they are
- how to say how you are
- how to say which cities and countries people come from

Language points
- verb endings

How are you?

1 Sehr gut ... schlecht *Very good ... bad*

Here are some words people use to say how they are feeling.

+++   +   +−   −   − − −
sehr gut   gut   es geht   nicht gut   schlecht
ausgezeichnet   scheußlich
prima (informal)   (informal)

sehr gut	*very good*	**es geht**	*(it's) ok*
ausgezeichnet	*excellent*	**nicht gut**	*not (so) good*
prima	*great*	**schlecht**	*bad*
gut	*good*	**scheußlich**	*terrible*

▶ 2 Wie geht es Ihnen? *How are you?*

Now listen to these people asking each other how they are. Fill in the grid as you listen. Try to do this without looking at the printed text. You'll probably need to listen to each dialogue several times.

	ausgezeichnet	sehr gut	gut	es geht	nicht (so) gut	schlecht
Frau Renger			✓			
Frau Müller						
Herr Schulz						
Frau Koch						
Herr Krämer						
Herr Akdag						

Dialog 1

- Guten Tag, Frau Renger. Wie geht es Ihnen?
- Gut, danke, Frau Müller. Und Ihnen?
- Sehr gut, danke.
- Das freut mich.

Dialog 2

- Guten Morgen, Herr Schulz. Wie geht es Ihnen heute?
- Nicht so gut, Frau Koch. Und Ihnen?
- Danke. Es geht.

Dialog 3

- Guten Abend, Herr Krämer. Wie geht's?
- Ausgezeichnet. Vielen Dank, Herr Akdag. Und Ihnen?
- Na ja, es geht.

Wie geht es Ihnen?	*How are you?*
	(lit. How goes it to you?)
Und Ihnen?	*And (how are) you?*
Wie geht's?	*How are you?* (less formal version)
Das freut mich.	*I am pleased.* (lit. *that pleases me*)
nicht	*not*
heute	*today*
na ja	*oh*

Lerntipp: It's important to learn set expressions such as **Das freut mich** as one phrase (*I am pleased*). You should not try to translate word for word all the time, even though we do sometimes give you the literal meaning of expressions the first time they occur.

▶ 3 Im Büro *In the office*

Listen to these three people arriving at work. Which three of the six responses below did you hear on the recording and in what order?

a Danke, gut.
b Ach, es geht.
c Mir geht's wirklich sehr gut.
d Mir geht's heute wirklich schlecht.
e Mir geht's heute nicht so gut.
f Nicht schlecht. Und Ihnen?

Mir geht es gut.	I am fine.
Mir geht's gut.	I'm fine.
wirklich	really
Das tut mir Leid.	I'm sorry about that.

4 Wie geht es diesen Leuten?
How are these people?

Answer the question **Wie geht es Ihnen heute?** for each of these people in turn and give the reply suggested by the picture. Write your answers in the spaces provided.

a

Danke, mir geht's _____

b

_____

c

_____

d

_____

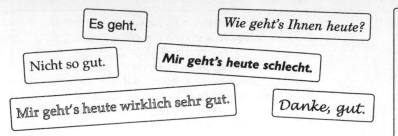

Es geht.

Wie geht's Ihnen heute?

Nicht so gut.

Mir geht's heute schlecht.

Mir geht's heute wirklich sehr gut.

Danke, gut.

5 Wortsuche *Word search*

How many words can you find? They have all occurred in this unit. You should be able to find at least 15.

M	E	I	N	S	I	E	A	N	H	D	Z	G
G	E	H	T	E	S	P	R	I	M	A	S	U
A	U	S	G	E	Z	E	I	C	H	N	E	T
H	W	I	R	K	L	I	C	H	L	K	H	O
T	N	O	C	H	H	E	U	T	E	E	R	P

Where do you come from?

▶ 6 Woher kommen diese Leute?
Where do these people come from?

Where do these people come from? Listen to the recording and find out. Then read the texts.

Rainer Görner kommt aus Berlin. Aber er wohnt nicht mehr in Berlin. Er wohnt jetzt in Frankfurt am Main. Frankfurt ist in Deutschland.

Martina Schümer kommt aus Basel. Sie wohnt noch in Basel. Basel liegt nicht in Deutschland, sondern in der Schweiz.

Susanne Vermeulen kommt aus Brüssel in Belgien. Sie wohnt aber nicht mehr dort. Sie arbeitet jetzt im Hotel Lindenhof in Düsseldorf.

Michael Naumann kommt aus Leipzig. Er wohnt jetzt in Salzburg. Liegt Salzburg in der Schweiz? Nein! Es ist in Österreich und es ist sehr schön.

nicht mehr	no longer (lit. not more)
am Main	on the (river) Main
noch	still
liegen	to lie, be
nicht ..., sondern ...	not ..., but ...
in der Schweiz	in (the) Switzerland
aber	(here) however
dort	there
arbeiten	to work
schön	beautiful, nice

Decide whether these statements are true (**richtig**) or false (**falsch**). Correct the wrong statements.

Statement   Rainer Görner kommt aus Wien.
Answer   Falsch. Rainer Görner kommt aus Berlin.

a   Rainer Görner wohnt jetzt in Frankfurt am Main, in Deutschland.
b   Zürich liegt nicht in Deutschland, sondern in Österreich.
c   Martina Schümer kommt aus Basel und wohnt noch in Basel.
d   Susanne Vermeulen kommt aus Delft in den Niederlanden.
e   Sie wohnt jetzt in Düsseldorf und arbeitet im Hotel Lindenhof.
f   Michael Naumann kommt aus Dresden und wohnt jetzt in Linz, in Österreich.

SPRACHINFO: For the third person singular (*he* = **er**, *she* = **sie**, *it* = **es**, *one* = **man**) you add a -**t** to the stem of the verb:

er   komm -**t**
sie   wohn -**t**
es   lieg -**t**

Note: **arbeiten** (*to work*) is slightly different. You add -**et** rather than just -**t** to the stem so that it's easier to pronounce: **er arbeitet**.

▶ **7 Die Länder Europas** *The countries of Europe*

On the recording you will hear the names of some of the countries listed below. Tick off those that are mentioned. Then listen to the recording again. Can you figure out where German speakers usually put the stress? Underline the correct part of the words on the next page.

Beispiel Deutschland

Belgien	Irland	Schottland
Dänemark	Italien	Schweden
Deutschland	Luxemburg	die Schweiz
England	die Niederlande	Spanien
Frankreich	Österreich	die Türkei
Griechenland	Polen	Ungarn
Großbritannien	Portugal	Wales

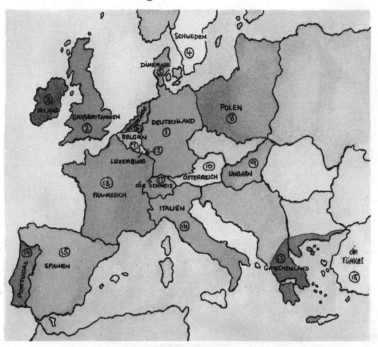

Note that for the great majority of countries you would just say:
Ich komme **aus** Irland, Großbritannien, Deutschland, etc. *and*
Ich wohne **in** Irland, Großbritannien, Deutschland, etc.

There are a few exceptions. The most important are:
Switzerland, Turkey, the Netherlands and the USA:

Ich komme **aus der** Schweiz/**aus der** Türkei *and*
Ich wohne **in der** Schweiz/**in der** Türkei.

Ich komme **aus den** Niederlanden/**aus den** USA *and*
Ich wohne **in den** Niederlanden/**in den** USA.

8 Wie gut sind Sie in Geographie?
How good are you at geography?

Which statements are true (**richtig**) and which false (**falsch**)?
Correct the wrong statements.

Statement	Zürich liegt in Deutschland.
Answer	Falsch. Zürich liegt nicht in Deutschland, sondern in der Schweiz.
Statement	Innsbruck liegt in Österreich.
Answer	Richtig.

a Brüssel liegt in Belgien.
b Heidelberg liegt in Österreich.
c Köln liegt in den Niederlanden.
d Salzburg liegt in Österreich.
e Amsterdam liegt in Belgien.

9 Berühmte Leute *Famous people*

Woher kommen diese Leute und wo wohnen diese Leute jetzt?
Where do these people come from and where do these people live now?

Of course, the answers to the second part of these questions will
change from time to time. If you have more
up-to-date information, by all means write that instead.

Beispiel	Boris Becker.	D / USA, D
You write	Boris Becker kommt aus Deutschland.	
	Er wohnt jetzt in den USA und in Deutschland.	

> D = Deutschland, GB = Großbritannien, Ö = Österreich

a	Naomi Campbell	GB / USA
b	Madonna	USA / GB
c	Steffi Graf	D / USA
d	Michael Schuhmacher	D / Ö
e	Arnold Schwarzenegger	Ö / USA
f	Claudia Schiffer	D / USA

▶ 10 Im Hotel *In the hotel*

You meet Ulrike Peters in a hotel lobby and get into
conversation with her. Was antworten Sie? *What do you
answer?* Fill in the answers and play the part of Sheena
MacDonald on the recording. Sheena comes from Edinburgh
(**Edinburg, Schottland**).

Ulrike	Guten Tag! Mein Name ist Ulrike Peters.
Sheena	*Return the greetings and say your name.*
Ulrike	Und woher kommen Sie?
Sheena	*Say which town or city you come from and in which country. Then ask her where she lives.*
Ulrike	Ich wohne hier in München.
Sheena	*Say Munich is beautiful.*
Ulrike	Ja, München ist sehr schön. Aber Edinburg ist auch sehr schön!

▶ Pronunciation

ei in German is pronounced like the English letter *i*:
Beispiel, heißen, Einstein, Wein

ie is pronounced like the English letter *e*:
Dietrich, Sie, Wien (*Vienna*)

How would you pronounce this sentence (which means *I drink wine in Vienna*)?
Ich trinke Wein in Wien.

Grammar

1 Verb endings

Here is a summary of the verb endings you have met so far.

ich	komme	höre	wohne	arbeite
Sie	kommen	hören	wohnen	arbeiten
er/sie/es	kommt	hört	wohnt	arbeitet

Note that an extra **e** is slipped in between **arbeit** and the **t** ending in the **er/sie** form. This is to make it easier to pronounce.

2 Negation

Note that the negative **nicht** (*not*) is usually placed after the verb in German:

| Ich wohne in London. | *I live in London.* |
| Anke wohnt nicht in London. | *Anke doesn't live in London.* |

The equivalent of *not ..., but ...* is **nicht ..., sondern** in German:

| Wien liegt **nicht** in Deutschland, **sondern** in Österreich. | *Vienna is not in Germany but in Austria.* |

3 Names of towns and countries

As you saw in this unit, some place names are spelt the same in both English and German, but are pronounced differently: e.g. Berlin, Frankfurt and England.

Others are different in German from their English versions: e.g. **Köln** *Cologne*; **München** *Munich*; **Hannover** *Hanover*; **Wien** *Vienna*; **Braunschweig** *Brunswick*; **Hameln** *Hamlin*

More practice

1   Here are some extracts from **6 Woher kommen diese Leute?** Fill in the missing words. Note that both (..**a**..) and (..**b**..) appear twice.

Rainer Görner kommt (..**a**..) Berlin, (..**b**..) er wohnt nicht mehr in Berlin. Er wohnt (..**c**..) in Frankfurt am Main.

Susanne Vermeulen kommt (..**a**..) Brüssel in (..**d**..). Sie wohnt (..**b**..) nicht mehr dort. Sie (..**e**..) jetzt im Hotel Lindenhof in Düsseldorf.

2   Schreiben Sie die Fragen! Write out the questions. Find the questions that these sentences would answer.

Frage (*question*)   *Wie geht es Ihnen? / Wie geht's?*
Antwort (*answer*)   Mir geht's gut, danke.

a   _____ ?
    Ich heiße Susi Reinhardt.

b   _____ ?
    Ich komme aus Köln.

c   _____ ?
    Ich wohne jetzt in Bonn.

d   _____ ?
    Mir geht es heute nicht so gut.

03 wie schreibt man das?

how do you write that?

In this unit you will learn
- how to count from 0 to 100
- how to spell names and words
- how to talk about *us* and *them*

Language points
- yes–no questions
- plural verb forms

Numbers 1–10

▶ 1 Eins bis zehn *One to ten*

Numbers are important in any language. Here are the numbers 1–10 in German.

Hören Sie zu und wiederholen Sie! *Listen and repeat.*

1 eins	2 zwei	3 drei	4 vier	5 fünf
6 sechs	7 sieben	8 acht	9 neun	10 zehn

On the phone or the radio, **zwo** is sometimes used instead of **zwei** to distinguish it from **drei**.

Listen to the recording and tick off six of these numbers as you hear them.

> 1 9 7 3 10 1 8 5 4 7 6 1 5 2

▶ 2 Fußballbundesliga
Federal German soccer league

For this activity you'll need to know the word for *nil* or *zero*. It is **null**. Hören Sie zu! Listen and fill in the results of each match.

BUNDESLIGA			
Bayern München	2	Stuttgart	2
Köln	3	Leverkusen	4
Hamburg		Dortmund	
Bochum		St. Pauli	
Duisburg		M'gladbach	
Bielefeld		Rostock	
Schalke		Freiburg	
Karlsruhe		1860 München	
Bremen		Düsseldorf	

The alphabet

▶ 3 Josef lernt das Alphabet
Josef is learning the alphabet

Hören Sie zu!

A-B-C *D-E-F* **G-H-I** *J-K-L* **M-N-O** P-Q-R
S-T-U **V-W-X** Y-Z

Other letters used in German:

Ä Ö Ü: the two dots (**Umlaut** *umlaut*) over these letters change the pronunciation, as you may have already noticed in words like **schön** and **Übung**.

ß (**sz** or **scharfes s** *sharp s*) is used instead of a double *s* after a long vowel.

Long vowels: **Straße, Fußball**
Short vowel: **passt**

Note how you pronounce the letters A, E and I in German: **A** as in **Afrika**; E as in **Elefant**; I as in **Israel**. Don't mix them up with the English letters R, A and E!

Bitte buchstabieren Sie!   *Please spell!*

▶ 4 Wer ist da? *Who has arrived?*

Listen to these people checking in at a conference and tick off the names as they arrive.

```
...
Baumgart, Waltraud          ☐
Henning, Sebastian          ☐
Hesse, Patrick              ☐
Hoffmann, Silke             ☐
Ludwig, Paul                ☐
Schanze, Martin             ☐
Schidelowskaja, Tanja       ☐
Schulte, Christel           ☐
...
```

▶ 5 Welche Firmennamen hören Sie?
What company names can you hear?

Hören Sie zu! Listen to the radio excerpt from a stock market report. Which of the companies whose logos appear on the next page are mentioned?

AEG		DER	
DB		MAN	
BMW		DZ BANK	
VW		E-ON	

[reproduced with permission
of Volkswagen AG]

▶ 6 Wie schreibt man Ihren Namen?
How do you spell your name?

Answer the two questions on the recording, first giving your name and then spelling your surname.

Here is what you would say if your name were Karen Franks.

Wie ist Ihr Name?
You Franks, Karen Franks.
Und wie schreibt man das?
You F-R-A-N-K-S.

Numbers 11–100

▶ **7 Mehr Zahlen** *More numbers*

Hören Sie bitte zu und wiederholen Sie!

11 elf	15 fünfzehn	18 achtzehn
12 zwölf	16 sechzehn	19 neunzehn
13 dreizehn	17 siebzehn	20 zwanzig
14 vierzehn		

30 dreißig	60 sechzig	90 neunzig
40 vierzig	70 siebzig	100 (ein)hundert
50 fünfzig	80 achtzig	

In German, numbers such as 24 and 48 start with the last number and work backwards (a bit like the four-and-twenty blackbirds of nursery rhyme fame).

21 einundzwanzig	43 dreiundvierzig
32 zweiunddreißig	54 vierundfünfzig

Numbers in German are written as one word. German speakers don't seem to mind long words, as you will discover!

How do you think you say these numbers in German? The answers are on the recording.

99 _____   26 _____

48 _____   52 _____

87 _____

▶ **8 Die Lottozahlen** *The national lottery numbers*

You will hear a recording from a German draw. Choose six numbers and see if you have won.

SPRACHINFO: Telefonnummern
You can give your phone number in single digits: 7-6-2-8-3-4
sieben – sechs – zwei/zwo – acht – drei – vier, or in pairs: 76 –
28 – 34 sechsundsiebzig – achtundzwanzig – vierunddreißig.

This also applies to dialling codes: 0521 null–fünf–zwei/
zwo–eins, or 05–21 null–fünf–einundzwanzig

▶ 9 Anrufe bei der Auskunft
Calling directory enquiries

Welche Namen und Telefonnummern hören Sie? *What names
and phone numbers do you hear on the recording?*

a Name _____ Telefonnummer _____

b Name _____ Telefonnummer _____

Useful expressions

Wie ist Ihre Telefonnummer?	*What is your telephone number?*
Welche Telefonnummer haben Sie?	*What is your telephone number?* (lit. *What telephone number do you have?*)
Wie ist Ihre Faxnummer?	*What is your fax number?*
Wie ist Ihre Hausnummer oder Ihre Zimmernummer?	*What is your house or room number?*
Meine Telefonnummer, Faxnummer, Hausnummer/ Zimmernummer ist ...	*My telephone number, fax number, house/room number is ...*

▶ 10 Telefonnummern, Faxnummern, usw.
Telephone numbers, fax numbers, etc.

To give you some more practice in German numbers, try
answering the questions on the recording. You can make up
your own numbers if you wish!

Listen again and note down the numbers given by Jochen:

Telefon _____   Fax _____

Haus   _____

Wir, sie

SPRACHINFO: So far you have learned to talk about yourself (**ich**) and about a third person (**er, sie**) and to talk directly to someone (**Sie**).

What if you wanted to talk about yourself together with somebody else? In German you use **wir** (*we*). In the **wir**-form the verb takes an **-en** ending.

Wir wohnen in Bonn.	*We live in Bonn.*
Wir arbeiten in Köln.	*We work in Cologne.*

To talk about two or more other people, you use **sie** (*they*). Again, the verb takes an **-en** ending.

Sie heißen Gerd und Sabine.	*They are called Gerd and Sabine.*
Sie kommen aus München.	*They come from Munich.*

▶ 11 Sprechen Sie Französisch?
Do you speak French?

These German tourists are visiting Paris. Two couples are getting to know each other while they wait in the hotel foyer for the tour bus. Where do the two couples come from? Do they speak French? Listen to the recording and find out.

Jochen   Guten Morgen! Ich heiße Jochen Klempner und das ist meine Frau Katja.

Marga   Guten Morgen! Wir heißen Marga und Peter Krumbacher. Wir kommen aus Jena. Wir arbeiten bei Carl Zeiss. Woher kommen Sie?

Katja   Wir sind aus Stuttgart. Sprechen Sie Französisch?

Peter   Nur ein wenig. Wir sprechen aber ziemlich gut Englisch. Und Sie?

Jochen   Wir sprechen kein Französisch und nur ein bisschen Englisch.

sprechen	*to speak*
Französisch	*French (language)*
nur ein wenig	*only a little*
ziemlich	*fairly*
Englisch	*English (language)*
kein	*no*
ein bisschen	*a bit (of)*

Richtig oder falsch? Korrigieren Sie die falschen Aussagen. *Correct the wrong statements.*

a Jochen und Katja kommen aus Stuttgart.
b Sie sprechen ziemlich gut Französisch.
c Marga und Peter sind aus Weimar.
d Sie sprechen nur ein wenig Französisch.
e Sie sprechen kein Englisch.
f Arbeiten Marga und Peter bei

i **Jenapharm** ●   oder   ii **Carl Zeiss**   ?
                     bei

Grammar

1 Yes–no questions

Yes–no questions, as their name suggests, are those questions which require a *yes* or a *no* answer. They are very easy to construct in German.

Statement Peter und Marga sprechen Englisch.
Question   Sprechen Peter und Marga Englisch?

Statement Katja spricht kein Französisch.
Question   Spricht Katja Französisch?

As you can see, for a yes–no question you have to change the usual word order of a German sentence, where the verb is mostly in the second position: here it comes first! Note that **ja** and **nein** are separated from the main part of the sentence by a comma and do not count as a language item.

Question			Statement			
1	2			1	2	
Verb	*Subject*			*Subject*	*Verb*	
Sprechen	Sie	Deutsch?	Ja,	ich	spreche	Deutsch.
Wohnen	Sie	in Hamburg?	Nein,	ich	wohne	nicht in Hamburg.
Kommen	sie	aus Berlin?	Nein,	sie	kommen	aus München.

2 Verb endings

You have now met the verb endings for most personal pronouns. Here is an overview.

Singular				Plural			
ich	komme	spreche	arbeite	wir	kommen	sprechen	arbeiten
Sie	kommen	sprechen	arbeiten	Sie	kommen	sprechen	arbeiten
er/sie	kommt	spricht	arbeitet	sie	kommen	sprechen	arbeiten

Reminder: **arbeiten** needs an extra **e** in the **er/sie/es**-form.
Note: **sprechen** has a vowel change to **spricht** in the **er/sie/es**-form.

There are other verbs that behave like **sprechen**. You will be meeting more of them in Unit 9.

As you already know, the verb **sein** (*to be*) is irregular.

Singular		Plural	
ich	bin	wir	sind
Sie	sind	Sie	sind
er/sie	ist	sie	sind

3 *Sie* (you), *sie* (she) and *sie* (they)

You might think it a little confusing that the word **sie** has so many different meanings. In practice there are several ways of distinguishing between them. Firstly, **Sie** (*you*) always takes a capital initial letter, secondly the ending of the verb for **sie** (*she*) is **-t** as opposed to **-en** for **sie** (*they*). Thirdly, and probably most importantly, the context nearly always makes the meaning clear.

More practice

1 Yes–no questions. You are somewhat surprised by the information given in these statements, so you query each one.

Aussage Thomas und Johanna sprechen sehr gut Englisch.
Frage Sprechen sie wirklich sehr gut Englisch?

Reminder: **wirklich** means *really*.

a Ich heiße Brunhilde Bachmeyer-Goldhagen.
b Ich komme aus Buxtehude.

c Thomas und Johanna wohnen in München.
d Johanna arbeitet in Nürnberg.
e Thomas spricht ein wenig Spanisch.
f Wir kommen aus Innsbruck.

2 **Visitenkarten:** here are the business cards of three people. Pretend that you are each person in turn and write as much as you can about yourself.

a

Delta Software GmbH

Matthias Peters
Marketing

Burchardstraße 34 20095 Hamburg
Telefon 040-300526   Fax: 040-376284
E–Mail m.peters@delta.com

b

✉ **Druckhaus Europa**

Jenaerstraße 18
07545 Gera Telefon 6173 Telefax 2 67 98

Hartmut Klausthaler
Geschäftsführer
Zeitschriften, Kataloge, Plakate, Bücher,
Broschüren, Werbeprospekte

c

ANTIQUITÄTEN CENTER
Marienstraße 21 44000 Münster

Dorothea Johannsen
ART DECO, ART NOUVEAU

Telefon 02 51/51 43 86

Don't forget to make sure you have learned all the words and phrases in this unit.

04

sprechen Sie Deutsch?

do you speak German?

In this unit you will learn
- how to say what languages you speak and ask others what they speak
- how to say whether you are working or studying
- how to say what nationality you are

Language points
- formal and informal *you*

I speak German

▶ 1 Ein Abendkurs in einer Volkshochschule
An evening course at an adult education institution

These people are introducing themselves to their fellow course members. Listen to the recording then answer the questions opposite.

Dialog 1

Guten Abend! Mein Name ist Norbert Schicker und ich bin Deutscher.

Ich komme aus Potsdam in der Nähe von Berlin, aber ich wohne jetzt hier in Leipzig.

Ich spreche Deutsch und ich kann auch sehr gut Russisch. Ich bin verheiratet und ich bin seit zwei Jahren pensioniert.

Deutscher	*(a) German (male)*
in der Nähe von ...	*near ...*
ich kann ...	*I can (speak) ...*
auch	*also*
Russisch	*Russian (the language)*
seit zwei Jahren	*for (lit. since) two years*

Deutsche	*(a) German (female)*
natürlich	*of course*
Französisch	*French*
verstehen	*to understand*
Spanisch	*Spanish (the language)*
studieren	*to study*

Dialog 2

Hallo! Ich heiße Heike Berger und bin Deutsche.

Ich bin ledig und komme aus Merseburg, in der Nähe von Leipzig.

Ich spreche natürlich Deutsch und ein wenig Französisch. Ich verstehe auch ein bisschen Spanisch.

Ich studiere hier in Leipzig.

Useful expressions

Familienstand	family status
verheiratet	married
ledig	single, unmarried
geschieden	divorced
verwitwet	widowed
pensioniert	retired
arbeitslos	unemployed

Check if you understood what Heike and Norbert said about themselves. Write an **N** if the description fits Norbert or an **H** if it fits Heike.

N oder H?

a   ... versteht ein bisschen Spanisch.
b   ... ist Deutscher und kommt aus Potsdam.
c   ... ist verheiratet.
d   ... kann sehr gut Russisch.
e   ... studiert in Leipzig.
f   ... ist seit zwei Jahren pensioniert.

▶ 2 Noch zwei Abendkursstudenten
Two more evening class students

Listen to the recording and fill in the grid as you listen.

Türke	(a) Turkish (male)
Türkisch	Turkish (the language)
Österreicherin	(an) Austrian (female)

Fill in the missing details.

Name	Gür Yalezan	Susi Merkl
Nationalität (*nationality*)	Türke	
Geburtsort		
Wohnort	Taucha	Rötha
Sprachen (*languages*)		
Familienstand (*marital status*)		
Arbeit? (*work*)		
Studium (*study*)		

ℹ️ Volkshochschulen

Volkshochschulen are adult education institutions and are usually run by local authorities. They offer a wide range of evening classes and residential courses. Certificates are awarded in some subjects, such as languages, maths, science and technology. Approximately six million people attend around half a million courses every year.

SPRACHINFO: Ich bin Deutscher *I'm German*
In English you do not in general say *I'm a German* or *He's a Turk*. You prefer to say *I'm German* or *He's Turkish* – using the adjective rather than the noun. In German, it is normal to use the noun, but the word for *a* is not needed:

Ich bin Deutscher / Deutsche.
Gür ist Türke.
Susi ist Österreicherin.

Nationalities and languages

3 Ich über mich *About me*

Read the following text. Can you find out which languages Michael speaks?

Michaels Home-Page – Ich über mich

Ich heiße Michael Schulmeyer und bin 23 Jahre alt.
Ich bin Österreicher und komme aus Wien.
Ich studiere auch in Wien (Fremdsprachen).
Meine Muttersprache ist Deutsch.
Ich spreche auch Englisch und Französisch.
Ich verstehe ein wenig Spanisch.
Ich lerne im Moment Japanisch.
Mehr über mich?

Hier klicken!

---

ich über mich	about me (lit. *I about myself*)
alt	old
Fremdsprachen	foreign languages
meine Muttersprache	my mother tongue
lernen	to learn
im Moment	at the moment

Beantworten Sie die Fragen. *Answer the questions in full sentences.*

Frage	Ist Michael 23 Jahre alt?
Antwort	Ja, er ist 23 Jahre alt.
Frage	Kommt Michael aus Salzburg?
Antwort	Nein, er kommt aus Wien.

a   Ist Michael Deutscher?
b   Ist er arbeitslos?
c   Studiert er in Innsbruck?
d   Spricht er Deutsch?
e   Spricht er auch Russisch?
f   Versteht er ein wenig Spanisch?
g   Lernt er im Moment Türkisch?

4 Nationalitäten *Nationalities*

Here are some nationalities and languages that you already know together with some new ones.

What are the two endings on the nationalities used for men? What is the main ending for female nationalities? What do almost all the languages end in? Check your answers in the Grammar section on page 38.

		Sprache (*language*)
Ich bin **Deutscher**.	Ich bin **Deutsche**.	**Deutsch**
Bernd ist **Österreicher**.	Susi ist **Österreicherin**.	**Deutsch**
Er ist **Engländer**.	Sie ist **Engländerin**.	**Englisch**
Sind Sie **Amerikaner**?	Sind Sie **Amerikanerin**?	**Englisch**
David ist **Waliser**.	Sîan ist **Waliserin**.	**Englisch/Walisisch**
Iain ist **Schotte**.	Una ist **Schottin**.	**Englisch**
Padraig ist **Ire**.	Maire ist **Irin**.	**Englisch**
Gür ist **Türke**.	Yildiz ist **Türkin**.	**Türkisch**
Iannis ist **Grieche**.	Ionna ist **Griechin**.	**Griechisch**
Jean-Claude ist **Franzose**.	Nadine ist **Französin**.	**Französisch**
Miguel ist **Spanier**.	Manuela ist **Spanierin**.	**Spanisch**
Masahide ist **Japaner**.	Kumi ist **Japanerin**.	**Japanisch**

5 Wer sind Sie? *Who are you?*

Rachel Jenkins has written down details about herself. Write down your own details following the same pattern.

Mein Name ist Rachel Jenkins. Ich bin Engländerin.
Ich komme aus Preston. Ich wohne jetzt in Manchester.
Ich spreche Englisch und ein bisschen Deutsch.
Ich bin ledig und ich arbeite seit drei Jahren hier in Manchester.

▶ 6 Und jetzt Sie!

Now listen to the questions on the recording and give your responses orally, using the pause button to allow yourself to speak.

Du, ihr

SPRACHINFO: Before you move on to other topics it's important to know that in German there is more than one way of saying *you*. The various forms **Sie** (the formal, polite *you*), **du** (the familiar, informal form) and **ihr** (the familiar form for more than one person) were mentioned in passing in the Grammar section for Unit 1. Now it's time to find out more about them. As you might expect, all three forms take different endings on the verb.

Here are some examples of all three forms, starting with the **Sie**-form that you have practised already.

Sie -en	du -st	ihr -t
Wie heißen Sie?	Wie heißt du?	Wie heißt ihr?
Woher kommen Sie?	Woher kommst du?	Woher kommt ihr?
Wo wohnen Sie?	Wo wohnst du?	Wo wohnt ihr?
Sprechen Sie Deutsch?	Sprichst du Deutsch?	Sprecht ihr Deutsch?

Note that verbs ending with a **ß, ss** or **z** in their stem only add a **-t** and not **-st** in the **du**-form: du heißt, du tanzt. In **arbeiten** you need an extra **e** in the **du** and **ihr**-forms.

With **sprechen** the vowel changes to an **i** in the **du**-form, just as it does in the **er**-form: **du sprichst.** See the Grammar section for a summary of the verb endings in the present.

▶ 7 *Du* und *Sie*

Here is a dialogue between two students, Markus and Christian, meeting in a London hotel foyer. They are using the **du**-form. Re-write the dialogue for two businessmen, Klaus Thomas and Gerhard Braun, meeting in the same hotel foyer. They would use the **Sie**-form. Make the greeting more formal too. You can check your new version on the recording.

Markus	Hallo! Ich heiße Markus. Wie heißt du?
Christian	Ich bin Christian. Woher kommst du?
Markus	Aus München. Kommst du auch aus München?
Christian	Nein, aus Nürnberg. Sprichst du Englisch?
Markus	Ja, ziemlich gut. Und du?
Christian	Na ja, es geht.

ℹ️ Du, ihr or Sie?

Use **Sie** with people you are not particularly close to. **Sie** is spelt with a capital **S** wherever it comes in the sentence. Use **Sie** to address one or more persons.

Use **du** to a person you feel close to, and to a child or a pet.
du is also used among young people and students.
du can only be used to address one person.

Use **ihr** to two or more people who you would address individually as **du**.

When you are not sure, use **Sie**.
In everyday situations where English speakers might immediately adopt first name terms, many German speakers tend to prefer a certain degree of formality. For instance, work colleagues often call each other **Herr X** or **Frau Y** and use the **Sie**-form to each other even after years of working together.

▶ Pronunciation

A **w** in German is pronounced more like an English *v*. And a **v** in German is pronounced like an *f* in English.

| Wie? | Wo? | Wer? |
| verheiratet | verwitwet | Vorwahlnummer |

St and **sp** in German are pronounced as *sht* and *shp* at the beginning of a word or syllable.

| Straße | studieren | verstehen |
| Sport | Spanisch | sprechen |

How are these words pronounced? viel, wirklich, Sprachen, Beispiel, Studium.

Grammar

1 Nationalities and languages

As you will have seen in **Übung 4 Nationalitäten**, the endings on nouns indicating nationality are:

For males		*For females*	
-er	-e	-erin	-in
Amerikaner	Franzose	Amerikanerin	Französin
Engländer	Türke	Engländerin	Türkin
Spanier	Grieche	Spanierin	Griechin

The main exception to this is the female version of *a German*: **Deutsche.**

Most languages end in **-isch: Englisch, Französisch, Japanisch,** etc. Again the exception is *German*: **Deutsch!**

Note that **Franzose** does not have an umlaut (¨), but **Französin** and **Französisch** do.

2 Summary of verb endings

This summary of the verb endings includes the **du** and **ihr** forms that you have met in this unit. Note that most verbs follow the regular pattern like **wohnen,** but some verbs have a vowel change in the **du** and the **er/sie/es** forms. You will meet more of these in Unit 9. We have included the irregular verbs **sein** *to be* and **haben** *to have* because they occur so frequently.

		wohnen	sprechen	arbeiten	sein	haben
Singular	ich	wohne	spreche	arbeite	bin	habe
	du	wohnst	sprichst	arbeitest	bist	hast
	Sie	wohnen	sprechen	arbeiten	sind	haben
	er/sie/es	wohnt	spricht	arbeitet	ist	hat
Plural	wir	wohnen	sprechen	arbeiten	sind	haben
	ihr	wohnt	sprecht	arbeitet	seid	habt
	Sie/sie	wohnen	sprechen	arbeiten	sind	haben

3 Ihr, dein, euer

These are the three words for *your*. With certain nouns you have to add an **e**, as you saw in Unit 3. This will be explained in the next unit.

Sie Ihr(e)	du dein(e)	ihr euer/eure
Wie ist Ihr Name?	Wie ist dein Name?	Wie ist euer Name?
Wie ist Ihre Telefonnummer?	Wie ist deine Telefonnummer?	Wie ist eure Telefonnummer?

Note that an **e** is dropped from **euer** when there is an **e** at the end. Note that words for *your* or *my* (**mein**) are called *possessive adjectives*. For a more detailed list of possessives in German see page 163–4.

4 Ihnen, dir, euch

Here are the three forms which mean literally *to you* and which are used to ask people how they are.

Sie → Ihnen	du → dir	ihr → euch
Wie geht es Ihnen?	Wie geht's dir?	Wir geht's euch?

More practice

▶ 1 Rollenspiel. Machen Sie ein Interview.
Take on the role of Jürgen Krause and answer the questions on the recording.

Name	Jürgen Krause
Staatsangehörigkeit	Österreicher
Geburtsort	Wien
Wohnort	Salzburg
Sprachen	Deutsch und Englisch
Familienstand	seit drei Jahren verwitwet
Arbeit?	Ja, in Salzburg

2   Sagen Sie es anders.
    Match the sentences on the left with those of similar
    meaning on the right.

a   Wie ist dein Name?   i   Woher seid ihr?
b   Welche Telefonnummer   ii   Welche Hausnummer
    habt ihr?   hast du?
c   Woher kommt ihr?   iii   Wie heißt du?
d   Wie ist deine Hausnummer? iv   Woher kommst du?
e   Wie heißen Sie?   v   Wie ist eure
f   Woher bist du?   Telefonnummer?
                              vi   Wie ist Ihr Name?

3   **Sie, du** und **ihr.** Here are some questions which you might
    ask a stranger in a hotel:
a   Wie heißen Sie?
b   Woher kommen Sie?
c   Und wo wohnen Sie jetzt?
d   Wie geht's Ihnen heute?
e   Sprechen Sie Englisch?
f   Sind Sie verheiratet?
g   Wie ist Ihre Zimmernummer?

i   Now re-formulate the questions as if you were a student
    who has just met another student in a hall of residence.
    Beispiel   a Wie heißt **du?**
ii And now re-formulate the questions yet again as if you
    were a young person who has just met a young couple in
    a hotel.
    Beispiel   a Wie heißt **ihr?**

Congratulations!
You have made a brilliant start and completed the first four
units.

Before you move on to the next units, you can check your
progress in the **Self-assessment test** we have designed for
you on page 264.

05

in der Stadt
in town

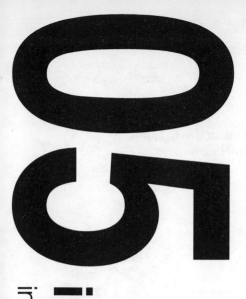

In this unit you will learn
- how to talk about places in towns and cities
- how to count from 101 upwards

Language points
- gender and articles

Towns and cities

1 Was ist das? *What is that?*

a   Das ist ein Bahnhof.

Das ist *der* Bahnhof
in Hannover.

b   Das ist ein Flohmarkt.

Der Flohmarkt
in Hannover.

c   Das ist eine Bäckerei.

Die Stadtbäckerei.

d   Das ist eine Kneipe.

Die Kneipe heißt
‚Das Weinloch'.

e Das ist ein Kino.

Das Abaton-Kino.

f Das ist ein Hotel.

Das Hotel Schmidt in Celle.

der Bahnhof	*the railway station*
der Flohmarkt	*the flea market*
die Bäckerei	*the bakery*
die Kneipe	*the pub*
das Kino	*the cinema*
das Hotel	*the hotel*

SPRACHINFO: All German nouns have a *gender* and are either *masculine, feminine* or *neuter*:

	the ...	*a ...*
masculine	**der** Bahnhof	**ein** Bahnhof
feminine	**die** Bäckerei	**eine** Bäckerei
neuter	**das** Kino	**ein** Kino

In the plural the word for *the* is **die**: **die** Bahnhöfe, **die** Bäckereien, **die** Kinos. But there will be more about plural forms in the next unit. If a noun is made up of two or more nouns, it is always the last noun which determines the gender:

das Bier + **der** Garten: **der** Biergarten
das Telefon + **die** Nummer: **die** Telefonnummer

Words like **mein** (*my*), **dein** (*your*/informal) and **Ihr** (*your*/formal) also have masculine, feminine and neuter forms.

In German these endings don't depend on the person who speaks but on the gender of the noun.

masculine   **Mein** Name ist Ulrike Weber. Wie ist **Ihr** Name? (der Name)

feminine   **Meine** Telefonnummer ist 774876. Wie ist **deine** Telefonnummer? (die Telefonnummer)

neuter   Das ist **mein** Haus. Wo ist **dein** Haus? (das Haus)

The formal word for *your* takes a capital letter: Wie ist **Ihre** Telefonnummer?

Note that from this unit onwards, new nouns are usually given with their gender. You should also be able to check the gender of nouns in all good dictionaries.

▶ 2 Ein Stadtplan *Town map*

Nennen Sie die Gebäude. *Name the buildings.*

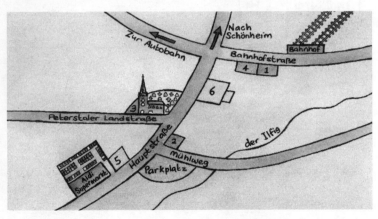

Six of the places on the map are represented by a number. A visitor to the town wants you to tell them what these places are. Write down your answers then check them on the recording. Make sure you have got the genders right! Also pay special attention to the pronunciation of the place names.

Then say your answers out loud and check them once more against the recording.

> **Beispiel 1** ist **eine** Kneipe. **Die** Kneipe heißt *Bierstübl*. / **Sie** heißt *Bierstübl*.

1 Kneipe – *Bierstübl*
2 Biergarten – *Mönchbräu*
3 Kirche – *Jakobskirche*
4 Hotel – *Bahnhofshotel*
5 Café – *Café Krause*
6 Markt – *Buttermarkt*

der Biergarten *the beer garden*	**das Café** *the café*
die Kirche *the church*	

3 Wortspiel *Word game*

Write down the words which the pictures represent horizontally
on the grid opposite and another word will appear vertically.
You will have to add a letter to complete the word for 5.

1 bakery

2 station

3 hotel

4 church

5 ?

6 glass of beer

1			5				
2							
3							
		4					
			?				
	6						

4 Welche Endungen? *Which endings?*

Which endings are needed in these sentences? In some cases no ending is needed.

a Das ist ein.. Kino.
b D.. Hotel heißt *Vier Jahreszeiten.*
c Dort ist ein.. Bäckerei.
d Wie ist Ihr.. Name?
e Wo ist d.. *Bahnhofshotel*?
f Wo ist hier ein.. Café?
g Wie ist dein.. Telefonnummer?
h D.. Kneipe heißt *Blauer Engel.*

5 Eine Postkarte aus München
A postcard from Munich

Lesen Sie die Postkarte und beantworten Sie dann die Fragen. *Read the postcard and answer the questions.*

München, 3. September

Hallo Jörg,
wie geht's? Mir geht es wirklich sehr gut. Ich bin jetzt zwei Wochen in München. Die Stadt ist sehr schön, besonders das Stadtzentrum und der ‚Englische Garten'. Ich gehe auch in eine Sprachschule. Die Sprachschule heißt, ‚Superlang'. Ich spreche ziemlich viel Deutsch. Das Bier in München ist sehr gut. Es heißt Weizenbier.
Bis bald

Deine Tracy

An
Jörg Kümmerli
Mozartstraße 43a
A-5020
SALZBURG
Österreich

| besonders | *especially* | bis bald | *see you soon* |

Beantworten Sie die Fragen. *Answer the questions.*

a Wo ist Tracy?
b Wie ist die Stadt?
c Was ist besonders schön?
d Wie heißt die Sprachschule?
e Spricht Tracy nur Englisch?
f Was ist auch sehr gut in München?
g Wie heißen die Artikel: **der, die** oder **das**?

... Woche (*week*)
... Stadtzentrum (*city centre*)
... Garten (*garden*)
... Sprachschule (*language school*)
... Bier (*beer*)

▶ Numbers 101 and upwards

Hören Sie bitte zu und wiederholen Sie! *Listen and repeat.*

101	hunderteins
102	hundertzwei
110	hundertzehn
111	hundertelf
120	hundertzwanzig
121	hunderteinundzwanzig
201	zweihunderteins
312	dreihundertzwölf
999	neunhundertneunundneunzig
1 000	(ein)tausend
2 843	zweitausendachthundertdreiundvierzig
10 962	zehntausendneunhundertzweiundsechzig
1 000 000	eine Million
4 000 000	vier Millionen
1 000 000 000	eine Milliarde

Note how even long numbers are written as one word in German.

▶ 6 Notrufe *Emergency calls*

Say the numbers for police, fire and emergency doctor out loud.
Then check your answers on the recording.

> **Notrufe**
> Polizei ...   110
> Feuer ...   112
> Notarzt ...   115

▶ 7 Welche Zahlen hören Sie?

Listen to the six numbers on the recording and tick the ones you
hear.

	a		b		c	
1	a	237	b	273	c	327
2	a	459	b	954	c	495
3	a	642	b	624	c	426
4	a	1 321	b	1 231	c	1 132
5	a	4 762	b	4 267	c	6 462
6	a	11 329	b	11 932	c	11 293

8 Wie viele Einwohner haben diese Städte?
How many inhabitants do these cities have?

Write out in full the number of inhabitants for each city.

Willkommen in Heidelberg

Beispiel	Köln	966 000	neunhundertsechsundsechzigtausend
Heidelberg		147 000	_____
Dresden		470 000	_____
Frankfurt am Main		650 000	_____
München		1 236 000	_____
Hamburg		1 708 000	_____
Berlin		3 471 000	_____

Grammar

1 Gender of nouns and articles

As you have seen, German nouns are either *masculine, feminine* or *neuter*. This is their *gender*. The words for *the* and *a* (the so-called *definite* and *indefinite articles*) have to match the gender of the nouns:

masculine	der Bahnhof (*the station*)	ein Bahnhof (*a station*)
feminine	die Kirche (*the church*)	eine Kirche (*a church*)
neuter	das Café (*the café*)	ein Café (*a café*)

If a noun is made up of more than one noun, it is the last element that determines the gender:

das Bier + **der** Garten	→	**der** Biergarten
das Haus + **die** Frau	→	**die** Hausfrau

There are few guidelines to help you know the gender of nouns in German. As you have already seen, many 'things' are not neuter, but masculine (e.g. **der Garten, der Bahnhof**) or feminine (e.g. **die Kneipe, die Kirche**). Also, some words referring to people are neuter (see below).

However, there are some basic rules. Here are just a few of them now:

masculine nouns	most nouns ending in **-ling**: der Liebling (*darling*)
feminine nouns	most nouns ending in **-in**: die Sekretärin, die Amerikanerin
	most nouns ending in **-tät**: die Nationalität, die Universität
neuter nouns	most nouns ending in **-chen**: das Mädchen (*girl*)

In general, you need to learn the noun with its definite article: **der, die** or **das** when you first meet it. Don't forget that words like **mein** and **dein** follow the pattern of **ein/eine**, e.g. they add an -e if the noun is feminine: meine Telefonnummer.

More practice

1   Fill in the gaps with the correct versions of **Ihr(e)** or **mein(e)**:

a   Wie ist ____ Name? – ____ Name ist Astrid.
b   Wie ist ____ Adresse? – ____ Adresse ist
    Hauptstraße 45.
c   Wo liegt ____ Haus? – ____ Haus liegt im Zentrum.
d   Wie ist ____ Telefonnummer? – ____ Telefonnummer
    ist 753412.
e   Wie heißt ____ Mann? – ____ Mann heißt Gerhard.

2   Schreiben Sie Ihre erste Postkarte. *Write your first postcard
    in German.*
    You just have to fill in the missing words. Choose the person
    you would like to write to.

    der – schön – Die – fantastisch – bald – eine – das – heißt –
    spreche – geht's – eine – Die

Wien, 7. Februar Hallo _____ , wie ......? Mir geht es .... Ich bin jetzt ...... Woche in Wien. ...... Stadt ist sehr ......, besonders ...... Zentrum und ...... Park. Ich gehe jetzt auch in ...... Sprachschule. ...... Sprachschule ...... ‚Eurolingua'. Ich ...... jetzt viel Deutsch. Was machst du? Bis ...... ♀ Deine _____ ♂ Dein _____	An _____ _____ _____

06 Arbeit und Studium

work and study

In this unit you will learn
- how to ask people about their occupation and state yours
- how to ask people what they study and where

Language points
- the verb **sein** (*to be*)
- plural forms of nouns

Occupations

1 Was sind diese Leute von Beruf?
What do these people do for a living?

Welches Wort passt zu welchem Bild? *Which word matches which picture?*

a Paul Meier

b Helga Neumann

c Heike Müller

d Manfred Lustig

e Kurt Leutner

f Ulrike Wagner

g Marc Straßburger

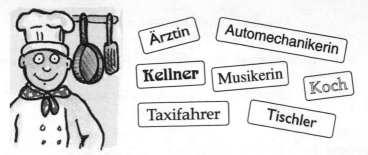

Write short descriptions of the people in the pictures.

a Das ist Paul Meier. **Er** ist Taxifahrer.
b Das ist Helga Neumann. **Sie** ist Automechanikerin.
c Das ist .... Sie ist ....

SPRACHINFO: mehr Berufe
Here is a list of common professions. Note the different forms
for males and females.

der (masculine)	**die** (feminine)	
Automechaniker	Automechaniker**in**	*car mechanic*
Journalist	Journalist**in**	*journalist*
Kellner	Kellner**in**	*waiter/waitress*
Maurer	Maurer**in**	*bricklayer*
Musiker	Musiker**in**	*musician*
Sekretär	Sekretär**in**	*secretary*
Student	Student**in**	*student*
Taxifahrer	Taxifahrer**in**	*taxi driver*
Tischler	Tischler**in**	*carpenter*
Verkäufer	Verkäufer**in**	*shop assistant*
Ausnahmen *Exceptions*		
Arzt	Ärztin	*doctor*
Koch	Köchin	*chef*
Friseur/Frisör	Friseuse/Fris**ö**se	*hairdresser*
Haus**mann**	Haus**frau**	*househusband/ housewife*
Kauf**mann**	Kauf**frau**	*trader*
Kranken**pfleger**	Kranken**schwester**	*nurse*

▶ 2 Sind Sie berufstätig? *Do you have a job?*

Jutta Sammer aus Borken lernt Ingrid Baker aus Whitstable kennen. *Jutta Sammer from Borken gets to know Ingrid Baker from Whitstable.*

Listen to the first part of the dialogue (1) and try to find answers to these two questions:

a   How is it that Ingrid Baker speaks German so well?
b   Why does she mention a period of 18 years?

Dialog (1)

Jutta Sammer	Willkommen in Borken! Mein Name ist Jutta Sammer. Hoffentlich sprechen Sie Deutsch!
Ingrid Baker	Guten Abend! Ja, ich spreche Deutsch. Ich heiße Ingrid Baker.
Jutta Sammer	Prima! Sie sprechen ja sehr gut Deutsch. Sind Sie denn Deutsche?
Ingrid Baker	Ja, aber mein Mann ist Engländer und ich wohne seit 18 Jahren in England.
Jutta Sammer	Ach so. Sind Sie berufstätig?
Ingrid Baker	Ja, ich bin Verkäuferin.

willkommen	*welcome*
denn	(here) *then*
mein Mann	*my husband*
Sind Sie berufstätig?	*Do you have a job?*

And now listen to the second part of the dialogue (2) and try to work out the answers to these two questions:

c   Which of the women works – Jutta, Ingrid or both of them?
d   Whose husband is retired – Jutta's or Ingrid's?

Dialog (2)

Jutta Sammer	Und wo arbeiten Sie?
Ingrid Baker	Ich arbeite bei Safeway's, das ist ein Supermarkt hier in Großbritannien.
Jutta Sammer	Seit wann arbeiten Sie dort?
Ingrid Baker	Seit drei Jahren. Und Sie? Was sind Sie von Beruf?
Jutta Sammer	Ich bin Krankenschwester. Mein Mann ist von Beruf Mechaniker und er arbeitet bei Opel. Und was macht Ihr Mann?
Ingrid Baker	Er ist jetzt pensioniert, aber er war Journalist.

Wo arbeiten Sie?	Where do you work?
der Supermarkt	supermarket
seit wann?	since when?
seit drei Jahren	for (lit. since) three years
Was sind Sie von Beruf?	What job do you do?
	(lit. What are you by profession?)
Er arbeitet bei ...	He works for ...
Was macht Ihr Mann?	What does your husband do?
war	was

Now read through both dialogues again, noting the new vocabulary as you go.

Richtig oder falsch? Korrigieren Sie die falschen Aussagen.

a   Ingrid Baker ist Österreicherin.
b   Ingrid wohnt seit 18 Jahren in England.
c   Sie ist Verkäuferin von Beruf.
d   Jutta Sammer ist Kauffrau von Beruf.
e   Herr Sammer ist seit neun Monaten pensioniert.
f   Mr Baker war Journalist von Beruf.

▶ 3 Jochen Krenzler aus Dresden lernt Rainer Tietmeyer aus Coventry kennen

Listen to the recording and find the correct answer.

Welche Antwort passt?

a   Herr Tietmeyer ist
    Deutscher / Schweizer.
b   Frau Tietmeyer ist
    Deutsche / Engländerin.
c   Herr Tietmeyer wohnt seit
    14 Jahren / 20 Jahren / 24 Jahren in England.
d   Herr Tietmeyer ist
    Kellner / Tischler / Kaufmann von Beruf.

▶ 4 Beantworten Sie die Fragen

Answer the questions on the recording as if you were Frau Murphy-Heinrichs.

Here are her details:

• Deutsche
• Mann ist Ire
• wohnt seit 17 Jahren
  in Münster

• ist Sekretärin bei Mannesmann
• Mann ist Taxifahrer

5 Anagramme *Anagrams*

Was sind diese Leute von Beruf? *What jobs do these people do?*

a

NREIRLEH

b

ERURAM

c

ANSTUJORIL

d

ERNISÄTERK

What are you studying?

Zwölf Studienfächer *Twelve subjects (of study)*
Here are some of the most commonly studied subjects at university.

Anglistik	*English language and literature*
Betriebswirtschaftslehre (BWL)	*management studies*
Biologie	*biology*
Chemie	*chemistry*
Germanistik	*German language and literature*
Geschichte	*history*
Informatik	*computer studies*
Jura	*law*
Mathematik	*maths*
Medizin	*medicine*
Romanistik	*Romance studies*
Volkswirtschaftslehre (VWL)	*economics*

Studieren means to study at a university; **lernen** is more appropriate for study at lower levels, such as in schools, further education and adult education.

▶ 6 In der Jugendherberge *In the youth hostel*

Anita lernt Karin und Anke kennen. *Anita gets to know Karin and Anke.* Listen to the recording and decide if the statements that follow are true or false.

Anita	Grüßt euch! Ich heiße Anita. Wie heißt ihr?
Karin	Hallo! Mein Name ist Karin.
Anke	Und ich bin die Anke.
Anita	Und woher kommt ihr?
Anke	Wir kommen aus Gießen. Und du? Woher kommst du?
Anita	Aus Frankfurt. Ich studiere dort Romanistik. Studiert ihr auch?
Karin	Ja, wir studieren BWL in Marburg.
Anita	Und ist das interessant?
Anke	Na ja, es geht, ein bisschen langweilig.

Grüßt euch!	*Hallo, hi* (a familar greeting used to more than one person)
Na ja	(informal) *Oh well*
es geht	*it's all right*
langweilig	*boring*

Richtig oder falsch?

a   Anke und Karin kommen aus Gelsenkirchen.
b   Anita kommt aus Frankfurt.
c   Anita studiert Germanistik.
d   Anke und Karin studieren BWL.
e   Sie studieren in Marburg.
f   Sie finden es sehr interessant.

▶ 7 Was studieren sie?

Listen to the recording and fill in the information that these students give about themselves.

Name	Paul	Daniel	Heike	Martina
Wohnort	_____	*Hamburg*	_____	_____
Studienort	*Bremen*	_____	_____	_____
Studienfach	_____	_____	*Informatik*	_____

ℹ Bildung und Ausbildung

Full-time attendance at school is compulsory in Germany from 6 to 15 years of age. Those who leave school at 15 have to attend a vocational school part-time for a further three years.

Vocational training in Germany is well organized and apprenticeships lasting two to three and a half years prepare young people for a wide range of occupations.

There has been widespread criticism of the length of time taken by German students to complete their studies (on average more than 14 semesters or seven years). Recently new BA courses and MA degrees, based on the British and American models, have been introduced to allow a faster and more flexible system.

For further information try these websites:
http://www.daad.de/ deutschland/de
http://www.campus-germany.de/german

> **die Bildung** *education*   **die Ausbildung** *training*

8 Sie über sich

Write down as much information about yourself as your German will allow. Use Vicki Farrow's model on the next page to help you.

Ich über mich

Ich heiße Vicki Farrow. Ich komme aus Newcastle, aber ich wohne jetzt in Peckham. Das ist in London. Meine Eltern wohnen noch in Newcastle.
Ich bin Krankenschwester und ich arbeite in Southwark.
Ich spreche Englisch, Französisch und ein bisschen Deutsch.
Mein Partner heißt Darren und er ist Automechaniker. Er arbeitet in Battersea. Er spricht sehr gut Deutsch. Sein Vater ist Deutscher.

▶ Pronunciation

In German the use of the umlaut (¨) always changes the way a vowel (such as **a, o** or **u**) or a diphthong (such as **au**) is pronounced.

Listen to the way **a** plus an umlaut is pronounced in these words:

Engländer Universität berufstätig Sekretärin
Kindergärtnerin

Listen to the way **au** plus an umlaut is pronounced:

Verkäufer   Fräulein

How would you pronounce these words?
Ärztin, Bäckerei, Häuser, Dänemark.

Check your answers on the audio.

Grammar

1 The verb *sein (to be)*

Remember that this is an irregular verb:

	Singular			Plural	
Ich	**bin**	Student.	Wir	**sind**	Engländer.
Du	**bist**	Sekretärin.	Ihr	**seid**	Amerikaner.
Sie	**sind**	verheiratet.	Sie	**sind**	Japaner.
Er/sie/es	**ist**	alt.	Sie	**sind**	arbeitslos.

2 Plural of nouns

German nouns do not simply add **-s** to form their plurals (*a book, two books*). You need to learn the plural of a noun when you first meet it, along with the gender. In this unit you met:

Singular: Ich bin **Student**.   Plural: Seid ihr **Studenten**?

A few other types of plural are:

- nouns which do not change: ein Engländer, zwei Engländer.
- nouns – usually referring to female professions – which add **-nen**: eine Studentin, zwei Studentinnen.
- nouns which add an umlaut (¨) and an **-e**: ein Bahnhof, zwei Bahnhöfe. Note that this pattern often applies to masculine nouns: ein Koch, zwei Köche.
- nouns which, like most English nouns, simply add an **-s**: ein Kino, zwei Kinos. This often applies to English or French nouns which have been imported into German: ein Hotel, vier Hotels; ein Taxi, zwei Taxis.

You will meet some more plural forms in Unit 8.

More practice

1   Anke and Thomas meet up and ask each other a few questions. Put what they say into the correct order to make a continuous dialogue. There may be more than one solution.

a	Anke	Bist du Student?
b	Thomas	Hallo! Mein Name ist Thomas.
c	Anke	Und woher kommst du?
d	Thomas	Ja, ich studiere Chemie in Leipzig. Und du?
e	Anke	Hallo! Ich heiße Anke. Wie heißt du?
f	Thomas	Ich komme aus Leipzig.
g	Anke	Ich bin auch Studentin. Ich studiere Anglistik in München.

2   Setzen Sie ein. *Fit these words into the gaps*:

Kellnerin, Engländer, Studentin, Ire, Verkäuferin, Journalist, Schottin, Sekretärinnen, Studenten

- Sind Herr und Frau Brookes ..a..?
- Nein, Herr Brookes kommt aus Dublin und ist ..b.. und Frau Brookes ist ..c.. .
- Sind Doris und Walther ..d..?
- Doris ist ..e.., aber Walther ist ..f.. bei der *Süddeutschen Zeitung*.
- Sind Elke und Birgit ..g..?
- Nein, Elke ist ..h.. bei Karstadt und Birgit ist ..i.. .

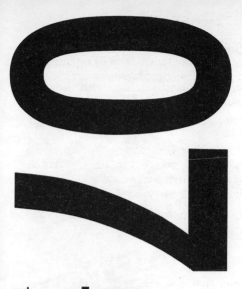

07

Essen und Trinken

food and drink

In this unit you will learn
- how to ask the way
- how to order food and drink

Language points
- the accusative case
- containers and their contents

Asking the way

▶ 1 Gibt es hier in der Nähe ...?

Is there ... nearby?

Look at the drawing and make yourself familiar with the way people give directions in German.

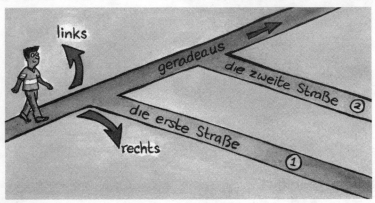

Listen to the three dialogues in which people are asking the way and find out the following information in each case:

- What are they looking for?
- What directions are they given?
- How far do they need to go?

Dialog 1

- Entschuldigen Sie bitte, gibt es hier in der Nähe eine Bank?
- Ja, gehen Sie die erste Straße links. Da ist eine Bank.
- Ist es weit?
- Nein, ungefähr fünf Minuten.
- Gut, danke. Ich brauche nämlich Geld.

Dialog 2

- Entschuldigung. Gibt es hier in der Nähe einen Supermarkt?
- Mmh. Einen Supermarkt? Na klar, gehen Sie immer geradeaus. Dort finden Sie einen, ‚Plus'– Markt.
- Ist es weit?
- Nein, etwa 400 Meter.

Dialog 3

- Hallo. Entschuldigen Sie. Gibt es hier in der Nähe ein nettes Café?
- Ja, natürlich. Das Café Hansa. Gehen Sie hier rechts um die Ecke. Es ist nicht weit. Dort ist der Kuchen ausgezeichnet.

Gibt es hier in der Nähe einen/eine/ein ...?	*Is there a ... nearby?*
gehen	*to go*
Ist es weit?	*Is it far?*
ungefähr	*about*
brauchen	*to need*
nämlich	*you see* (lit. *namely*)
na klar	*of course*
finden	*to find*
etwa	*about*
um die Ecke	*around the corner*
Es ist nicht weit.	*It's not far.*
der Kuchen	*cake*

Now look at the dialogues. See if you can work out when to use **einen, eine** and **ein** after **Gibt es hier in der Nähe ...?**

What conclusion did you come to about **einen, eine** and **ein**? Here is the answer:

After **es gibt** the indefinite article **ein** changes to **einen** for masculine nouns only:

Gibt es hier in der Nähe	**einen** Supermarkt?
	einen Park?
	einen Biergarten?

Feminine and neuter nouns are not affected:

Gibt es hier in der Nähe	**eine** Bank?
	eine Kneipe?

Gibt es hier in der Nähe	**ein** Café?
	ein Hotel?

There's more about this later in this unit.

2 Was fragen die Leute?

Setzen Sie die fehlenden Wörter ein. *Fill in the missing words.*

a Entschuldigen Sie. Gibt es hier in __ __ __ Bank?

b Entschuldigung. Gibt _ _ _ _ _ _ _ _ _ ?

c Entschuldigung. Gibt es _ _ _ _ _ _ Park?

d Entschuldigen Sie, bitte. _ _ _ _ _ _ _ _ Biergarten?

Sprachinfo: You have already seen how **ein** sometimes changes to **einen** after **Gibt es hier in der Nähe ...?** Here are some more examples:

Ich	trinke	einen Kaffee.
Es	gibt	einen Supermarkt hier.
Sie	finden	einen Biergarten dort.
Subject	*verb*	*object*

In a German sentence with a subject (e.g. **Sie, ich, es**) and an object (e.g. **Supermarkt, Biergarten, Kaffee**), the article for masculine nouns (**ein**) changes for the object (to **einen**).

In grammatical terms this structure is called the *accusative case.*

Note that the verb **sein** is not followed by the accusative, e.g. **Das ist ein Supermarkt.** There is more on this later. But first, here is some practice in **Übung 3** and **4**. Remember, the change applies only to masculine nouns, not to feminine and neuter nouns.

3 Wohin gehen die Leute?

What do these people find when they follow the directions given them? Write your answers in the gaps.

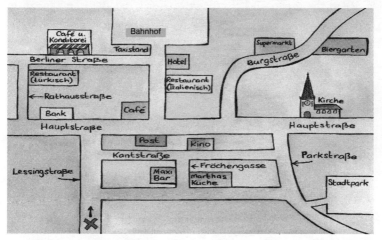

Ein Stadtplan von Gellingen

Sie stehen auf dem X.

a Gehen Sie geradeaus und dann links in die Hauptstraße. Nehmen Sie die erste Straße rechts. Das ist die Rathausstraße. Dort finden Sie rechts ___ ___ .

b Gehen Sie geradeaus und nehmen Sie die erste Straße rechts, die erste Straße links und gehen Sie dann rechts in die Kantstraße. Dort finden Sie links ___ ___ .

c Gehen Sie geradeaus und dann rechts in die Hauptstraße. Nehmen Sie die zweite Straße links und dort finden Sie links
___ .

4 Setzen Sie ein

Fill in the missing articles **ein, eine** or **einen**.

a Entschuldigen Sie, bitte. Ich brauche ____ Bank.
b Wo finde ich hier ____ Supermarkt?
c Entschuldigen Sie, bitte. Finde ich hier in der Nähe ____ Café?
d Ich brauche ____ Bier.
e Gibt es ____ Biergarten hier in der Nähe?
f Wo finde ich ____ Park hier in der Nähe, bitte?

In a café

▶ 5 Was trinken Sie, bitte?

a Read the menu and try to work out what the items mean in English. You can check your answers in the key.

WARME GETRÄNKE	€
Tasse Kaffee	1,75
Cappuccino	2,25
Heiße Schokolade	2,25
Schwarzer Tee (Glas)	1,75

KUCHEN	
Butterkuchen	1,25
Schwarzwälder Kirschtorte	2,40
Diverse Obstkuchen	2,00
Portion Sahne	0,75

EIS-SPEZIALITÄTEN	
Gemischtes Eis	2,50 3,50 4,50
Pfirsich Melba	3,50
Krokant-Becher	3,75

ALKOHOLFREIE GETRÄNKE	
Coca Cola	1,90
Limonade	1,90
Orangensaft	1,90
Mineralwasser	2,00

BIERE	
König-Pilsener (0,33l)	2,00
Weizenbier (0,5l)	2,50

b Herr und Frau Häfner sind mit ihren Kindern im Café. Was bestellen sie? Listen to the recording, then decide whether the statements below are true or false.

Vater	Oh, bin ich jetzt durstig. Ich brauche jetzt ein Bier.
Mutter	Nicht schon wieder ein Bier, Vater. Du bist zu dick.
Vater	Ach, Bier ist gesund. Hallo. Wir möchten bestellen.
Kellner	Guten Tag. Was möchten Sie, bitte?
Mutter	Ich möchte ein Mineralwasser und einen Kaffee, bitte.
Kellner	Ein Mineralwasser und einen Kaffee. Und was nehmen Sie, bitte?
Vater	Also, ich nehme ein Weizenbier. Schön kühl, bitte.
Kellner	Kein Problem. Und was bekommst du?
Junge	Ich trinke einen Orangensaft. Mit Eis.
Kellner	Und du? Was bekommst du?
Mädchen	Ich bekomme eine Limonade. Aber ohne Eis. Limonade schmeckt lecker.

der Vater	*father*	**bestellen**	*to order*
die Mutter	*mother*	**nehmen**	*to take*
der Junge	*boy*	**kühl**	*cold/chilled*
Ich bin durstig.	*I am thirsty.*	**bekommen**	*to get*
zu dick	*too fat*	**schmecken**	*to taste*
gesund	*healthy*	**lecker**	*delicious*
möchte(n)	*would like*		

Richtig oder falsch? Korrigieren Sie die falschen Aussagen.

i   Der Vater ist durstig.
ii Er möchte eine Limonade.
iii Der Vater findet, Bier ist gesund.
iv Die Mutter bestellt einen Orangensaft und einen Zitronentee.
v   Der Junge bekommt eine Cola und einen Hamburger.
vi Das Mädchen findet, Limonade schmeckt lecker.

6 Variationen

What are the various expressions that the waiter/waitress might use
when taking your order? What various responses might you give?

i   Was sagt der Kellner?   ii Was sagen Sie?
 a Was möchten Sie, bitte?   a Ich möchte einen Kaffee.
 b Was _____ Sie, bitte?   b Ich _____ einen Kaffee.
 c Was _____ Sie, bitte?   c Ich _____ einen Kaffee.
 d Was _____ Sie, bitte?   d Ich _____ einen Kaffee.

7 Getränke

a Der, die oder das? Lesen Sie den Dialog noch einmal. Wie
heißen die fehlenden Artikel? *Read the dialogue again. Can you
find out the missing articles for the drinks?*

i   der Tee
ii die Cola
iii ___ Mineralwasser
iv ___ Bier
v   ___ Orangensaft
vi der Wein
vii ___ Kaffee
viii der Schnaps
ix der Sekt
x   die Milch

b Note the names for containers in German and their plural forms.

i   eine Tasse Kaffee
ii ein Glas Wasser
iii eine Flasche Wein
iv eine Dose Cola
v   Paul isst einen Becher Eis.

Plurale:

i   zwei Tassen Kaffee
ii drei Gläser Wasser
iii drei Flaschen Wein
iv drei Dosen Cola
v   zwei Becher Eis

The German for 'pot' is **das Kännchen**.

Aufpassen!

Sie bekommt **ein** Eis.	*aber*	Sie bekommt **einen** Becher Eis. (der Becher)
Ich nehme **einen** Kaffee.	*aber*	Ich nehme **eine** Tasse Kaffee. (die Tasse)
Er trinkt **einen** Weißwein.	*aber*	Er trinkt **ein** Glas Weißwein. (das Glas)

---

8 Variieren Sie, bitte

Ergänzen Sie die Dialoge. *Fill in the gaps in the dialogues.* In some instances there is more than one possible solution. Make sure you get the right ending every time for the verbs and for the accusative case. Here are the verbs you will need:

möchten, nehmen, bekommen, trinken.

a

Kellner	Was _____ Sie, bitte?
–	Ich _____ ein... Kaffee.
Kellner	Ein... Kaffee. Und was _____ Sie?
–	Also, ich _____ ein... Wasser.
Kellner	Und was _____ Sie?
–	Ich _____ ein... Orangensaft.

b

Kellner	Was _____ Sie?
–	Ich _____ ein... Mineralwasser.
Kellner	Und Sie? Was _____ Sie?
–	Ich _____ ein... Tomatensaft mit einem Schuss Wodka.
–	Und ich _____ ein... Tasse Tee.

▶ 9 Wer bekommt was?

The Häfner family are waiting for their drinks. Here comes the waitress. Hören Sie zu! Beantworten Sie dann die Fragen.

Kellnerin	Guten Tag! Mein Kollege hat jetzt Feierabend. Ich bin also nicht ganz sicher, wer was bekommt. (zu der Mutter) Bekommen Sie den Orangensaft und das Eis?
Mutter	Nein, ich bekomme das Mineralwasser und den Kaffee. Mein Sohn bekommt den Orangensaft und das Eis.
Kellnerin	Gut! Bitte schön. (zum Mädchen) Und du? Du bekommst sicher die Limonade.
Mädchen	Ja, richtig! Die Limonade bekomme ich.
Vater	Und ich bekomme das Weizenbier.
Kellnerin	So, bitte schön.
Vater	Ach, das Bier ist zu warm!
Mutter	Und der Kaffee ist zu kalt!
Kellnerin	Oh! Entschuldigung.

Mein Kollege hat Feierabend.	*My colleague has finished work.*
der Sohn	*son*
sicher	*sure*

Richtig oder falsch?

a Der Vater bekommt den Orangensaft.
b Die Mutter bekommt den Kaffee.
c Das Mädchen bekommt das Weizenbier.
d Das Bier ist zu kalt.

SPRACHINFO: In the accusative case the definite article for masculine nouns changes as well: **der** becomes **den**. Feminine and neuter nouns are not affected. Here is a summary:

		a	*the*
M	Ich möchte ... Meine Freundin trinkt ...	**einen** Kaffee **einen** Tee	**den** Kaffee **den** Tee
F	Ich nehme ... Mein Freund bekommt ...	**eine** Limo **eine** Cola	**die** Limo **die** Cola
N	Ich bekomme ... Meine Frau bekommt ...	**ein** Mineralwasser **ein** Eis	**das** Wasser **das** Eis

Note the change in both **ein** (to **einen**) and **der** (to **den**) in the masculine examples above.

Grammar

1 The accusative

In the sentence *I need a coffee*, 'I' is said to be the subject of the sentence and '*a coffee*' is said to be the object. In German the object has to be in what is called the accusative case:

Ich brauche ein**en** Kaffee.

This differs from the subject (or nominative case) only for masculine nouns:

Note that the **-en** ending on the masculine accusative applies to the definite article (der → den), the indefinite article (ein → einen), the negative form (kein → kein) and the possessive adjectives (mein → meinen, Ihr → Ihren, etc).

Note that in the accusative plural all the genders have the same forms as the nominative plural.

	Nominative	Accusative
masc. sing.	Der Kaffee schmeckt gut. Wo ist mein Wein? Mein Tee schmeckt nicht.	Ich nehme den Kaffee. Ich bekomme einen Wein. Du trinkst meinen Tee!
fem. sing.	Die Milch schmeckt gut. Wo ist meine Tasse Tee? Meine Limonade schmeckt nicht.	Ich nehme die Milch. Ich bekomme eine Tasse Tee. Trinkst du meine Limonade?
neut. sing.	Das Eis schmeckt gut. Wo ist mein Glas Bier? Mein Brötchen ist nicht frisch.	Ich nehme das Eis. Ich bekomme ein Glas Bier. Du isst mein Brötchen!
pl.	Die Hamburger schmecken gut. Meine Nudeln sind nicht gut.	Ich nehme die Hamburger. Möchtest du meine Nudeln?

2 Containers and their contents

When you are talking about containers and their contents, such as a cup of tea, a glass of wine, a dish of ice-cream, etc., you do not use the equivalent of the word *of* in German:

eine Flasche Wein	*a bottle of wine*
ein Glas Mineralwasser	*a glass of mineral water*
ein Kännchen Kaffee	*a pot of coffee*
eine Tasse Tee	*a cup of tea*

More practice

1 Wie heißt es richtig? *How well do you know your accusative endings? Sometimes no ending is needed.*

a Elmar ist müde. Er braucht ein... Kaffee.
b Katrin bestellt ein... Glas Bier.
c Die Kinder sind sehr durstig. Sie bestellen ein.. Orangensaft und ein.. Cola.
d Bekommen Sie d... Kaffee oder d... Tee?
e Geben Sie mir bitte d... Orangensaft.
f Ich bekomme d... Weizenbier und mein Mann bekommt d... Mineralwasser.

2 Was gehört zusammen? *Match up the two sides. There may be more than one possibility.*

a	Er möchte einen Orangensaft	i	Kaffee.
b	Frau Müller nimmt ein Kännchen	ii	sehr viele Kalorien.
c	Limonade ist	iii	Eis.
d	Ich möchte einen Becher	iv	zu dick.
e	Ein Eis hat	v	sehr durstig.
f	Sie trinkt eine Tasse	vi	Tee.
g	Ich bin jetzt	vii	mit Wodka.
h	Du bist	viii	lecker.

08

Einkaufen und Bestellen

shopping and ordering

In this unit you will learn
- how to talk about going shopping
- how to ask and give prices
- how to order food and drinks in a restaurant
- how to say what you like eating and drinking

Language points
- more plural forms of nouns
- word order

Food and shopping

1 Lesen und Lernen

das Brot

der Zucker

der Wein

die Äpfel

das Öl

die Tomaten

das Müsli

der Käse

die Kartoffeln

das Salz

der Reis

der Blumenkohl

Write down the above items and all the others you already know (remember drinks) using the examples provided below as a guide. Check genders in a dictionary. Note that **das Obst** is the German word for fruit and **das Gemüse** stands for vegetables.

Lebensmittel	Obst	Gemüse	Getränke
der Reis	der Apfel	die Kartoffel	der Tee
das Öl	Äpfel (pl)	Kartoffeln (pl)	das Mineralwasser

2 Wie heißt das?

Note the German name for containers:

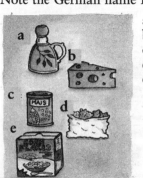

a Das ist eine Flasche Öl.
b Das ist ein Stück Käse.
c Das ist eine Dose Mais.
d Das ist eine Tüte Gummibärchen.
e Das ist eine Packung Cornflakes.

3 Verschiedene Geschäfte

Was bekommt man hier? Finden Sie Lebensmittel, Getränke und andere Dinge, die man hier kaufen kann. *What can you get here? Find food, drinks and other things you can buy from these shops.*

Beispiel

Das ist eine Bäckerei. Hier **kann** man Brot, Brötchen und Kuchen **kaufen**.

Note that when you use **kann** (*can*), the second verb (in this instance **kaufen**) goes to the end of the sentence.

a Das ist ein Markt. Hier kann man Obst, _____ kaufen.

b Das ist eine Fleischerei. Hier kann man _____ kaufen.

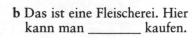

c Das ist ein Getränkemarkt. Hier kann man _____ kaufen.

d Das ist ein Supermarkt. Hier kann man zum Beispiel Käse, Brot _____ _____ kaufen.

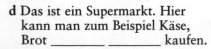

4 Was stimmt?

Finden Sie die richtigen Paare. *Find the pairs.*

a eine Dose   i Wein
b eine Flasche   ii Tomaten
c eine Packung   iii Salami
d eine Tüte   iv Bonbons
e ein Stück   v Cornflakes

Shopping

▶ 5 Im Laden *At the shop*

Das ist der Laden von Herrn Denktash. Hier kann man viel kaufen: Brot und Brötchen, Butter, Käse, Wurst, Obst und Gemüse. Außerdem bekommt man Zeitungen, Süßigkeiten, Zigaretten, Getränke und vieles mehr.

Hören Sie zu und beantworten Sie dann die Fragen.

Herr Denktash	Guten Tag, Frau Berger. Was bekommen Sie, bitte?
Frau Berger	Ich möchte zehn Brötchen, bitte.
Herr Denktash	Sonst noch etwas?
Frau Berger	Was kosten die Tomaten?
Herr Denktash	Ein Kilo €1,40. Sie sind ganz frisch. Sonst noch etwas?
Frau Berger	Wie teuer ist denn der Riesling?
Herr Denktash	Der kostet €3,95.
Frau Berger	Dann nehme ich zwei Flaschen, bitte.
Herr Denktash	Ist das alles?
Frau Berger	Ja, das ist alles.
Herr Denktash	So, das macht zusammen €11,35 ... €15. €3,65 zurück.
Frau Berger	Auf Wiedersehen, Herr Denktash.
Herr Denktash	Auf Wiedersehen, Frau Berger und noch einen schönen Tag.

das Brötchen (-)	*roll*
Sonst noch etwas?	*Anything else?*
Ist das alles?	*Is that all?*
Was kostet ...? (sing.)	*What does ... cost?*
Was kosten ...? (plural)	*What do ... cost?*
Wie teuer ist ...? (sing.)	*How much is ...?*
Wie teuer sind ...? (plural)	*How much are ...?*
Das macht (zusammen) ...	*That is ... /That comes to ...*

a Wie viele Brötchen kauft Frau Berger?
b Wie viel kosten die Tomaten?
c Was für Wein kauft sie?
d Wie viel bezahlt sie?

▶ 6 Rollenspiel: Was sagt der Kunde?
What does the customer say?

Match the customer's sentences (a–f) with those of the shopkeeper (i–vi) to make a dialogue. The shopkeeper's sentences are in the right order. You can check your answers on the recording.

a 12 Stück, bitte. **b** Dann nehme ich zwei Flaschen.

c Guten Tag. Haben Sie Eier? **d** Ja, das ist alles.

e €9,75. Bitte schön. **f** Was kostet der Sekt?

i Guten Tag.

iv Der Sekt kostet €3,75

ii Ja, natürlich haben wir Eier. Wie viele nehmen Sie?

v Zwei Flaschen. Gern. Ist das alles?

iii 12 Stück. Sonst noch etwas, bitte?

vi Gut, das macht zusammen €9,75.

ℹ️ Neighbourhood shops

Tante-Emma-Läden were the traditional corner shops where people could buy lots of different things. As in other countries, these are steadily being replaced by other forms of shops, such as supermarkets.

In recent years, however, neighbourhood shops have seen something of a revival in certain cities. These are often owned and run by Turkish people.

SPRACHINFO: Geld/Währung *Money/currency*

Man schreibt: €7,20   Man sagt: 7 Euro 20 *oder* 7 Euro und 20 Cent
Man schreibt: €6,40   Man sagt: 6 Euro 40 *oder* 6 Euro und 40 Cent

Gewichte *Weights*

Ein Pfund = 500 Gramm, ein halbes Kilo.
The metric pound weighs slightly more than the UK or US pound.

▶ 7 Was kostet ...?

Beantworten Sie die Fragen auf der Audio-Aufnahme.

On the recording you will hear questions about the prices of items. Press the pause button, formulate your answers and say them out loud. Then listen to check your answers.

Audio   Was kostet eine Flasche Wein?
You   €5,10 (*You say it as 5 Euro 10*)

8 Rätsel

Here is a puzzle involving words for groceries. Fill in the German words for the across clues and a further word will be revealed diagonally. What is j on the diagonal?

Horizontal – **Waagerecht**

a cheese
b potatoes
c small sausages
d rolls
e tomatoes
f tea
g salad
h wine
i sweets
j ?

SPRACHINFO: Note that, starting in this unit, we give the plural forms of nouns in the vocabulary boxes: e.g. **die Tomate (-n)** means that it is **eine Tomate** singular, **zwei Tomaten** plural. The glossaries also provides the plural forms of nouns (pages 333–351).

In a restaurant

Read the menu. Can you figure out what the items mean in English?

Gaststätte Schnitzel-Ranch

Speisekarte

Vorspeisen

	€
Französische Zwiebelsuppe	2,80
Gemüsesuppe	2,50
Omelett	4,60

Salate

Grüner Salat	2,30
Tomatensalat	3,30
Gemischter Salat	3,50

Hauptgerichte

Pfeffersteak mit Grilltomaten und Pommes frites	11,00
Paniertes Schnitzel mit Pommes frites	7,00
Nudeln mit Tomatensoße	3,80

Nachtisch

Gemischter Eisbecher	3,30
Obstsalat	3,80
Apfelstrudel	4,00

Alkoholfreie Getränke		**Alkoholische Getränke**	
Mineralwasser	1,30	Glas Rotwein	2,20
Tasse Kaffee	1,80	Glas Weißwein	2,00
Tasse Tee	1,50	Bitburger Pilsener	2,30
Coca Cola	1,50		

die Zwiebelsuppe (-n)	onion soup
die Gemüsesuppe (-n)	vegetable soup
das Omelett (-e or -s)	omelette
der Salat (-e)	salad
grün	green
gemischt	mixed
der Pfeffer	pepper
die Grilltomate (-n)	grilled tomato
das Schnitzel (-)	cutlet, schnitzel
paniert	breaded
Pommes frites (pl.)	French fries
Nudeln (pl.)	pasta
der Eisbecher (-)	a tub or dish of ice-cream

▶ 9 Sonja Auer bestellt drei Gerichte

Sonja Auer orders three courses, but makes some effort to keep a check on her calorie intake.

Listen to the dialogue and then answer the questions.

Sonja Auer	Herr Ober! Ich möchte bestellen.
Kellner	Bitte schön. Was möchten Sie?
Sonja Auer	Als Vorspeise nehme ich eine Gemüsesuppe.
Kellner	Eine Gemüsesuppe – und als Hauptgericht?
Sonja Auer	Als Hauptgericht nehme ich das Pfeffersteak mit Grilltomaten, bitte. Ich möchte aber keine Pommes frites. Kann ich statt dessen einen gemischten Salat haben?
Kellner	Aber selbstverständlich. Und zum Trinken?
Sonja Auer	Ich nehme ein Perrier.
	(20 Minuten später)
Kellner	So? Hat es geschmeckt?
Sonja Auer	Danke. Sehr gut.
Kellner	Gut! Möchten Sie vielleicht auch etwas zum Nachtisch?
Sonja Auer	Ja. Zum Nachtisch bekomme ich einen gemischten Eisbecher – ohne Sahne. Und ich trinke auch eine Tasse Kaffee.
	(später)
Sonja Auer	Ich möchte bezahlen, bitte.
Kellner	Einen Moment, bitte. Das macht zusammen € 19,90.

statt dessen	instead of that
selbstverständlich	of course
Hat es geschmeckt?	Did it taste good?
zum Nachtisch	for dessert
die Sahne	cream

Richtig oder falsch?

a   Als Vorspeise bekommt sie eine Suppe.
b   Sie isst das Pfeffersteak mit Pommes frites.
c   Sie trinkt ein Glas Rotwein.
c   Als Nachtisch hat sie einen Eisbecher mit Sahne.
e   Zusammen macht es € 29,50.

Useful expressions

Ich möchte bestellen.	*I'd like to order.*
Als Vorspeise nehme ich ...	*As a starter I'll take ...*
Als Hauptgericht bekomme ich ...	*For my main course I'll have ...*
Als Nachspeise möchte ich ...	*For dessert I'd like ...*
Ich möchte bezahlen.	*I'd like to pay.*

SPRACHINFO: word order
Note that the verb in a German sentence usually has to be the second idea or component. So if the sentence starts with anything other than the subject, the verb and subject have to be swapped around.

[1]	[2]	[3]
Ich *subject*	nehme	eine Gemüsesuppe.
Als Vorspeise	nehme *verb*	ich eine Gemüsesuppe. *subject*

▶ 10 Was passt zusammen?

Put these sentences in order to create a dialogue between Frau Trübner and the waiter. Listen to the recording and check your answers.

Frau Trübner

a   Ja, einen Kaffee, bitte.
b   Ich möchte bitte bestellen.
c   Einen gemischten Eisbecher, bitte.
d   Ja, sehr gut. Ich möchte jetzt bezahlen.
e   Ich nehme die Nudeln mit Tomatensoße, bitte.
f   Ohne, bitte.

Kellner

i   Mit oder ohne Sahne?
ii   Gut, als Hauptgericht die Nudeln. Und als Dessert?

iii Einen Moment. Das macht zusammen € 10,20.
iv (*20 Minuten später*) Hat es geschmeckt?
v Bitte schön. Was bekommen Sie?
vi Und möchten Sie etwas zum Trinken?

▶ 11 Rollenspiel. Martin Merlin isst sehr gern

Martin Merlin likes eating. Take his role and order for him.
Write down the answers first, then listen to the recording, using
the pause button so that you can say your responses out loud.
Then listen to the recording to check your answers.

Martin Merlin	Herr Ober. *Say that you would like to order.*
Kellner	Ja, was möchten Sie?
Martin Merlin	*Say that for a starter you'd like a French onion soup.*
Kellner	Eine französische Zwiebelsuppe. Und als Hauptgericht?
Martin Merlin	*Say that for your main course you'll have the schnitzel and French fries. You'd also like a mixed salad.*
Kellner	Jawohl. Und was trinken Sie dazu?
Martin Merlin	*Say you'd like a glass of white wine. And for dessert you'll have the apple strudel.*
Kellner	Mit oder ohne Sahne?
Martin Merlin	*Say with cream, and afterwards you'd like a coffee.*

12 Und jetzt Sie!

Read the information, then practise saying what you like eating
and drinking.

To say in German that you like eating or drinking something,
you simply use **gern** together with the verb:

Ich esse **gern** Kuchen.	*I like (eating) cake.*
Ich trinke **gern** Wein.	*I like (drinking) wine.*
Essen Sie **gern** Fleisch?	*Do you like (eating) meat?*
Trinken Sie **gern** Kaffee?	*Do you like (drinking) coffee?*

Beispiel *Say that you like drinking red wine and eating pizza.*
Ich trinke gern Rotwein und esse gern Pizza.

a *Say that you like eating jelly bears and like drinking orange juice.*
b *Say that you like drinking coffee and like eating cake.*

Find at least three more pairs of items that you like eating and
drinking and say or write these down in German.

You will learn more about how to say what you like doing and
also what you don't like doing in the next unit.

ℹ️ German wines

Most of the wine produced in Germany is white wine. Table wine is referred to as **Deutscher Tafelwein** or simply **Tafelwein**.

Quality wine or **Qualitätswein** is subdivided into **Qualitätswein bestimmter Anbaugebiete (QbA)** (*Quality wine from specific sites*) and **Qualitätswein mit Prädikat (QmP)** (*Quality wine with a specific distinction*). There are six different distinctions reserved for **QmP: Kabinett, Spätlese, Auslese, Beerenauslese, Trockenbeerenauslese, Eiswein.**

In restaurants and pubs wine is usually sold by the glass (20 or 25 cl).

▶ Pronunciation

The s at the beginning of a word or syllable is pronounced like an English z:

> Saft, Sie, sehr, Sohn
> gesund, lesen, Musiker, reisen

At the end of a word or syllable the s is pronounced like an English s:

> es, was, das, Haus
> Eisbecher, Reisplatte, Auskunft, arbeitslos

How would you pronounce these words:

> Sekt, Supermarkt, zusammen, besonders, alles, Mais?

Grammar

1 Plural nouns

In Unit 6 you were introduced to some common patterns when forming the plural in German. Here are some tips which might make it easier for you to deal with the plural. But you have to be careful as these are only broad guidelines, and there are many exceptions in German. Always make sure that you learn the plural forms of new nouns as you meet them.

1 Many **feminine** nouns add **-n** or **-en:**	die Tasse → Tassen die Packung → die Packungen
2 **a** Many **masculine** nouns add an **-e** and very often an **umlaut:**	der Saft → die Säfte
b Important exceptions, where no umlaut is added, include:	der Salat → die Salate der Tag → die Tage
3 **a Neuter** nouns often add **-e**, but no umlaut:	das Geschenk → die Geschenke das Problem → die Probleme
b Another common ending is **-er** and an umlaut where possible.	das Glas → die Gläser
4 **a** Nouns ending with **-chen** don't change in the plural:	ein Brötchen → vier Brötchen ein Kännchen → zwei Kännchen
b Nouns ending in **-er** often stay the same or add an umlaut when possible:	ein Eisbecher → zwei Eisbecher eine Mutter → zwei Mütter
5 Nouns imported from English or French tend to add an **-s** in the plural:	ein Café → zwei Cafés ein Taxi → zwei Taxis

Note that the singular form is preferred to the plural in certain expressions of quantity:

Drei **Pfund** Äpfel, bitte.   *Three pounds of apples, please.*
250 **Gramm** Käse.   *250 grams of cheese.*
Zwei **Stück** Kuchen.   *Two pieces of cake.*

2 Word order

As you saw earlier in this unit, the verb **können** sends the second verb to the end of the sentence:

Man **kann** jetzt hier in Hamburg sehr gute Tomaten **kaufen.**
Wo **können** wir hier Äpfel **bekommen?**

This also applies to **möchten:**

Ich **möchte** bitte ein Stück Kuchen **bestellen.**
Wir **möchten** jetzt bitte **bezahlen.**

You also learned in this unit that the main verb in a German sentence is normally the second idea or component. This leads to the subject and verb being swapped round if the sentence starts with anything other than the subject.

[1]	[2]	[3]	
Als Vorspeise	nehme	ich	eine Suppe.
Zum Trinken	möchten	wir	eine Flasche Wein.
Nachher	bekommen	wir	ein Kännchen Kaffee.
	verb	*subject*	

More practice

1 Singular und Plural. Setzen Sie die fehlenden Formen ein.

	ein (e)	zwei
a	Apfel	____
b	____	Brötchen
c	Wurst	____
d	Flasche	____
e	____	Kartoffeln
f	____	Kännchen
g	Glas	____
h	Party	____

2 Move the item in bold type to the beginning of the sentence and make the necessary changes to the sentence structure.

a Ich möchte **als Vorspeise** eine Gemüsesuppe.
b Ich nehme **als Hauptgericht** das Schnitzel.
c Wir möchten **zum Trinken** eine Flasche Mineralwasser bestellen.
d Wir bekommen **als Dessert** den Obstsalat mit Sahne.
e Wir trinken **nachher** eine Tasse Kaffee und eine Tasse Tee.
f Wir möchten **jetzt** bitte bezahlen.

Congratulations!
You have now finished Unit 8.

Before you move on to the next units, you can check your progress in the **Self-assessment test** we have designed for you on page 265.

09

leisure Freizeit

In this unit you will learn
- how to say what people are doing
- how to talk about leisure pursuits
- how to state likes and dislikes

Language points
- 'irregular' verb forms
- using **gern**

What are these people doing?

1 Lesen und Lernen

Look at the pictures and read what they are doing.

a Frau Thielemann kocht.

b Die Kinder schwimmen im Schwimmbad.

c Frau Ihßen hört Musik. Sie hört klassische Musik.

d Sie spielen Fußball.

e Frau Copa liest eine Zeitung.

f Herr und Frau Gerber fahren heute nach Berlin.

g Die Leute machen ein Picknick. **h** Die Leute spielen Schach.
Sie spielen im Park.

2 Wie heißen die Verben?

Write an appropriate verb in each of the spaces.

Fußball → spielen

a nach London → _____
b im Schwimmbad → _____
c Schach → _____
d ein Buch → _____
e Rock-Musik → _____
f Pasta → _____ oder → _____

SPRACHINFO: Some verbs in German have a change in the vowel in the **du,** and **er, sie, es** forms. Here are some of the ones you have met so far:

	lesen	essen	sprechen	nehmen	fahren
ich	lese	esse	spreche	nehme	fahre
du	liest	isst	sprichst	nimmst	fährst
er, sie, es	liest	isst	spricht	nimmt	fährt

3 Üben Sie Verb-Endungen und irreguläre Verben

Practise verb endings and irregular verbs.

a Er spr ____ sehr gut Deutsch.
b Koch ____ Sie oft?
c Trink ____ ihr viel Weizenbier?
d Was ____ du als Vorspeise? (nehmen)
e Frau Peters l____ viel Agatha Christie.
f Er ____ viel Pasta. (essen)

4 Frau Neumann ist sehr beschäftigt
Frau Neumann is very busy

Was macht Frau Neumann? Fill in the correct forms of the appropriate verbs: **trinken, lesen, schreiben**, etc.

Frau Neumann *trinkt* Kaffee.

a Sie _____ eine Zeitung.
b Frau Neumann _____ Pasta.
c Sie _____ eine Postkarte.
d Herr und Frau Neumann _____ Pop-Musik.
e Sie _____ Französisch.
f Herr und Frau Neumann _____ nach Paris.

Hobbies and leisure time

▶ 5 Frauke und Sandro lernen sich in einer Bar kennen

Frauke and Sandro are getting to know each other in a bar. Listen to the dialogue and answer the questions.

Frauke Hast du eigentlich ein Hobby?
Sandro Tja, ich trainiere gern und ich schwimme auch gern. Und du?
Frauke Ich lese gern Romane und ich fotografiere gern.
Sandro Ach so! Und gehst du auch gern ins Kino?
Frauke Oh ja! Ins Kino gehe ich sehr gern.
Sandro Und isst du gern italienisch?
Frauke Ja sicher, ich esse sehr gern Pizza.
Sandro Gut, dann gehen wir ins Kino und nachher essen wir Pizza!

eigentlich	*actually*	**fotografieren**	*to take photos*
trainieren	*to train, work out*	**sicher**	*sure, certain(ly)*
der Roman (-e)	*novel*	**nachher**	*afterwards*

Richtig oder falsch? Korrigieren Sie die falschen Aussagen.

a Sandro trainiert gern.
b Er schwimmt auch gern.
c Frauke liest gern Zeitung.
d Sie arbeitet auch gern im Garten.
e Ins Kino geht sie nicht gern.
f Sie isst gern italienisch.

SPRACHINFO:

Ich gehe **gern** ins Kino.	*I like going to the cinema.*
Ich lese **gern**.	*I like reading.*
Ich esse **gern** italienisch.	*I like eating Italian food.*
Ich lese **nicht gern**.	*I don't like reading.*
Ich schwimme **nicht gern**.	*I don't like swimming.*

▶ 6 Was ist Ihr Hobby?

Eine Radio-Umfrage in Travemünde. Hören Sie zu!
Listen to the interviews and tick the hobbies mentioned. Put a cross against those which are not mentioned.

Lesen	☐	Surfen	☐	Fotografieren	☐
Reisen	☐	Schwimmen	☐	Pop-Musik	☐
Fußball	☐	Kino	☐	Garten	☐
Computer	☐	Tennis	☐	Jazz	☐
Klassische Musik	☐	Fallschirmspringen	☐	Segeln	☐
Sport	☐	Wandern	☐	Joggen	☐
Golf	☐	Fitness	☐	Rock-Musik	☐

die Umfrage (-n)	*survey*
der Krimi (-s)	*crime story, detective story*
die Biographie (-n)	*biography*
die Fotografie	*photography*
die Klassik	*(here) classical music*
das Wandern	*hiking*
das Segeln	*sailing*

7 Beantworten Sie die Fragen

Write out your answers to these questions.

Frage	Sprechen Sie gern Deutsch?
Antwort	Ja, ich spreche gern / sehr gern Deutsch.
oder	Nein, ich spreche **nicht** gern Deutsch.

Fragen

a Lesen Sie gern Zeitung?
b Hören Sie gern Elvis Presley?
c Essen Sie gern Pizza?
d Reisen Sie gern?
e Arbeiten Sie gern im Garten?
f Trinken Sie gern Bier?
g Gehen Sie gern ins Kino?
h Kochen Sie gern?

ℹ️ Die beliebtesten Freizeitbeschäftigungen der Deutschen

The most popular leisure activities in Germany are:

1 Fernsehen
2 Zeitung, Illustrierte lesen
3 Radio hören
4 Telefonieren
5 Ausschlafen

ℹ️ Vereine

There are many kinds of **Vereine**, or clubs, in Germany covering a multitude of interests, from gardening to coin collecting or singing. Singing clubs alone total over two million members and sports clubs manage to attract nearly ten times that figure.

As in most countries nowadays, young people tend to be interested in 'pop' culture and in going to the disco.

▶ 8 Wie oft gehen die Deutschen aus?
How often do the Germans go out?

Lesen Sie den Artikel aus einer deutschen Zeitung und beantworten Sie dann die Fragen. *Read the following article and find out how often the four people from Berlin go out and where they go.*

Frage der Woche: Wie oft gehen Sie im Monat aus? Und wohin gehen Sie?

Statistiken zeigen es: Die Lieblingsbeschäftigung der Deutschen in ihrer Freizeit ist das Fernsehen. Doch immer mehr Deutsche gehen in den letzten Jahren auch wieder ins Kino, treiben Sport und gehen ins Restaurant. Wir haben vier Berliner gefragt, wie oft sie ausgehen und was sie dann machen.

Herr Protschnik (37, Bankangestellter)

Ich gehe viermal pro Woche ins Fitnesszentrum und habe wenig Zeit, etwas anderes zu machen. Am Wochenende gehe ich manchmal ins Kino, wenn es einen interessanten Film gibt. Ich gehe aber lieber ins Restaurant, meistens einmal die Woche. Ich esse sehr gern italienisch, aber ich koche auch viel zu Hause.

* * *

Herr Schmidt (65, Rentner)

Ins Museum oder ins Theater gehe ich nie mehr. Als ich jung war, da war ich ein großer Kino-Fan. Aber jetzt sind wir Rentner und bleiben meistens zu Hause und sehen lieber fern. Einmal oder zweimal pro

Woche gehe ich in die Kneipe. Und wir gehen jeden Tag in den Park. Dort ist es sehr schön. Und manchmal gehe ich auch noch ins Fußballstadion.

* * *

Frau de Grille (36, Architektin)

Ich gehe auch gern ins Museum, normalerweise zweimal im Monat. Hier in Berlin gibt es sehr gute Museen. Einmal im Monat gehen mein Mann und ich auch in die Oper. Wir haben ein Abonnement. Und mit den Kindern gehen wir oft ins Kindertheater. Die finden das super.

* * *

Petra Kant (24, Studentin)

Ich bin ein großer Kino-Fan und gehe mindestens einmal die Woche ins Kino. Jeden Montag ist Kino-Tag, da ist es besonders billig. Ich liebe die Filme mit Brad Pitt. Er ist sehr attraktiv. Ins Museum gehe ich sehr selten, moderne Kunst finde ich langweilig. Ich gehe lieber mit Freunden in die Disco, meistens zweimal die Woche.

Wie oft?	*How often?*
einmal, zweimal, dreimal usw.	*once, twice, three times, etc.*
einmal pro/die Woche	*once per/a week*
zweimal im Monat	*twice a month*
mindestens	*at least*
die Lieblingsbeschäftigung (-en)	*favourite activity*
Sport treiben	*to do sports*
der Rentner (-)	*pensioner*
das Abonnement (-s)	*season ticket, subscription*
die Kunst	*art*

Note that you can also listen to the interviews and check the pronunciation.

Wie heißen die Antworten?

a Warum hat Herr Protschnik wenig Zeit?
b Wohin geht er lieber: ins Restaurant oder ins Kino?
c Was macht Herr Schmidt gern?
d Wie oft geht Frau de Grille ins Museum?
e Wohin geht sie oft mit ihren Kindern?
f Wohin geht Petra Kant: in die Disco oder ins Museum?
g Wie findet sie Brad Pitt?

Wie oft?	How often?	oft / häufig	often/frequently
nie	*never*	**meistens**	*mostly*
selten	*seldom*	**immer**	*always*
manchmal	*sometimes*		

Now read the text again and see if you can find out when to use **in die, ins** and **in den**. Look at the gender of the nouns.

What conclusion did you come to? Here are the answers.

After **in** when movement is indicated, answering the question **wohin?** (*where to?*), the accusative is needed in German:

Frau Norbert geht jeden Tag **in den** Stadtpark.
Herr Gerber geht zu oft **in die** Kneipe.
Heike geht sehr oft **ins** Kino. (**in das → ins**)

SPRACHINFO: **Wohin gehen Sie?** (**in** + Akkusativ)

der		in den	Park. Biergarten.
die	Ich gehe ...	in die	Oper. Kneipe.
das		ins	Kino. Restaurant.

9 Was stimmt hier nicht?

Wohin gehen die Leute wirklich? What is wrong with these sentences? Say where the people really go, by correcting the information given in bold, as shown in the example.

Beispiel Frau Jörgensen findet moderne Kunst interessant und geht oft **in die Kneipe**.
Nein, sie geht nicht in die Kneipe, sie geht ins Museum.

a Peter und Heike essen gern chinesisch und gehen einmal die Woche **ins Kino**.
b Frau Schweigert hört gern klassische Musik und geht oft **ins Café**.
c Frau Müller liebt Schwarzwälder Kirschtorte. Sie geht jeden Tag **in die Oper**.
d Herr Knobl hasst Sport. Er geht nie **ins Restaurant**.
e Herr Radek trinkt gern Bier und geht häufig **ins Museum**.
f Gerd liebt alte Hollywood-Filme. Er geht oft **ins Fitnesszentrum**.

Grammar

1 Irregular verbs

Earlier in this unit you saw that some verbs in German have a change of vowel in the **du** and **er, sie, es** forms: e.g. **lesen, essen** and **sprechen**. Many more of these verbs can be found in the verb list at the end of the book on page 332.

Ich lese Krimis. **Liest** du auch Krimis?
Paula **fährt** heute nach Frankfurt.
Ich spreche Französisch. **Sprichst** du auch Französisch?

As you can see, this change does not happen at all in the plural forms:

wir	lesen	essen	sprechen	nehmen	fahren
ihr	lest	esst	sprecht	nehmt	fahrt
Sie/sie	lesen	essen	sprechen	nehmen	fahren

2 gern

As you saw in Unit 8, the word **gern** is used together with a verb to say that you like doing something:

Ich koche **gern**.	*I like cooking.*
Ich spreche **gern** Deutsch.	*I like speaking German.*
Ich arbeite **gern** im Garten.	*I like working in the garden.*

To say that you do not like doing something, you simply add **nicht**:

Ich schwimme **nicht gern**.	*I don't like swimming.*
Ich jogge auch **nicht gern**.	*I don't like jogging either.*

There is also another way in German to express likes or dislikes using **mögen**. **Mögen** is irregular:

Ich mag Musik.	Wir mögen Musik.
Magst du Musik?	Mögt ihr Musik?
Mögen Sie Musik?	Mögen Sie Musik?
Er / Sie / Es mag Musik.	Sie mögen Musik.

Gern and **mögen** often get confused by learners of German. The difference is that you can use **mögen** only with a noun (**Ich mag Musik.**) but you couldn't say: Ich mag Musik hören.

Look at the following examples:

Ich spiele gern Fußball.	Ich mag Fußball.
Ich lerne gern Deutsch.	Ich mag Deutsch.
Ich höre gern Britpop.	Ich mag Britpop.

3 Verbs and nouns

Most German verbs can be used as nouns:

schwimmen *to swim*	→	**das Schwimmen** *swimming*
joggen *to jog*	→	**das Joggen** *jogging*
reisen *to travel*	→	**das Reisen** *travelling*

As you can see, these nouns are neuter and, of course, start with a capital letter.

More practice

1 Fill in the gaps using the correct form of the verb in brackets.

   a ____ du gern Pizza? (essen)
   b Sein Hobby ____ Kino. (sein)
   c ____ du Deutsch? (sprechen)
   d Er ____ Karten. (spielen)
   e ____ ihr Deutsch? (sprechen)
   f Ich ____ gern. (fotografieren)
   g Er ____ Zeitung. (lesen)
   h Ihre Hobbys ____ Sport und Reisen. (sein)

2 Wie sagt man es anders? Can you say these sentences in a different way, using **gern** together with a suitable verb instead of **mögen**?

   Beispiel   Ich mag Obst.
   　　　　　　　Ich esse gern Obst.

   a Ich mag Rotwein.
   b Ich mag Pommes frites.
   c Wir mögen klassische Musik.
   d Wir mögen Schach.
   e Ich mag die Süddeutsche Zeitung.
   f Magst du Kaffee?

10

die Uhrzeit

the time

In this unit you will learn
- how to tell the time
- how to talk about daily routines

Language points
- separable verbs
- more on word order

The time

▶ 1 Wie viel Uhr ist es? *What's the time?*

Listen out for the two ways in which you can ask for the time in German.

Entschuldigen Sie, bitte. Wie spät ist es?

Zwei Uhr.

Entschuldigung. Wie viel Uhr ist es, bitte?

Es ist zehn vor vier.

Wie spät ist es?	*What's the time? (lit. How late is it?)*
Wie viel Uhr ist es, bitte?	*What is the time, please?*

▶ 2 Die 12-Stunden-Uhr *The 12-hour clock*

Look at the times below and listen to them on the recording.

Es ist zwei Uhr.

Es ist zehn **nach** zwei.
Es ist zehn Minuten **nach** zwei.

Es ist zehn Minuten **vor** vier.   Es ist zwei Minuten **nach** neun.
Es ist **kurz nach** neun.

Es ist **Viertel** nach fünf.

Es ist **Viertel** vor sieben.

Es ist **halb** zwei. (!)   Es ist **halb** fünf. (!)

Can you find the German words for: a *past*, b *before*, c *quarter*,
d *half*?

▶ 3 Hören Sie zu!

Write in the right-hand column the order in which you hear
these times on the recording:

a 4:30 _____   c 8:45 _____
b 8:50 _____   d 6:28 ___*1*___

▶ 4 Schreiben Sie die Uhrzeiten
Write out the times

Listen to the recording again and write out the times you hear.
Beispiel: 1 *Es ist sechs Uhr achtundzwanzig.*

5 Die 24-Stunden-Uhr *The 24-hour clock*

The 24-hour clock is used for official purposes. Look at the following examples:

a 21:00
   Es ist einundzwanzig Uhr.
b 17:15
   Es ist siebzehn Uhr fünfzehn.
   Es ist siebzehn Uhr und fünfzehn Minuten.
c 8:30
   Es ist acht Uhr dreißig.
   Es ist acht Uhr und dreißig Minuten.
d 17:56
   Es ist siebzehn Uhr sechsundfünfzig.
   Es ist siebzehn Uhr und sechsundfünfzig Minuten.

▶ 6 Morgens oder abends? *a.m. or p.m.?*

Make yourself familiar with what the Germans say for a.m. and p.m. Practise these times of the day by doing exercises **a** and **b**.

Es ist neun Uhr **morgens**.

Es ist ein Uhr **mittags**.

Es ist vier Uhr **nachmittags**.

Es ist sieben Uhr **abends**.

Es ist ein Uhr **nachts**.

a Sagen Sie die Uhrzeit. Überprüfen Sie Ihre Antworten auf dem Audio.

1 pm   4 pm   8 pm   11 pm   9 am   6 am

b Üben Sie die 24-Stunden-Uhr. Überprüfen Sie Ihre Antworten auf dem Audio.

13:00   15:20   7:45   18:12   23:35   4:17

▶ 7 Radio- und Fernsehprogramme
Radio and TV programmes

Listen and fill in the missing times.

a Es ist _____ Uhr. Hier ist das Erste Deutsche Fernsehen mit der Tagesschau.

b Radio Bremen. Sie hörten die Nachrichten. Es ist _____. Und jetzt der Wetterbericht.

c Beim Gongschlag war es _____. Hier ist die Deutsche Welle mit den Nachrichten.

d _____. Und jetzt die Verkehrslage auf Deutschlands Straßen.

e Das war das Aachener Nachrichtenmagazin. Es ist jetzt _____ .

f RTL. Radio-Shop. Es ist _____.

A typical day

8 Was macht Frau Haase?

Read the text on the next page and find out what Frau Haase does on a typical day (**ein typischer Tag**).

aufstehen	*to get up*
danach	*afterwards*
normalerweise	*normally*
anfangen	*to start*
anrufen	*to phone*
Um Viertel nach fünf hat sie Feierabend.	*She finishes work at a quarter past five.*
der Feierabend	*end of work*
dann	*then*
einkaufen	*to shop*
abholen	*to fetch, pick up*
fernsehen	*to watch TV*

Es ist 7 Uhr 10. Frau Haase steht auf. Danach duscht sie und frühstückt. Normalerweise isst sie ein Brötchen und trinkt Kaffee.

Um Viertel vor acht geht sie normalerweise aus dem Haus. Sie geht ins Büro. Ihre Arbeit fängt um halb neun an.

Frau Haase arbeitet in einer Bank. Um 10 Uhr ruft sie eine Kundin an. Danach schreibt sie einen Brief. Um halb zwölf macht sie Mittagspause.

Um Viertel nach fünf hat sie Feierabend. Dann geht sie in den Supermarkt und kauft ein. Um sechs Uhr ist sie wieder zu Hause. Um Viertel nach sechs isst sie zu Abend.

Um sieben Uhr holt sie eine Freundin von der Arbeit ab. Sie gehen zusammen ins Kino und dann in die Kneipe.

Um halb elf ist sie wieder zu Hause. Sie sieht noch ein bisschen fern. Sie sieht die Nachrichten. Sie sieht aber nur selten fern. Um halb zwölf geht sie dann ins Bett.

SPRACHINFO: Can you figure out what happens to the verbs
aufstehen, anfangen, anrufen, etc. when they are used in a
German sentence? Are there similar constructions in English?

What conclusion did you come to? Here is the answer: there are
a number of verbs in German which are called **trennbare Verben**
(*separable verbs* in English).

The first part (prefix) separates from the main part (stem) and
usually goes to the end of the sentence:

aufstehen	Frau Haase steht **auf.**	*Mrs Haase gets up.*
anfangen	Die Arbeit fängt um 9 Uhr **an.**	*Work starts at 9 o'clock.*
einkaufen	Sie kauft im Supermarkt **ein.**	*She shops at the supermarket.*
anrufen	Sie ruft eine Kundin **an.**	*She phones a client.*
fernsehen	Sie sieht manchmal **fern.**	*She sometimes watches TV.*

There are certain similarities to English phrasal verbs like *to get
up*, but remember that in German **auf, an,** etc. usually have to
go to the final position in the sentence.

ℹ️ Arbeitstag und Feierabend

The working day in Germany still tends to start earlier than in Britain.
Offices and schools, for instance, often start at 8.00 am. Some
tradesmen and -women, such as bakers and market traders regularly
get up as early as 3.30 or 4.00 am.

The earlier start means that many people finish work earlier too. **Der
Feierabend** – the time when work is finished – is commonly regarded
as a time to be enjoyed and not to be spent doing chores. The
common way of asking someone in German what time they finish
work is:

Wann hast du Feierabend? The answer will be along the lines of:
Ich habe um vier Uhr Feierabend.

Punctuality is generally regarded as important. Trains still tend to run
to time whatever the weather.

9 Was machen die Leute?

Using the appropriate verb, write down what the people in the
pictures on the next page are doing.

einkaufen	aufstehen	fernsehen	anfangen

Das Mädchen _____ um
sieben Uhr _____ .

Der Mann _____ _____ .

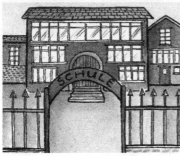

Die Schule _____ um
acht Uhr _____ .

Der Mann _____ im
Supermarkt _____ .

▶ 10 Ein Tag im Leben von Herrn Fabione

Listen to Mr Fabione describing a typical day.

Richtig oder falsch?

a Herr Fabione ist Lehrer.
b Seine Arbeit fängt um acht Uhr an.
c Mit den Kindern geht er manchmal schwimmen.
d Er bleibt oft zu Hause.

Hören Sie noch einmal zu und beantworten Sie die Fragen.
Listen again and answer the questions.

e Wann steht Herr Fabione normalerweise auf?
f Wann hat er Feierabend?
g Sieht er viel fern?
h Wann geht er normalerweise ins Bett?

▶ Pronunciation

Here are some nouns with their plural forms. Notice what an important difference the adding of an umlaut can make to the pronunciation and to the meaning.

Tochter, Töchter   Koch, Köche
Mutter, Mütter   Kuss, Küsse

What are the plural forms of these words? Bruder, Sohn, Buch.

Grammar

1 Separable verbs

In English you have verbs such as *to get up*, *to pick up* and *to come along* where the verb is made up of two parts. In German, too, there are verbs like this, but in the infinitive (the form that appears in the dictionary) the two parts are joined together: **aufstehen, anfangen, abholen,** etc. When you use these verbs, you normally need to separate the first part (prefix) from the main part (stem) and send the prefix to the end of the sentence:

aufstehen   Wann stehst du **auf**?
              When do you get up?
anfangen   Der Film fängt um sechs Uhr **an**.
              The film starts at 6 o'clock.
abholen   Ich hole dich um acht Uhr **ab**.
              I'll pick you up at 8 o'clock.

2 Word order

As you learned earlier in Unit 4 the verb in German is usually the 'second idea' in the sentence. First place in the sentence can be taken by a time expression or by other elements, even by the object. The verb, however, needs to be in second place and this often means putting the subject in third place.

[1]	[2]	[3]	[4]
Ich	trinke	eine Tasse Kaffee	zum Frühstück.
Zum Frühstück	trinke	ich	eine Tasse Kaffee.
Eine Tasse Kaffee	trinke	ich	zum Frühstück.
Normalerweise	trinke	ich	eine Tasse Kaffee.
	verb		

Note that **und** and **aber,** which usually connect two sentences, do not count and do not affect the word order.

	0	1	2	3	4
Ich gehe ins Café	und	danach	gehe	ich	ins Kino.
Zuerst dusche ich	und	dann	frühstücke	ich.	
Ich stehe früh auf	und	ich	lese	Zeitung.	
Ich esse kein Fleisch,	aber	Gemüse	esse	ich	gern.
Ich treibe keinen Sport,	aber	ich	gehe	oft	ins Café.
			verb		

More practice

1   Wie gut kennen Sie trennbare Verben? *How well do you remember separable verbs?* Put the prefixes on the right verb.

| fern | | auf | **an** | ein | *ab* | an |

a   ___ rufen
b   ___ sehen
c   ___ stehen
d   ___ kaufen
e   ___ fangen
f   ___ holen

2   Ein Tag im Leben von Herrn Reinhard. Was macht er?
Write an account of Herr Reinhard's day.

6:30 aufstehen – 7:00 zur Arbeit fahren – 9:00 Frau Gerhard anrufen – 12:30 zur Bank gehen – 17:00 einkaufen – 19:00 mit Bernd, Helga und Ulrike in die Kneipe – 22:00 fernsehen

Beispiel   Um halb sieben steht er auf. Um sieben Uhr fährt er ...

3   Und was machen Sie am Sonntag?
Write an account of what you do on Sundays. Use words such as **dann, danach, anschließend** and **meistens** to make it more fluent, but remember that the verb in German has to be the second idea.

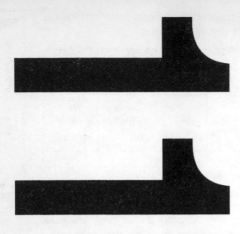

was machen wir heute?

what are we doing today?

In this unit you will learn
- how to describe/say what there is to do in a given town
- how to make appointments
- how to say what you would like to do and what you have to do
- say why you can't do things on the date suggested

Language points
- modal verbs **können** and **müssen**
- use of **in** for focusing on position

Going out

1 Was kann man am Wochenende in Hannover machen?

Lesen Sie, was man am Wochenende in Hannover machen kann und beantworten Sie die Fragen. *Can you figure out what you can do on a weekend in the German town of Hanover? Read the text and do the true–false questions.*

der Höhepunkt (-e)	*highlight*
die Stadtführung (-en)	*guided tour (of the town)*
der Treffpunkt (-e)	*meeting point*
das Abenteuer (-)	*adventure*
der Sonnabend (-e)	*Saturday*
der Sonntag (-e)	*Sunday*

HEUTE IN HANNOVER

HANNOVER
MESSE

Die Höhepunkte fürs Wochenende

Sonnabend

13:00 Stadtführung durch Hannovers historische Altstadt, Treffpunkt: Touristen-Information.

15:30 Fußball: DFB-Pokalrunde, Hannover 96 – Bayern München. Bayern ist der Favorit. Keine Chance für Hannover 96?

20:00 Theater: *Ein Sommernachtstraum*, Klassiker von William Shakespeare, Gartentheater Herrenhausen – Vergessen Sie die Regenschirme nicht!

20:30 Konzert: *Tina und die Caprifischer* spielen *Soul, Funk und HipHop*, anschließend Disco, € 5/4, Bad.

Sonntag

10:00 Fahrrad-Tour, Treffpunkt: Hauptbahnhof.

15:00 Theater: *Die Abenteuer von Aladdin* – Für Kinder und Erwachsene; anschließend Spiele, Eis, Bratwurst und Bier, Faust-Theater.

20:30 Konzert: *Melody Makers* aus Frankfurt spielen Oldies und Goldies, Brauhaus Ernst August, € 3,50.

21:00 Kino: *Terminator 6*, Arni wieder in Action – der neue Film mit dem Muskelmann. Kann er die Welt retten? Colosseum 1.

Richtig oder falsch? Was kann man am Sonnabend machen?

a   Man kann um 13.00 Uhr eine Stadtführung machen.
b   Man kann ein Fußballspiel sehen. Hannover 96 ist der Favorit.
c   Abends kann man ins Theater gehen. Es gibt ein Stück von Goethe.
d   Um 20.30 Uhr kann man ins Konzert gehen und danach kann man tanzen.

SPRACHINFO: können

When you use **können** with another verb, the second verb goes to the end of the sentence. When you use **können** with a separable verb (**an/fangen, an/rufen**, etc), the whole of the separable verb goes to the end:

Ich kann morgen anfangen.	*I can start tomorrow.*
Kannst du mich vom Flughafen abholen?	*Can you collect me from the airport?*

2 Was kann man am Sonntag in Hannover machen?

Lesen Sie noch einmal, was man am Sonntag machen kann und beantworten Sie die Fragen:

Beispiel   Was kann man um 10 Uhr machen?
             Um 10 Uhr kann man eine Fahrrad-Tour machen.

a   Was für ein Theaterstück kann man sehen?
b   Was kann man anschließend machen?
c   Was für Musik kann man um halb neun hören?
d   Was können Schwarzenegger-Fans machen?

3 Was kann man noch am Wochenende machen?
What else can one do at the weekend?

Try to write at least ten sentences. You will find some ideas in the box below.

Freunde besuchen   lange schlafen   auf eine Party gehen

        zusammen kochen   auf den Flohmarkt gehen

Beispiele   Man **kann** Freunde **besuchen**. Am Wochenende **kann** man auf den Flohmarkt **gehen**.
              Außerdem **kann** man ...

SPRACHINFO: Note that if you want to say that you are going to a party or a street market, the preposition **auf** is frequently used: Ich gehe **auf** den Flohmarkt, **auf** eine Party.

4 Wortspiel

Finden Sie die Wörter und schreiben Sie sie waagerecht (*horizontal*). k ist ein neues Wort. Wie heißt es?

a Alle Firmen haben eins. Hier schreibt man Briefe, telefoniert usw.
b Hier kann man einen Film sehen.
c Hier findet man meistens alte, interessante Sachen.
d Hier kann man spazieren.
e Nicht heute, nicht gestern!
f Hier kann man die Nachrichten hören.
g Hier kann man heiraten.
h Hier schläft man.
i Hier kann man ein Glas Wein trinken.
j Hier kann man Geld bekommen.
k Was kann man hier tun?

			a/k			
		b				
c						
	d					
e						
		f				
	g					
h						
	i					
	j					

Arrangements

5 Die Wochentage

Can you put the days in the right order?

▶ 6 Kommst du mit ins Kino?
Are you coming along to the cinema?

Hören Sie, was Petra und Simone sagen. Beantworten Sie dann die Fragen.

Petra   Hallo Simone. Na, wie geht's?
Simone   Ganz gut. Und dir?
Petra   Auch ganz gut. Simone, ich möchte nächste Woche ins Kino gehen. Es gibt einen neuen Film mit Demi Moore. Kommst du mit?
Simone   Ja, gern. Und wann?
Petra   Kannst du am Montag? Da ist Kino-Tag.
Simone   Tut mir Leid. Am Montagabend muss ich zum Geburtstag von Birgit. Vielleicht am Mittwoch?
Petra   Am Mittwochabend muss ich meine Schwester abholen. Sie kommt aus Griechenland zurück. Geht es am Donnerstag?
Simone   Donnerstag ist gut. Wann fängt der Film an?
Petra   Um halb neun. Wann treffen wir uns?
Simone   Um acht vielleicht?
Petra   Ja, acht ist gut. Und wo treffen wir uns? Im Kino oder in der Kneipe?
Simone   Im Kino, das ist eine gute Idee. Also, dann bis Donnerstag.
Petra   Mach's gut. Bis dann.

die Schwester (-n)	*sister*
der Bruder (¨)	*brother*
Geht es am Donnerstag?	*Is Thursday all right?*
Wann treffen wir uns?	*When shall we meet?*
Mach's gut.	*All the best.*

Richtig oder falsch? Korrigieren Sie die falschen Sätze.

a Petra möchte einen Film mit Brad Pitt sehen.
b Am Montag muss Simone zum Geburtstag von Birgit.
c Am Mittwoch muss Petra ihren Bruder abholen.
d Sie gehen am Donnerstag ins Kino.
e Der Film fängt um halb neun an.
f Sie treffen sich um Viertel nach acht im Kino.

SPRACHINFO: Like **können**, **müssen** sends the other verbs to the end of the sentence:

Ich muss heute arbeiten.	*I have to work today.*
Ich muss heute Nachmittag einkaufen.	*I have to do some shopping this afternoon.*

The same applies to **möchten**:

Ich möchte heute Abend ins Kino gehen.	*I'd like to go to the cinema tonight.*

See the **Grammar** section in this unit for the forms of these verbs.

Useful expressions

Kommst du mit? *Are you coming along?*

- Ein Freund fragt:

  Ich möchte am Samstag   in die Kneipe   gehen. Kommst du mit?
  ins Kino
  in den Biergarten
  auf eine Party

- Was können Sie sagen?

Ja ... ☺	Nein ... ☹
Ja, gerne.	Tut mir Leid, aber ich habe leider keine Zeit.
Ja, ich komme gern mit.	Ich möchte mitkommen, aber ich muss studieren.
Na klar komme ich mit.	Da muss ich arbeiten.
Ja, das ist eine gute Idee.	Ich muss Freunde besuchen/einkaufen, etc.

---

7 Eine volle Woche *A busy week*

Matthias has a busy week. His friend Jörg wants to go to the cinema with him. Look at the diary on the next page and write down what he has to do and why he can't make it this week.

> Mo: 20.00 Dr. Schmidt treffen
> Di: abends zum Geburtstag von Uschi und Bernd
> Mi: bis 22.00 Uhr arbeiten ☹
> Do: Essen gehen mit den Kollegen
> Fr: mit Tante Gisela in die Oper ☹
> Sa/So: nach München fahren

a   Am Montag muss er um 20.00 Uhr Dr. Schmidt treffen.
b   Am Dienstag muss _____
c   Am Mittwoch _____
d   _____
e   _____
f   Am Wochenende _____

SPRACHINFO: In the dialogue you might have been puzzled by the way Petra asked Simone where they would meet: **Im Kino oder in der Kneipe?** So far you have been using **Ich gehe ins Kino** or **Er geht in die Kneipe.** How can this be explained?

In German it often makes a difference

  a if movement from one point to another is indicated (e.g. **Wir gehen ins Kino**).

or b if the focus is on position or location (e.g. Wir treffen uns **im Kino**).

This distinction is made after prepositions like **in.** Look at the following examples:

	Movement	Position/location
masc.	Er geht in den Biergarten.	Er ist im Biergarten.
fem.	Frauke geht in die Kneipe.	Sie trinkt in der Kneipe.
neut.	Heike und Peter gehen ins Restaurant.	Sie essen im Restaurant.

Note that **im** is the short form of **in dem.** There are some other prepositions that behave in the same way as **in.** You will meet these in later units. There is also more information in the **Grammar** section.

8 Was passt zusammen?

Match the questions on the next page with appropriate answers:

1	Wo kann man ein Guinness trinken?	a	Im Restaurant *Deutscher Michel*.
2	Wo kann man einen Film sehen?	b	Im Bett.
3	Wo kann man Englisch lernen?	c	In der Diskothek *Heaven*.
4	Wo kann man typisch deutsch essen?	d	Im Supermarkt.
5	Wo kann man einen Kaffee trinken?	e	Im Kino *Lumiere*.
6	Wo kann man einkaufen?	f	In der irischen Kneipe.
7	Wo kann man tanzen?	g	Im Café *Kaffeeklatsch*.
8	Wo kann man schlafen?	h	In der Sprachschule.

9 Ergänzen Sie, bitte

Use these phrases to fill in the gaps.

in die Sprachschule   ins Café   ins Kino

im Restaurant   in der Sprachschule

im Kino   im Café   ins Restaurant

a   Ich möchte einen Film sehen. Kommst du mit _____ ?
b   _____ Müller kann man sehr gut Kuchen essen.
c   Ich möchte einen Kaffee trinken. Wir gehen _____ .
d   Karsten ist Kellner _____ Deutscher Michel.
e   Er muß Englisch lernen und geht _____ Lingua plus.
f   Er möchte chinesisch essen und geht _____ Shanghai.
g   _____ gibt es einen neuen Film mit Arnold Schwarzenegger.
h   _____ Lingua plus kann man Deutsch und andere Sprachen lernen.

10 Wie heißt die Frage?

Choose the appropriate question for the answer in each instance.

a   Im Schiller-Theater.
   1 Wo kann man das neue Theaterstück von Elfriede Jelinek sehen?
   2 Wohin geht ihr heute?
   3 Was machst du heute Abend?
b   In der Disco *Bronx*.
   1 Wohin geht ihr heute Abend tanzen?
   2 Wohin möchtest du heute Abend ausgehen?
   3 Wo kann man hier gut tanzen?
c   Im Restaurant *L'escargot*.
   1 Wohin gehen Sie heute Abend?
   2 Wo kann man gut französich essen?
   3 Wie heißt das französische Restaurant?

ome.

d In die Kneipe.
  1 Wo ist das Bier sehr gut?
  2 Wo treffen wir uns?
  3 Wohin gehst du heute Abend?

▶ 11 Kommst du mit essen?

Write down your responses for this dialogue. Then play the recording, using the pause button to enable you to say your part out loud. You can check your answers on the recording after each response.

Jutta Hallo, hier ist Jutta. Wie geht's?
Sie *Return the greetings, say you are fine and ask how she is.*
Jutta Klaus und ich möchten nächste Woche essen gehen. Wir möchten in die neue Pizzeria *La Mama* gehen. Kommst du mit?
Sie *Say that this is a good idea and ask when.*
Jutta Kannst du am Dienstagabend?
Sie *Say you are sorry but you can't make Tuesday evening. You have to work.*
Jutta Und am Freitag?
Sie *Say you are sorry but you have to go to Cologne. Ask if Saturday evening is all right.*
Jutta Ja, am Samstag geht es.
Sie *Ask what time you meet.*
Jutta Acht Uhr vielleicht? Und wo treffen wir uns?
Sie *Say 8 o'clock is fine. Say you could meet in the restaurant.*
Jutta Das ist eine gute Idee. Dann bis Samstag. Und iss nicht zu viel vorher.
Sie *Say bye bye until Saturday evening.*

Grammar

1 Modal verbs *können* and *müssen*

There is a special group of verbs called modal verbs. You have met two of these already. They are **können** and **müssen**. Modal verbs behave differently from ordinary verbs. For instance, they do not take the usual endings in the **ich** and **er/sie/es** forms:

ich kann	wir können	ich muss	wir müssen
du kannst	ihr könnt	du musst	ihr müsst
Sie können	Sie können	Sie müssen	Sie müssen
er/sie/es kann	sie können	er/sie/es muss	sie müssen

Modal verbs are usually used together with another verb. This second verb goes to the end of the sentence:

Er kann sehr viel Bier trinken.	*He can drink a lot of beer.*
Ich muss morgen nach Berlin fahren.	*I have to go to Berlin tomorrow.*
Können Sie Deutsch sprechen?	*Can you speak German?*

When you use **können** or **müssen** with a separable verb, the prefix of the separable verb joins up with its stem at the end of the sentence:

Ich muss morgen früh **auf**stehen. *I have to get up early tomorrow.*
Kannst du heute Abend **mit**kommen? *Can you come along this evening?*

Möchten is formed from another modal verb **mögen** (*to like*). It too sends the second verb to the end of the sentence:

| Ich möchte heute Abend ins Kino gehen. | *I should like to go to the cinema this evening.* |
| Kirsten und Frank möchten mitkommen. | *Kirsten and Frank would like to come along (with us).* |

Here are the full forms of **möchten**:

ich möchte	wir möchten
du möchtest	ihr möchtet
Sie möchten	Sie möchten
er/sie/es möchte	sie möchten

2 Location and position

In Unit 9 you learned how to express motion from one point to another: **Ich gehe in den Park, in die Oper, ins Kino**. In this unit you have been learning how to focus on location or position. Here is a summary of both systems:

	Movement	Position/location
masc.	Wir gehen **in den** Park.	Wir sitzen **im** Park.
fem.	Ich gehe **in die** Bäckerei.	Ich kaufe Brot **in der** Bäckerei.
neut.	Ich gehe heute früh **ins** Bett.	Ich lese gern **im** Bett.

The plural forms are **in die** if motion is indicated and **in den** for position. Er geht oft **in die** Parks. Er sitzt oft **in den** Parks.

Note: **ins** and **im** are abbreviations for **in das** and **in dem**. The examples under **Movement** are in the accusative case and those under **Position/location** are in what is referred to as the dative case. For more information on the dative case, see Unit 12.

There are some more prepositions which behave in this way. You have already met one of them: **auf**.

	Movement	Position/location
masc.	Wir gehen **auf den** Markt.	Wir treffen uns **auf dem** Markt.
fem.	Gehst du heute **auf die** Party?	Wir sehen uns dann **auf der** Party.
neut.	Wir fahren morgen **aufs** Land. (*to the countryside*)	Wir haben ein Haus **auf dem** Land. (*in the countryside*)

Aufs is an abbreviation for **auf das**.

You will meet more of these prepositions in later units.

More practice

1 Wie heißt es richtig? Can you put the sentences in the right order? There might be more than one possibility for some sentences.

   a ein Stück von Shakespeare – im Theater – man – kann – sehen
   b möchte – heute – gehen – Abend – in die Kneipe – er
   c sehr gut – Tango tanzen – er – kann
   d kann – man – was – machen? – in London
   e essen gehen – ich – möchte – am Dienstag
   f sprechen – Frau Johnson – Deutsch – kann – sehr gut

2 Eine harte Woche.

   Brigitte Mira's diary for the next few days is full of appointments that she doesn't like but which she has to attend. She has written down the things she would like to do instead. Write down what she has to do and what she would like to do. An example has been given.

Mo:	ins Kino gehen ☺
	abends für die Mathe-Prüfung lernen ☹
Di:	Klaus treffen ☺
	Mathe-Prüfung machen ☹ ☹
Mi:	lange schlafen ☺
	morgens um 7.30 Uhr ins Fitnessstudio ☹
Do:	in die Kneipe gehen ☺
	für Hannelore Babysitting machen ☹

   Am Montag möchte sie ins Kino gehen, aber sie muss abends für die Mathe-Prüfung lernen.

12

eine Fahrkarte nach Heidelberg, bitte

a ticket to Heidelberg, please

In this unit you will learn
- how to buy a ticket and read timetables
- how to say how to travel to work or university
- how to ask how you can get somewhere

Language points
- dative after prepositions

Buying a train ticket

▶ 1 Auf dem Bahnhof

Bernadette Klose kauft eine Fahrkarte auf dem Bahnhof. *Bernadette Klose buys a ticket at the train station.* Listen to the dialogue and see if you can figure out what the Germans say for *single ticket, return ticket* and *platform.*

Bernadette Klose	Ich möchte eine Fahrkarte nach Berlin, bitte.
Herr Schulze	Einfach oder hin und zurück?
Bernadette Klose	Hin und zurück, bitte. Was kostet die Fahrkarte?
Herr Schulze	Das macht € 43, inklusive ICE-Zuschlag.
Bernadette Klose	Ja, gut. (*Gibt €50*) Muss ich umsteigen?
Herr Schulze	Nein, der Zug ist direkt. Hier ist Ihre Fahrkarte und € 7 zurück.
Bernadette Klose	Und wann fährt der nächste Zug?
Herr Schulze	Der nächste Zug fährt in 10 Minuten.
Bernadette Klose	Und von welchem Gleis fährt er?
Herr Schulze	Von Gleis 14.
Bernadette Klose	Vielen Dank.

Did you get the answers? They are **einfach** (*single ticket*), **hin und zurück** (*return ticket*) and **Gleis** (*platform*).

die Fahrkarte (-n)	*ticket*
einfach	*single* (for bus or train fare)
hin und zurück	*return*
der Zuschlag (-̈e)	*supplement*
Muss ich umsteigen?	*Do I have to change?* (trains, buses, etc.)
Von welchem Gleis fährt der Zug?	*What platform (track) does the train leave from?*
Von Gleis 14	*From platform 14*

2 Beantworten Sie die Fragen

a Wohin fährt Bernadette Klose?
b Was kostet die Fahrkarte?
c Muss sie umsteigen?
d Wann fährt der nächste Zug?
e Von welchem Gleis fährt der nächste Zug?

Useful expressions

Ich möchte eine Fahrkarte.	*I would like a ticket.*
Was kostet die Fahrkarte?	*What does the ticket cost?*
Wann fährt der nächste Zug?	*When does the next train go?*
Von welchem Gleis fährt der nächste Zug?	*Which platform does the next train leave from?*

ℹ Die Deutsche Bahn

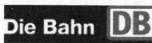

In 1994 the German railway system was privatized, calling itself the **Deutsche Bahn AG** (AG standing for **Aktiengesellschaft**, a joint stock company). Although privatized, the Deutsche Bahn AG is owned by the Federal government and, in contrast to Britain, the rail network has not been broken up into separately owned components.

If you are planning to do some travelling in Germany, it might be worth studying the special fare offers available from the **Deutsche Bahn**: there are **Sparpreise** (*concessionary fares*) for **ICE** (*Inter-City Express*) trains or other kinds of train, such as the **IC** (*Inter-City*), **EC** (*Euro-City*) or **IR** (*Inter-Regio*); with a **Guten-Abend-Ticket** it is cheaper to travel after 7.00 pm and a **Schönes-Wochenende-Ticket** offers special travel at weekends.

The **Bahncard** offers frequent rail travellers various discounts. Up-to-date information on the **Deutsche Bahn** can be found on the Worldwide Web under http://www.bahn.de.

Die Bahn DB

Schönes-Wochenende-Ticket
Das Angebot im Nahverkehr

Angebot für Fahrten in der 2. Klasse für bis zu 5 Personen das ganze Wochenende lang von Samstag, 00.00 Uhr bis Montag, 02.00 Uhr zum Festpreis von €20. Das Ticket gilt in allen Nahverkehrszügen der Deutschen Bahn: S-Bahn, RegionalBahn, RegionalExpress sowie StadtExpress. Auskunft bei allen Verkaufsstellen der DB.

SPRACHINFO: Two useful verbs for when a train *departs* or *arrives* somewhere are: **ablfahren** (*to depart*) and **anlkommen** (*to arrive*). They are both separable verbs:

Wann **fährt** der nächste Zug **ab**? Er **fährt** um 15:07 **ab**.
Wann **kommt** er in Heidelberg **an**? Er **kommt** um 18 Minuten nach vier **an**.

On a timetable the prefixes **ab** and **an** are commonly used to indicate the departure and arrival of trains.

3 Wann fährt der nächste Zug nach Heidelberg?

Study the timetable below, then answer the questions.

Hannover Hbf → **Heidelberg Hbf**

ab	Zug		Umsteigen	an	ab	Zug		an	Verkehrstage	
5.21	ICE	997	✗	Frankfurt(M)	7.43	7.51	IR 2473	🚻	8.43	Mo - Sa	01
6.12	IR	2475							10.43	Mo - Sa	01
6.50	ICE	571	✗						9.51	Mo - Sa	01
7.24	ICE	791	✗	Frankfurt(M)	9.43	9.51	IR 2475	🚻	10.43	täglich	
7.50	ICE	775	✗	Mannheim Hbf	10.42	10.54	IC 119	✗	11.05	täglich	
8.12	IR	2477	🚻						12.43	täglich	
8.50	ICE	573	✗						11.51	täglich	
9.23	ICE	793	✗	Frankfurt(M)	11.43	11.51	IR 2477	🚻	12.43	täglich	
9.50	ICE	873	✗	Frankfurt(M)	12.01	12.06	ICE 73	✗		täglich	
				Mannheim Hbf	12.42	12.54	IC 513	✗	13.05		
10.12	IR	2479	🚻	Frankfurt(M)	13.38	13.51	IR 2101	🚻	14.43	täglich	
10.50	ICE	575	✗						13.51	täglich	
11.18	ICE	971	✗	Frankfurt(M)	13.38	13.51	IR 2101	🚻	14.43	täglich	02
11.50	ICE	71	✗	Mannheim Hbf	14.42	14.54	IC 613	✗	15.05	täglich	

Answer these questions in relation to the following days and times:

a Wann fährt der nächste Zug nach Heidelberg, bitte?
b Muss ich umsteigen?
c Kann ich im Zug etwas zu essen bekommen?
d Und wann kommt der Zug in Heidelberg an?

- Montag um 10:00
- Dienstag um 06:00
- Sonntag um 06:30

- Donnerstag um 09:30
- Freitag um 11:45

Beispiel Montag um 10:00

a Der nächste Zug fährt um 10:12.
b Ja, Sie müssen in Frankfurt umsteigen.
c Ja, es gibt einen Speisewagen (*dining car*).
d Er kommt um 14:43 in Heidelberg an.

▶ 4 Und jetzt Sie! Was sagen Sie?

Write down the answers first, then listen to the recording, using the pause button so that you can say your responses out loud. Then check your answers.

Sie	*Ask how much a ticket to Frankfurt costs.*
Verkäufer	Einfach oder hin und zurück?
Sie	*Say a single ticket.*
Verkaüfer	Das macht € 32,50, inklusive ICE-Zuschlag.
Sie	*Say yes, that's OK.*
Verkäufer	Vielen Dank, hier ist Ihre Fahrkarte und € 2,50 zurück.
Sie	*Ask when the next train goes to Frankfurt.*
Verkäufer	Der nächste Zug fährt in 10 Minuten.
Sie	*Ask which platform it leaves from.*
Verkäufer	Von Gleis 14.
Sie	*Ask if you have to change.*
Verkäufer	Nein, der Zug ist direkt.
Sie	*Say thank you very much.*

5 Welche Antwort passt am besten?

Choose the appropriate answer for the question in each instance.

a Kann ich eine Fahrkarte nach Freiburg bekommen?
Der nächste Zug fährt um 16.00 Uhr.
Das macht € 37.
Einfach oder hin und zurück?

b Wann fährt der nächste Zug nach Innsbruck?
Von Gleis 7.
In 10 Minuten.
Einfach oder hin und zurück?

c Von welchem Gleis fährt der Zug?
Sie müssen nicht umsteigen.
Gleis 10.
Es ist ein Direktzug.

d Was kostet die Fahrkarte?
Das macht € 43.
Sie brauchen einen Zuschlag.
Sie können mit Visa-Karte bezahlen.

Getting around town

6 Lesen und Lernen

Wie fahren die Leute? How do these people get where they want to go?

Bettina fährt mit dem Fahrrad.

Herr Abramcik fährt mit dem Auto in die Stadt.

Paul fährt mit dem Zug von Hamburg nach Berlin.

Sie fahren mit dem Bus für ein Wochenende nach Paris.

Frau Schulz fährt mit der U-Bahn ins Stadtzentrum.

Sabine fährt mit der Straßenbahn.

Markus und Hans gehen zu Fuß.

Note that **Zug** and **Bus** are masculine, **U-Bahn** and **Straßenbahn** are feminine, and **Fahrrad** and **Auto** are neuter in German. Can you figure out what happens with the articles (**der, die** and **das**) when they appear after **mit**?

SPRACHINFO: mit + Dativ

To talk about means of transport in German you use the preposition **mit + Dativ** (*dative*):

der Bus	Frau Krause fährt **mit dem Bus**.
die U-Bahn	Rainer Krause fährt **mit der U-Bahn**.
das Auto	Herr Krause fährt **mit dem Auto**.

Note that the dative form of the word for *the* is **dem** for masculine and neuter nouns and **der** for feminine nouns, as you already saw in Unit 11.

Exception: to say *to go on foot* in German, you use **zu Fuß gehen**:

Saskia Krause geht zu Fuß.

7 Was passt?

der – dem – dem – der – dem

Ergänzen Sie. *Complete these sentences.*

a In Amsterdam fahren viele Leute mit _____ Fahrrad.
b Mit _____ U-Bahn ist man in sieben Minuten in der Stadt.
c In Ostberlin kann man mit _____ Straßenbahn fahren.
d Er fährt mit _____ Auto nach Österreich.
e Mit _____ Zug kostet es €60 bis nach Freiburg.

▶ 8 Wie fahren sie zur Arbeit? Wie lange dauert die Fahrt?

Listen to these four people talking about how they get to work or to school and how long it takes them. Rearrange the items in columns 2 and 3 so that they match what is said in the recording.

Beispiel Person 1 → mit dem Fahrrad → 20 Minuten

Person	Wie fahren sie?	Wie lange brauchen sie?
Person 1	mit dem Auto	10 Minuten
Person 2	mit dem Fahrrad	50 Minuten
Person 3	geht zu Fuß	eine Stunde
Person 4	mit dem Bus und der U-Bahn	20 Minuten

Frauke Gerhard (27, Studentin)
‚Also, ich fahre immer mit dem Fahrrad zur Universität. Das geht schnell, ist gesund und außerdem gut für die Umwelt. Von meinem Haus bis zur Uni brauche ich ungefähr 20 Minuten. Im Winter fahre ich manchmal mit dem Bus. Ich habe einen Führerschein, aber ich fahre nur selten mit dem Auto.'

Matthias Michaelis (34, Angestellter bei der Post)
‚Ich fahre meistens mit dem Bus zum Bahnhof. Dann muss ich umsteigen. Vom Bahnhof nehme ich die U-Bahn zur Arbeit. Ich habe eine Monatskarte. Bus und Bahn sind nicht so teuer und in der U-Bahn kann ich auch lesen. Die Fahrt dauert ungefähr 50 Minuten.'

Günther Pfalz (38, Elektriker)
‚Ich fahre immer mit dem Auto. Da kann ich Radio hören, im Winter ist es warm und es geht schnell. Die Verbindung mit Bus und Bahn ist nicht gut. Da brauche ich zwei Stunden. Mit dem Auto dauert es aber nur eine Stunde.'

Andreas (9, Schüler)
‚Meine Schule ist nicht weit, ich kann zu Fuß gehen. Meistens hole ich einen Freund ab und dann gehen wir zusammen. Ich brauche nur 10 Minuten. Im Winter fährt mich manchmal mein Vater mit dem Auto.'

die Umwelt	*environment*
ungefähr	*approximately, about*
der Führerschein (-)	*driving licence*
umsteigen	*to change* (a train, bus, etc.)
die Verbindung (-en)	*connection, link*

9 Beantworten Sie die Fragen

Now answer the following questions.

> **Beispiel**   Wie fährt Frauke zur Universität?
> Sie fährt mit dem Auto.

a   Wie lange braucht sie bis zur Uni?
b   Was macht Herr Michaelis in der U-Bahn?
c   Wie fährt er zum Bahnhof?
d   Wie lange fährt Herr Pfalz mit dem Auto zur Arbeit?
e   Was sagt er über die Verbindung mit Bus und Bahn?
f   Wie kommt Andreas normalerweise zur Schule?

SPRACHINFO: You might have been puzzled by the different forms of **zu** and **von** in the interviews: **zum Bahnhof** but **zur Arbeit**.

Like **mit**, **zu** and **von** always need the dative case, but it is common to abbreviate many of the forms, as you can see in the following examples:

mit, zu

der Bus, Bahnhof	Ich fahre mit *dem* Bus bis *zum* (= *zu dem*) Bahnhof.
die U-Bahn, Universität	Sie fährt mit *der* U-Bahn *zur* (= *zu der*) Universität.
das Auto, Stadion	Er fährt mit *dem* Auto *zum* (= *zu dem*) Stadion.

von

der Park	Wie komme ich *vom* (= *von dem*) Park zum Supermarkt?
die Kirche	Wie kommt man von *der* Kirche zur Post?
das Hotel	Ich möchte bitte *vom* (– *von dem*) Hotel bis zum Stadtzentrum kommen.

10 Was fragen die Leute?

Ergänzen Sie. *Complete the questions on the next page.*

a Entschuldigen Sie bitte, wie komme ich ___ Bahnhof?

b Entschuldigen Sie, wie komme ich ___ Touristeninformation?

c Entschuldigung bitte, wie komme ich v___ Bahnhof z___ Hotel *Germania*?

d Entschuldigen Sie bitte, wie komme ich ___ Fußballstadion?

Grammar

Prepositions + dative

In Unit 11 you saw how some prepositions are followed by the accusative when motion is involved and the dative when position or location is involved.

Some prepositions are followed only by the dative, irrespective of whether movement or location is being talked about.

The prepositions that you have met in this category are **mit**, **zu** and **von**. Other prepositions that behave in the same way are:

aus (*out (of), from*), **bei** (*with, at, in*), **nach** (*after*), **seit** (*since*).

masculine	Er fährt mit **dem** Fahrrad.
feminine	Er arbeitet bei **der** Firma Bräuer.
neuter	Er kommt aus **dem** Haus.

The plural form of the definite article (*the*) is **den** in the dative:

Er kommt aus **den** USA (*the United States of America*).

Note that the following contracted forms are commonly found:

bei dem	→	**beim**	zu dem	→	**zum**
von dem	→	**vom**	zu der	→	**zur**

The indefinite article (**ein, eine**) becomes **einem** in the masculine and neuter dative and **einer** in the feminine dative.

masculine	Er wohnt jetzt bei **einem** Freund.
feminine	Wir essen heute Abend bei **einer** Freundin.
neuter	Er arbeitet seit **einem** Jahr bei Daimler-Chrysler.

You will find many of these prepositions used and practised in later units.

More practice

1 Wie heißt es richtig? Verbinden Sie.

		Flughafen
		Bahnhof
Wie komme ich	zur	Gedächtniskirche
	zum	Café Mozart
		Stadtbäckerei
		Fußballstadion
		Bundesstraße

?

2 Üben Sie den Dativ: **dem** oder **der, zum** oder **zur**? Ergänzen Sie.

a Peter lebt sehr gesund: Er fährt jeden Tag mit d___ Fahrrad z___ Universität.

b In Berlin kann man schlecht parken. Frau Braun fährt immer mit d___ U-Bahn z___ Arbeit.

c Herr Krause hat heute wenig Zeit und fährt mit d___ Taxi z___ Bahnhof.

d Mit d___ Zug ist man in drei Stunden in München.

e In Ostberlin kann man noch mit d___ Straßenbahn fahren.

3 Schreiben Sie, wie Florian Lamprecht zur Arbeit kommt.

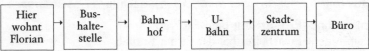

Von seinem Haus bis zur Bushaltestelle geht Florian zu Fuß. Dann fährt er … .

4 Was passt zusammen?
Put these sentences in order to create a dialogue between Herr Marktgraf and a ticket seller at the Deutsche Bahn.

Herr Marktgraf

a Vielen Dank.

b Und von welchem Gleis fährt er?

c Ich möchte eine Fahrkarte nach Köln.

d Und wann fährt der nächste Zug?

e Hin und zurück.

f Muss ich umsteigen?

Verkäufer

i Von Gleis 18.

ii Hier bitte. Das macht €70.

iii Nein, Sie brauchen nicht umsteigen.

iv Gern geschehen. Gute Fahrt.

v Einfach oder hin und zurück?

vi In einer Viertelstunde.

Congratulations!
You have finished Unit 12 and are now halfway through the book.

Before you move on to the next units, check whether you have mastered the main vocabulary and language points in our **Self-assessment test** for Units 9–12 on page 267.

13

was hast du am Wochenende gemacht?

what did you do at the weekend?

In this unit you will learn
- how to say what happened at the weekend
- how to talk about recent events
- how to describe purchases

Language points
- perfect tense
- adjectival endings (1)

Talking about the past

1 Lesen und Lernen

Was haben die Leute am Wochenende gemacht? Welches Bild passt? Match the sentences with the pictures which indicate what these people did at the weekend.

i   Sie haben ein Picknick gemacht.
ii Sie hat im Krankenhaus gearbeitet.
iii Sie hat für ihr Examen gelernt.
iv Sie hat auf dem Markt Blumen gekauft.
v   Sie hat viel fotografiert.
vi Er hat im Stadtpark Fußball gespielt.

---

das Krankenhaus (¨er) *hospital*   die Blume (-n) *flower*

a   b

c   d

e   f

SPRACHINFO: When they talk about the past, Germans most often use the perfect tense. The perfect tense of verbs like **spielen** and **kaufen** is formed by using **haben** with what is known as the past participle. This is very similar to the perfect tense in English:

Ich habe gespielt.   *I have played.*

However, you need to know that, whereas in English the perfect tense is usually used when an event is still connected fairly closely with the present (*I have just …*), it is used in German when speaking about events that could have happened a long time ago:

Letztes Jahr habe ich mein   *Last year I did my exam*
Englisch-Examen gemacht.   *in English.*
1492 hat Kolumbus Amerika *In 1492 Columbus discovered*
entdeckt.   *America.*

The past participle is the part of the verb that is used in English with the verb *to have* and often ends in -*ed* (worked, played), -*t* (kept, felt) or -*(e)n* (broken, grown): *I have worked, she has grown*, etc.

In the German sentence, the past participle normally goes at the end:

Ich habe Tennis   **gespielt.**   *I have played/played tennis.*
Ich habe ein Auto **gekauft.**   *I have bought/bought a car.*

Here is a reminder of the forms of **haben:**

ich habe	wir haben
du hast	ihr habt
Sie haben	Sie haben
er/sie/es hat	sie haben

To form the past participle of regular (or so-called *weak*) verbs you take the stem of the verb, i.e. **spiel-**, **kauf-**, add a **ge-** at the beginning and a -**t** at the end:

spiel-en	ge-spiel-t
kauf-en	ge-kauf-t

If the stem ends in a -**t**, then an extra -**e**- is added before the -**t**:

arbeit-en	ge-arbeit-et
antwort-en	ge-antwort-et

Note that the past participle for **haben** is **gehabt**:

Ich habe viel Spaß gehabt.   *I have had/had a lot of fun.*

Separable verbs put the -**ge**- between the prefix and the stem:
einkaufen → **eingekauft**.

In certain cases, no **ge-** is added before the verb:

- If you find certain prefixes in front, such as: **be-** (bezahlen – bezahlt), **er-** (erzählen – erzählt), **zer-** (zerstören – zerstört), etc.
- All verbs ending with -**ieren** (studieren – studiert).

2 Wie heißen die Partizipien?

Write down the past participles of these verbs:

a	spielen	*gespielt*	f	kochen	_____
b	tanzen	_____	g	telefonieren	*telefoniert*
c	machen	_____	h	bezahlen	_____
d	frühstücken	_____	i	besuchen	_____
e	kosten	_____	j	einkaufen	*eingekauft*

3 Welches Wort passt?

Benutzen Sie die Wörter aus Übung 2.

a Der Computer hat €1500 *gekostet*.
b Sie haben in der Disco bis fünf Uhr am Morgen _____ .
c Sie hat Freunde _____ .
d Er hat im Supermarkt _____ .
e ‚Hast du schon die Telefonrechnung _____?'
f Letztes Wochenende hat er Pasta mit Tomatensoße_____ .
g ‚Hast du wieder eine Stunde mit Boris in New York _____?'

SPRACHINFO: war and **waren** are the words most commonly used in German to say *was* or *were*:

Wo war Jochen gestern?   *Where was Jochen yesterday?*
Wir waren auf dem Markt.   *We were at the market.*

The full forms are:

ich war	wir waren
du warst	ihr wart
Sie waren	Sie waren
er/sie/es war	sie waren

▶ 4 Sonntagmorgen

Ulrike and Angela erzählen, was sie am Samstag gemacht haben. Hören Sie die Gespräche. Listen to the recording and decide who – U (for Ulrike) or A (for Angela) – says the following sentences, relating what they did on Saturday.

Wer sagt was?

		Ulrike (U)	Angela (A)
a	Am Morgen war ich in der Stadt und habe eingekauft.	U	
b	Abends haben ich und Bernd schön gekocht.		A
c	Wir haben viel Spaß gehabt.		
d	Wir haben klassische Musik gehört.		
e	Ich habe gestern Morgen einen neuen Computer gekauft.		
f	Am Nachmittag habe ich Britta und Georg besucht.		
g	Ich habe den ganzen Tag mit dem Computer gespielt.		
h	Abends waren wir dann zusammen in der neuen ‚Mondschein Bar' und haben bis 3 Uhr getanzt.		
i	Ich habe auf dem Internet gesurft.		

5 Schreiben Sie, was die beiden gemacht haben

Now write out a full version of what both women did. Remember to use **danach, dann, anschließend** where appropriate.

Am Samstagmorgen war Ulrike in der Stadt und hat eingekauft. Danach hat sie ...

6 Was hat Bettina am Wochenende gemacht?

Here are some details about Bettina's weekend. Write out a full version of what she did.

Beispiel Am Samstagmorgen hat Bettina eingekauft.
Danach hat sie ...

Samstag

10:00	einkaufen; Fotos abholen
15:00	Georg im Krankenhaus besuchen
19:00	Besuch von Pia und Manne – Nudeln kochen

Sonntag

7:30	Ausflug an die Nordsee machen
ab 15:30	im Garten arbeiten
20:00	mit Christina telefonieren für das Deutsch-Examen lernen

At the flea market

▶ 7 Lesen und Lernen

Was haben Sie denn auf dem Flohmarkt gekauft?
Read the article below from a German newspaper and find out
what the four people have to say about their purchases at the
flea market. Then answer the following questions.

a Was sagen Renate und Bernd Schmidt über Mick Jagger?
b Wohin fährt Herr Günther diesen Sommer und was macht er gern?
c Was hat Annett gekauft und wie viel hat sie bezahlt?
d Welches Problem hat Herr Eickes?

You can also hear their answers on the recording and check the
pronunciation.

Flohmärkte sind im Moment sehr populär. Ob alt oder jung, arm
oder reich, altmodisch oder trendy – jeden Samstagmorgen
gehen Tausende auf den Flohmarkt. Der Tagesanzeiger wollte
wissen, was den Flohmarkt so interessant macht und was die
Leute kaufen.
Wir haben letztes Wochenende vier Besucher interviewt.

Renate und Bernd Schmidt, 42, 47
‚Wir haben eine alte Platte von den Rolling Stones gekauft. Die
Rolling Stones sind einfach super, unsere Lieblingsband. Mick Jagger
hat so eine fantastische Stimme. Wir haben die Platte zwei Jahre
gesucht. €17,50 ist nicht billig, aber dafür ist die Platte einfach toll.'

Heinz Günther, 62
‚Ich habe ein interessantes Buch über Lateinamerika gekauft. Ich
reise gern und möchte diesen Sommer nach Mexiko fahren.
Letztes Jahr habe ich schon Peru besucht. Das Buch hat
informative Texte und viele schöne Fotos.'

Annett Wunderlich, 24
‚Ich habe ein neues Hemd gekauft. Für €7,50, aus London. Im
Kaufhaus zahle ich €15 oder mehr. Es sieht sehr cool aus, oder?
Man kann tolle Sachen auf dem Flohmarkt finden, fast alles.'

Christine Brandt und Werner Eickes, 20, 30
‚Wir haben einen alten, mechanischen Wecker gekauft. Mein
Mann hat ein großes Problem: Er kann morgens schlecht
aufstehen. Ich glaube, der Wecker hier ist so laut, den muss man
hören. Und wir haben nur €2,50 bezahlt.'

die Platte (-n)	record
einfach	simple, simply
die Stimme (-)	voice
das Hemd (-en)	shirt
das Kaufhaus (-er)	department store
der Wecker (-)	alarm clock
Er kann morgens schlecht	He finds it difficult to get up
aufstehen.	in the morning.
laut	loud, noisy

8 Ergänzen Sie

Use the article on the previous page to help you complete these sentences.

a Bernd und Heike sagen, Mick Jagger hat eine _____ Stimme.

b Herr Günther hat ein _____ Buch über Südamerika gekauft.

c Annett sagt, man kann _____ Sachen auf dem Flohmarkt finden.

d Frau Brandt und Herr Eickes haben einen _____, _____ Wecker gekauft.

SPRACHINFO: Any adjective which comes between the indefinite article **ein** and a noun has to be given an ending, depending on the gender and case of the noun: e.g. when you say what someone has, you need the accusative case and the endings are:

masculine **-en** Werner hat einen mechanischen   der Wecker
                   Wecker.
feminine **-e**   Renate hat eine alte Platte.   die Platte
neuter   **-es** Heinz hat ein interessantes Buch.   das Buch

In the plural, if there is no article, the ending is **-e** for all genders:

Auf dem Flohmarkt kauft man tolle Sachen.

For more details on adjectival endings see the **Grammar** section.

9 Was kann man sagen? Kombinieren Sie, bitte

Make sentences by using elements from all three columns on the next page. You will need to put an ending on the adjectives.

Mick Jagger hat eine	alt… gut… interessant…	Stimme.
Angela hat einen	schlecht…	Computer gekauft.
Herr Günther hat ein	langweilig…	Buch gekauft.
Man kann	neu… billig… fantastisch…	Sachen auf dem Flohmarkt finden.

10 Wie heißt das Gegenteil?

What is the opposite of these words:

> teuer – neu – altmodisch – schwer – arm – groß – langweilig – schlecht

Beispiel   gut – schlecht

a   klein – _____   e   reich – _____
b   billig – _____   f   leicht – _____
c   interessant – _____   g   modisch – _____
d   alt – _____

❶ Flohmärkte

Markets selling antiques and second-hand goods are very popular in Germany. The **Flohmarkt Tiergarten** on the **Straße des 17. Juni** is a must-see if you are in Berlin. Look out for leaflets advertising markets in smaller towns and even in remote villages. You'll find details of big city markets in magazines like **Zitty**.

Here's a typical extract from the **Flohmarkt** section of **Zitty**. See how much you can understand. Try to guess as much as you can from the context before you look at the vocabulary given below.

> **Flohmarkt Tiergarten**: Straße des 17. Juni, Tel: 26 55 00 96, Sa/So 8–15 Uhr
>
> Das Angebot: Viel antiker und nostalgischer Hausrat, Schmuck und Möbel, Lederjacken, schwedische Pullis, Schuhe, Klamotten. Fernöstliches und Afrikanisches. Neuerdings: Nostalgie-Brillen (20er-60er Jahre). Preisniveau: Hoch. Überwiegend Profis wollen hier verdienen. Im Sommer gibt es in den engen Gängen kaum ein Durchkommen.

(Quelle: http://www.zitty.de)

der Hausrat	household goods
der Schmuck	jewellery
das Möbel(-)	furniture
die Lederjacke (-n)	leather jacket
der Pulli, Pullover	pullover
die Klamotten (f.pl.)	clothes, gear (colloquial)
fernöstlich	Far Eastern
überwiegend	predominantly
der Profi (-s)	professional
eng	narrow
der Gang (-̈e)	gangway, pathway

▶ Pronunciation

Listen to the pronunciation of the letter l in these words.

leben	lernen	ledig	Lehre
helfen	wollen	vielleicht	wirklich
Enkel	Onkel	manchmal	kühl

The German l is closer to the first l in *little* as pronounced in standard British English. Try to avoid using the so-called dark l (the second l in *little*) in German.

How would you pronounce these words? Schlüssel, selten, Milch

Grammar

1 Perfect tense

The main details of regular or so-called weak verbs are given on pages 131–2 of this unit. There will be more on the perfect tense in Unit 14.

2 Adjectival endings (1)

Earlier in this unit you practised the endings that are added to adjectives after the indefinite article (ein, etc.) in the accusative case. These endings are used not only after ein but also after kein, mein, dein, etc.

	Accusative
masculine	-en
feminine	-e
neuter	-es

masc. acc. Gibt es hier keinen interessanten Flohmarkt?
fem. acc. Wo finde ich eine neue Sonnenbrille?
neut. acc. Hast du mein altes Hemd gesehen?

Adjectives do not add endings if they stand on their own:

Ist dein Hemd neu?
Dieser Flohmarkt ist wirklich sehr interessant.

Note that in the plural the endings differ. After words like **kein**, **mein**, **dein** etc. you have to add **-en** to the adjective:

Ich habe meine alten CDs verkauft.
Ich habe keine neuen Bücher gekauft.

Otherwise the ending is **-e**:

Er hat neue Hemden gekauft.

More practice

1   Frau Adorno arbeitet in einer Marketingfirma. Dort gibt es immer viel zu tun. Das hat sie zum Beispiel am Dienstag gemacht. *This is what Frau Adorno did on Tuesday.*

DIENSTAG

8:30	Besprechung mit Dr. Paul
10:00	mit Frau Martini telefonieren
10:30	die Firma Schmidt + Consultants besuchen
12:45	Arbeitsessen mit Frau Dr. Kruse
15:00	Briefe diktieren und Tickets für Reise nach Rom buchen
17:00	Mantel von der Reinigung abholen
18:30	Squash (mit Michael)

die Besprechung (-en)	discussion, consultation
der Mantel (¨)	coat
die Reinigung	(here) dry cleaner's

Was hat sie gemacht? Schreiben Sie. *Write out what she did.*

a Um 8 Uhr 30 hat sie eine Besprechung mit Dr. Paul gehabt.
b Um 10 Uhr hat sie …, etc.

2 Was wir am Samstag auf dem Flohmarkt gekauft haben.
Fill in the missing endings on the adjectives. The first three
have been done for you.

a ein altes Kaffeekännchen
b einen elektrischen Wecker
c eine coole Sonnenbrille
d ein alt__ Radio
e eine gut__ Lederjacke

f ein modisch__ Hemd
g eine fantastisch__ Lampe
h einen warm__
  Wintermantel
i cine neue__ CD

14

wir sind ins Grüne gefahren

we went into the countryside

In this unit you will learn
- how to talk about recent events (continued)
- how to talk about the more distant past

Language points
- more on the perfect tense

More about the past

1 Lesen und Lernen. Der Ausflug ins Grüne

A family of four decided to go on an excursion into the countryside. Here are pictures showing what they did. Match the sentences to the pictures.

a

b

c

d

e

f

g

h

i   Sie haben im Zug geschlafen.

ii   Um 17.00 Uhr haben sie den Zug genommen.

iii   Sie haben gut gegessen und getrunken.

iv   Sie sind lange spazieren gegangen.

v   Sie sind mit dem Zug gefahren.

vi   Sie sind um halb sieben aufgestanden.

vii   Um ein Uhr sind sie sehr müde gewesen.

viii   Sie haben gesungen.

SPRACHINFO: Strong verbs – there is a group of verbs that form their past participles with a **ge-** at the beginning and an **-en**, rather than a **-t**, at the end. These verbs also often change their stems and are called **strong verbs**. Their past participles have to be learned:

trink-en	ge-trunk-en	(compare English *drink, drunk*
sing-en	ge-sung-en	and *sing, sung*)

As mentioned before, verbs beginning with **be-, er-, zer-** do not add a **-ge** in the past participle. Nor do verbs beginning with **ent-, emp-** or **ver-:**

Infinitive	Past participle
bekommen *to get*	bekommen
entlassen *to dismiss*	entlassen
empfehlen *to recommend*	empfohlen
erhalten *to receive*	erhalten
verstehen *to understand*	verstanden
zerbrechen *to break*	zerbrochen

Separable verbs add the **-ge-** where the verb separates: aufstehen, auf-ge-standen.

Some verbs – often indicating movement or coming and going – form their perfect tense with **sein** rather than **haben**. The most important ones that you have met so far are:

gehen	Ich **bin** gestern auf den Markt **gegangen**.
kommen	Tom **ist** erst um ein Uhr morgens nach Hause **gekommen**.
fahren	Ich **bin** im Oktober nach Italien **gefahren**.
aufstehen	Sie **ist** um halb acht **aufgestanden**.

The past participle of **sein** is highly irregular:

Ich **bin** gestern sehr müde **gewesen**.   *I was very tired yesterday.*

Note that it is very common to say **Ich war ...** instead of **Ich bin ... gewesen**.

2 Was fehlt? (*haben* oder *sein*)

Fill in the correct form of either **haben** or **sein**. If you would like to remind yourself how these verbs are formed, look at page 38.

Beispiel   **a** Am Wochenende **bin** ich nach Köln gefahren.
b Er ___ in München sehr viel Bier getrunken.
c ___ Sie schon den neuen Film mit Arnold Schwarzenegger gesehen?
d Am Donnerstag ___ Birgit ins Theater gegangen.
e ___ du schon einmal in Deutschland gewesen?
f Am Sonntag ___ Thomas seine Großeltern besucht.
g Gestern ___ ich einen alten Freund getroffen.
h Oh, das ___ ich vergessen.

3 Eine anstrengende Woche *A tiring week*

On the next page is a longer text. Try to get an idea of the main events first and then go back and look more closely at the details. Note that you can find most of the key words in the text in the glossary at the back of the book. When you've read the text, complete these two exercises.

Was ist hier falsch? Korrigieren Sie, bitte.

a Peter Wichtig ist nach Sibirien geflogen.
b Auf einer Party hat er Hamburger gegessen und Dosenbier getrunken.
c Er hat Robert Mitchum getroffen.
d In Florida ist er im Hotel-Swimming-Pool geschwommen.
e Er hat neue Socken gekauft.
f Am Freitag ist er ins Kino gegangen.
g Am Wochenende ist er im Park spazieren gegangen.
h Sein neues Lied heißt: *Ich habe dich vergessen.*

4 Wie heißt es richtig?

You will find the words in the text. Fill in the missing information.

Infinitive	Past participle
a trinken	*getrunken*
b _____	getroffen
c essen	_____
d sprechen	_____
e gehen	_____
f fahren	_____
g _____	geflogen
h _____	geblieben

Which of the verbs take **sein** and which take **haben**?

DAS PORTRÄT:

Peter Wichtig

Peter Wichtig, 34, gelernter Elektriker, ist der Sänger der deutschen Rockband ‚Die grünen Unterhemden‘. Bislang hat sie zwei goldene Schallplatten bekommen. Im Moment bereitet er mit seiner Band eine große Tournee vor. Wir haben ihn in seinem Studio getroffen und mit ihm über das Leben eines Rockstars gesprochen und ihn gefragt: ‚Was haben Sie letzte Woche gemacht?‘

‚Tja, im Moment arbeite ich sehr viel. Ich bin praktisch kaum zu Hause gewesen. Mein Terminkalender ist total voll. Also, am Montag bin ich nach New York geflogen. Dort habe ich einige Produzenten getroffen. Am Abend war ich auf einer Party bei meinem alten Freund Robert (de Niro) und habe Kaviar gegessen und Champagner getrunken. Ich bin nur einen Tag in New York geblieben. Es war einfach zu kalt dort.

Dienstag und Mittwoch bin ich in Florida gewesen und bin im Meer geschwommen. Das war wunderbar. Außerdem habe ich einige Interviews gegeben und auch ein paar neue italienische Anzüge gekauft. Vom besten Designer natürlich. Ja, ich liebe Florida. Ich möchte mir dort gern eine Villa kaufen.

Donnerstag bin ich nach Deutschland zurückgekommen: Am Abend habe ich in einer Fernsehshow für MTV gesungen. Am Freitag habe ich wieder Interviews gegeben und bin dann nach Salzburg gefahren, wo ich ein kleines Haus habe und bin abends ins Kasino gegangen. Am Wochenende bin ich Ski gelaufen und habe den Video-Clip für meinen neuen Song gesehen. Das Lied heißt: *Ich kann dich nicht vergessen*. Sie können es bald kaufen, es ist fantastisch. Es kommt in einer Woche auf den Markt.‘

▶ 5 Mehr über Peter Wichtig

Peter Wichtig war beim Radio-Sender OK München und hat ein Interview gegeben. Hören Sie bitte das Interview und beantworten Sie die Fragen.

a Wie lange macht er Musik?
b Was war sein erster Hit?
c Wie viele CDs hat er gemacht?
d Wer schreibt seine Songs?
e Was macht er in seiner Freizeit?

Useful expressions	
	habe ich (lange/viel/im Garten) gearbeitet.
Gestern	habe ich Fußball/Tennis/Golf gespielt.
	habe ich meine Eltern/Freunde besucht.
Am Montag/Am Dienstag, etc.	bin ich ins Kino/ins Theater/in die Oper/ in die Kirche gegangen.
Montagmorgen/Dienstagmittag/ Mittwochabend, etc.	bin ich im Park spazieren gegangen.
	bin ich nach Brighton/Paris gefahren.
	bin ich zu Hause geblieben.
Letzte Woche/Letztes Wochenende	habe ich ferngesehen.
	habe ich einen langweiligen Film/eine englische Band/ein interessantes Theaterstück gesehen.

Achtung!

Remember that the preposition **in** is followed by the accusative if movement is indicated, or by the dative case if the focus is more on location and position: Ich bin **ins** Kino gegangen and Ich war **im** Kino. For more details see Unit 11.

6 Und jetzt Sie!

Eine Brieffreundin in Deutschland möchte wissen, was Sie letzte Woche oder letztes Wochenende gemacht haben. Bitte schreiben Sie ihr! Sie brauchen nicht die Wahrheit zu sagen!

You may find it helpful to refer to the **Useful expressions** above when completing this exercise.

Liebe Petra,

wie geht es dir? Ich hoffe, gut. Also, du möchtest

wissen, was ich _____ gemacht habe.

Kein Problem.

Also, _____

_____

_____

_____

_____

Ich freue mich schon auf deinen nächsten Brief.

Viele Grüße

Dein/Deine

7 Heinrich Böll: Sein Lebenslauf

Here is a list of some of the main events in the life of the German author, Heinrich Böll. Write a report on his life, using the information provided.

Beispiele Heinrich Böll ist am 21. Dezember 1917 in Köln
geboren. Von 1924 bis 1928 hat er die Volksschule
in Köln-Raderthal besucht.
Von 1928 bis 1937 hat er ...

Der Lebenslauf des deutschen Schriftstellers Heinrich Böll

1917	am 21. Dezember in Köln geboren
1924–28	besucht die Volksschule in Köln-Raderthal
1928–37	besucht das Kaiser-Wilhelm-Gymnasium in Köln
1937	macht das Abitur
1937	beginnt in Bonn eine Buchhandelslehre
1939	studiert Germanistik an der Universität Köln
1939–45	ist Soldat im Zweiten Weltkrieg
1942	heiratet Annemarie Zech
1946–49	veröffentlicht Kurzgeschichten in Zeitungen und Zeitschriften

1949	sein erstes Buch erscheint (*Der Zug war pünktlich*)
1949–85	schreibt viele literarische Werke
1972	erhält den Nobelpreis für Literatur
1985	stirbt am 16. Juli im Alter von 67 in Hürtgenwald/Eifel

Most of this vocabulary you have already met elsewhere. Work out from the context the meaning of those words which you don't know. You will, however, need to know the forms of a few of the verbs: **heiraten** and **veröffentlichen** are both weak verbs, so you can form the past participles of these: **beginnen** → **begonnen, erscheinen*** → **erschienen, erhalten** → **erhalten, sterben*** → **gestorben**.

(The asterisk (*) means that these verbs form their past tense with **sein**).

der Schriftsteller (-)	author
der Buchhandel	book trade
die Lehre (-n)	apprenticeship
der Soldat (-en)	soldier
der Weltkrieg (-e)	World War
veröffentlichen	to publish
die Kurzgeschichte (-n)	short story
die Zeitschrift (-en)	journal
erscheinen*	to appear
das Werk (-e)	work
erhalten	to receive

Früher und heute *Then and now*

8 Lesen und Lernen

Herr Huber wird 65 Jahre alt. Lesen Sie über das Leben von Herrn Huber und beantworten Sie die Fragen.

vor einem Jahr	a year ago
vor zwei, zehn, zwanzig Jahren	two, ten, twenty years ago
schreien	to yell, to scream
die Wirtschaftswissenschaften	economics
stark rauchen	to smoke heavily
bauen (gebaut)	to build (built)
werden (geworden)	to become (became)
aufhören	to stop, to cease
gesund	healthy
in den Ruhestand treten	to retire (go into retirement)
vor allem	above all
glücklich	happy

Vor 65 Jahren war er ein Baby und hat keine Haare gehabt. Er hat lange geschlafen, aber er hat auch oft laut geschrien. Vor 40 Jahren hat er in München Wirtschaftswissenschaften studiert. Damals hat er lange Haare gehabt. Er hat auch ziemlich stark geraucht (*Gaulloises* natürlich!), hat Jean-Paul Sartre gelesen und Rock'n'Roll Musik gehört. Vor 30 Jahren hat er bei der Dresdner Bank gearbeitet. Zu der Zeit hat er kurze Haare gehabt. Er hat geheiratet und ein Haus gebaut. Er hat bald viel Stress gehabt und dann angefangen, zu viel zu essen und zu viel Alkohol zu trinken. Vor 20 Jahren ist er schwer krank geworden. Er hat aufgehört zu rauchen und zu trinken. Er hat wieder Sport getrieben, ist dreimal in der Woche schwimmen gegangen und hat viel trainiert. Vor 10 Jahren hat er graue Haare gehabt, aber er ist wieder viel gesünder geworden und er hat wieder Spaß am Leben gehabt. Vor 5 Jahren ist er dann in den Ruhestand getreten, ist viel gereist und hat viel von der Welt gesehen. Er hat interessante Fotos gemacht und hat andere Sprachen gelernt. Heute ist er Rentner und hat lange, weiße Haare. Er liest wieder viel, vor allem Heinrich Böll, hört manchmal Rock'n'Roll und ist sehr glücklich.

SPRACHINFO: the word **früher**, meaning *earlier*, *previously* or *in former times*, is what you use in German to say what people *used* to do.

> Früher haben Klaus und Doris nur klassische Musik gehört.
> *Klaus and Doris used to only listen to classical music.*

Richtig oder falsch?

a Vor 40 Jahren hat er in Marburg Soziologie studiert.
b Damals hat er lange Haare gehabt und hat auch stark geraucht.
c Vor 30 Jahren hat er bei Siemens gearbeitet.
d Damals hat er angefangen, zu viel Alkohol zu trinken.
e Vor 10 Jahren ist er schwer krank geworden.
f Vor 10 Jahren hat er auch keinen Spaß am Leben gehabt.
g Heute arbeitet er nicht mehr und ist sehr glücklich.

▶ 9 Hören Sie zu! Klassentreffen

Vor 25 Jahren sind sie zusammen in die Schule gegangen und jetzt treffen sie sich und reden über die alten Zeiten.

Listen to these people comparing past times with the present, then fill in the two grids.

Was haben die Leute früher gemacht?

	Haare	Trinken	Musik	Freizeit
Bernd	_____	hat viel Cognac getrunken	_____	hat in einer Band gespielt
Dieter	hat lange Haare gehabt	_____	_____	_____

Und heute?

	Haare	Trinken	Musik	Freizeit
Bernd	_____	_____		_____
Dieter	_____	_____	hört klassische Musik	_____

10 Und was haben Sie früher gemacht?

Now it's your turn. Write at least four sentences about what you did in the past and compare them to the present. Use the previous exercises as a guide.

Grammar

1 Perfect tense

Remember that in German the perfect tense is most often used when people are describing past events informally, especially when they are speaking. Here is a summary of the different forms:

Regular or so-called **weak verbs**: verbs like **kaufen** and **spielen** do not change their stems (in this case **kauf-** and **spiel-**) to form their past participles. The past participles normally begin with **ge-** and end in **-t**.

Infinitive	Past participle
machen	gemacht
spielen	gespielt

Strong verbs: the past participles of verbs like **fahren, fliegen, stehen** and **nehmen** normally begin with **ge-** and end in **-en**. They often change their stems, too.

Infinitive	Past participle
fahren	gefahren
fliegen	geflogen
gehen	ge**gang**en
nehmen	ge**nomm**en

Mixed verbs: some verbs mix the features of both weak and strong verbs (hence the name *mixed verbs*). These verbs behave in most respects like weak verbs – the past participles end in **-t** but they also show a change in their stems, like many strong verbs.

Infinitive	Past participle
kennen	gekannt
bringen	gebracht

Haben (*to have*) and **sein** (*to be*): these two verbs are so frequently used that they need to be listed separately:

Infinitive	Past participle
haben	gehabt
sein	gewesen

Lerntipp: Sein or **haben**?

Note that the following verbs usually take **sein**:

• verbs indicating movement or coming and going, e.g. **fahren, fliegen**
• verbs indicating a change of state, e.g. **sterben** (*to die*), **wachsen** (*to grow*)
• a few other verbs, such as **bleiben** (*to stay*)

fliegen   Daniela **ist** heute nach München geflogen. *Daniela flew to Munich today.*

sterben   Jimmy Hendrix **ist** 1970 gestorben. *Jimmy Hendrix died in 1970.*

bleiben   Wir **sind** den ganzen Tag zu Hause geblieben. *We stayed at home all day.*

For a list of the most common strong and mixed verbs, see page 332. Verbs needing **sein** are indicated with an asterisk (*).

More practice

1 Wie heißen die Partizipien?

  a   Werner Lübke ist letzten Freitag nach Zürich (fliegen).
  b   Dort hat er seine Freundin Dagmar (besuchen).
  c   Dagmar hat ihn vom Flughafen (abholen).
  d   Freitagabend sind sie ins Kino (gehen).
  e   Sie haben einen sehr guten Film (sehen).
  f   Samstag haben sie lange (schlafen).

2 **Sein** oder **haben**? Die Geschichte geht weiter …

  a   Erst um 10.30 Uhr ___ Werner und Dagmar aufgestanden.
  b   Um 11 Uhr ___ sie dann gefrühstückt.
  c   Sie ___ frische Brötchen gegessen.
  d   Dazu ___ sie zwei Tassen Kaffee getrunken.
  e   Und um 11.30 Uhr ___ sie dann im Stadtzentrum spazieren gegangen.
  f   Sie ___ mehrere neue Kleidungsstücke gekauft.

15

Wohnen in Deutschland
living in Germany

In this unit you will learn
- how to talk about different kinds of housing
- how to name the various rooms in a house or flat
- how to make comparisons

Language points
- more on the dative
- the comparative

Where do you live?

1 Lesen und Lernen

Wie heißt das? Match the German words with the pictures.

a  b  c

i   Hochhaus   ☐ d 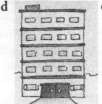 e
ii Reihenhaus
iii Einfamilienhaus   ☐
iv Studentenwohnheim   ☐
v   Zweifamilienhaus   ☐

Useful expressions

die Wohnung (-en)	*flat*
das Zweifamilienhaus (¨er)	*semi-detached house*
das Reihenhaus (¨er)	*terraced house*
das Einfamilienhaus (¨er)	*detached house*
das Studentenwohnheim (-e)	*student accommodation*
das Hochhaus (¨er)	*multi-storey building, tower block*
die Altbauwohnung (-en)	*flat in an old building*
die Wohngemeinschaft (-en)	*flat share*

▶ 2 Wo wohnen die Leute?

Vier Leute erzählen, wo sie wohnen. These four people are talking about where they live.

Listen to the interviews and then rearrange the items in column 2 and 3 so that they match what is said in the text.

Wer?	Wo wohnen sie?	Wie ist es?
Person 1	in einer Wohngemeinschaft	hell und ruhig
Person 2	in einem Hochhaus	grün und ruhig
Person 3	in einem Einfamilienhaus	nicht zu teuer
Person 4	in einer Altbauwohnung	nett und interessant

1 Karl Potschnik, 57, Monteur bei VW

‚Ich wohne mit meiner Frau seit fünf Jahren in einem Hochhaus. Wir haben eine schöne Wohnung und einen wunderbaren Blick auf die Stadt, aber leider gibt es zu viele Graffitis. Die Miete ist nicht zu teuer, €375 kalt. Wir sind ganz zufrieden hier.'

2 Elisabeth Strutzak, 45, Angestellte bei der Post AG

‚Früher haben wir im Stadt-Zentrum gewohnt, aber vor zehn Jahren haben wir das Haus hier gekauft. Wir haben einen großen Garten. Es ist sehr grün und ruhig hier, die Nachbarn sind nett, nur für die Kinder ist es ein bisschen weit bis zur Schule.'

3 Matthias Michaelis, 24, Jura-Student

‚Ich wohne in einer Wohngemeinschaft mit drei anderen Studenten. Wir teilen die Miete und alle Rechnungen. Manchmal gibt es natürlich Probleme, aber dann sprechen wir darüber. Ich wohne gern mit anderen Leuten zusammen. Es ist immer jemand da, mit dem man sprechen kann. Es ist nett und interessant.'

4 Jutta Heinrich, 73, Rentnerin

‚Ich wohne seit fünfzig Jahren in meiner Wohnung. Die Wohnung ist sehr hell und auch ruhig. Hundert Meter von hier bin ich auch geboren. Früher habe ich mit meinem Mann und den Kindern hier gewohnt. Aber mein Mann ist vor zehn Jahren gestorben und meine Kinder sind ausgezogen, und jetzt lebe ich allein.'

hell	*light, bright*	**die Miete (-n)**	*rent*
ruhig	*quiet*	**teilen**	*to share*
der Blick (-e)	*view*	**mieten**	*to rent*

3 Richtig oder falsch?

Korrigieren Sie die falschen Aussagen.

a   Herr Potschnik zahlt €375 Miete und ist nicht zufrieden.
b   Frau Strutzak wohnt gern in ihrem Einfamilienhaus und sagt, die Nachbarn sind sehr nett.
c   Matthias findet das Leben in seiner Wohngemeinschaft interessant.
d   Frau Heinrich lebt seit 73 Jahren in einer Altbauwohnung.
e   Ihr Mann ist vor zehn Jahren gestorben.

SPRACHINFO: You have already seen that some prepositions (e.g. **mit** and **zu**) are always followed by the dative and that others (e.g. **in** and **auf**) are followed by the dative when the focus is on position or location. In this unit you will find some more practice in using the dative.

You already know that in the dative case the endings on the definite articles change (**der** and **das** become **dem**, and **die** becomes **der**). Similar changes apply for the indefinite articles where the ending is -**em** for masculine and neuter nouns and -**er** for feminine nouns. This pattern also applies to the so-called possessive adjectives **mein**, **dein**, **sein**, etc.

masculine -(e)m	Bernd wohnt	mit einem Freund	zusammen.
	Frau Krüger hat früher	mit ihrem Mann	hier gewohnt.
feminine -(e)r	Frau Heinrich lebt	in einer Altbauwohnung.	
	Herr Thomas wohnt	mit seiner Freundin zusammen.	
neuter -(e)m	Jutta wohnt	in einem Hochhaus.	
	Dieter Schneider lebt	mit seinem Kind	in Hamburg.

Note that, in the dative plural, not only the article or possessive adjective ends in -(e)n, but that, where possible, an -n is also added to the noun.

plural all genders -(e)n ... -n	Ich wohne	mit meinen Freunden zusammen.
	Kirsten wohnt	mit ihren Kindern	in Köln.
	Rainer wohnt	seit vielen Jahren	in Spanien.

The dative can occur more than once in a sentence:

> Herr Thomas wohnt *mit* seiner Frau und seinen zwei Kindern *in* einem Einfamilienhaus.

4 Wie heißt es richtig?

Kombinieren Sie, bitte. Make correct sentences from the following, using each of the items in the third column at least once.

Beispiele Carsten lebt in einer Wohnung.
Frau Müller wohnt in einem Hotel.

Carsten lebt in		Hochhaus.
Frau Müller wohnt in		Wohngemeinschaft.
Ihre Tochter wohnt in	einer	Hotel.
Petra lebt seit drei Jahren in	einem	Reihenhaus.
Familie Schmidt wohnt in		Wohnung.
Hans lebt in		Studentenwohnheim.

ℹ️ Mieten oder kaufen?

In Germany more people rent their homes than in most other countries – only about 40% of homes are owner-occupied. This is partly due to tradition and partly due to factors such as the higher cost of buying. However, flats tend to be relatively big, especially in older houses, or **Altbauwohnungen**. There are strict laws to protect tenants against unfair rent increases and tenants cannot arbitrarily be given notice to quit, **Kündigung**. In recent years, however, the trend has been to buy or build more owner-occupied flats, encouraged by government incentives in an attempt to deal with a shortage of dwellings after the fall of the Wall (in 1989). If you see a **Bausparkasse** when you're in Germany, that's the German equivalent of a building society.

In the home

5 Lesen und Lernen

Look at this plan of a flat and note the words for the various rooms.

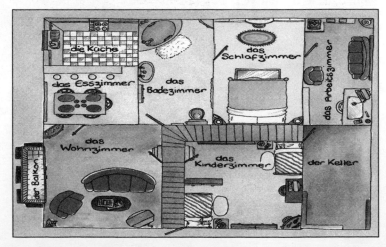

6 Wie heißen die Zimmer?

a *das Schlafzimmer*: dort schläft man
b _____ : ein Zimmer für Kinder
c _____ : dort kocht man
d _____ : dort kann man sich waschen
e _____ : dort wohnt man, liest, sieht fern, etc
f _____ : dort kann man im Sommer sitzen
g _____ : dort kann man studieren, am Computer arbeiten

7 Wohin kommt der Computer?

Und wohin kommt die Pflanze? Herr und Frau Wichmann are moving house. The removal men want to know where all the furniture goes. Machen Sie eine Liste: Was kommt alles ins Wohnzimmer, ins Kinderzimmer, ins Arbeitszimmer, in die Küche, in den Keller, etc.?

Remember that **in** will need the accusative case as the focus is on movement *into* the various rooms.

Beispiel   Der Computer kommt ins Arbeitszimmer.

1 der Computer
2 der Tennisschläger
3 der Schrank
4 das Bett
5 der Videorecorder
6 der Küchentisch
7 die Pflanze
8 die Waschmaschine
9 der Kühlschrank
10 das Sofa
11 der Sessel
12 der Fernseher
13 das Bild
14 die CDs
15 das Regal
16 die Bücher
17 der Topf
18 die Gummiente
19 die Teller

8 Herr und Frau Martinis neue Wohnung

Herr und Frau Martini haben sehr lange eine neue Wohnung gesucht und endlich eine schöne Wohnung gefunden. Lesen Sie ihren Brief. Beantworten Sie dann die Fragen auf der nächsten Seite.

Dortmund, 23. August

Liebe Imra,

danke für deinen netten Brief. Endlich, endlich haben wir eine neue Wohnung. Du weißt, wir haben fast sechs Monate gesucht. Bernd, Sven und ich sind jetzt natürlich sehr glücklich, denn endlich haben wir mehr Platz.

Es ist nämlich eine sehr große Wohnung und sie liegt relativ zentral, in der Nähe vom Stadtpark. Die Umgebung ist ruhig und sehr grün, aber leider ist es bis zum nächsten Supermarkt ein bisschen weit.

Wir haben vier Zimmer, ein Wohnzimmer, ein Schlafzimmer und ein Kinderzimmer für Sven und dann sogar einen kleinen Arbeitsraum und eine große Küche und ein Badezimmer. Die Zimmer sind groß und hell. Einen großen Garten haben wir auch.

Die Miete ist nicht so teuer, € 465, natürlich plus Nebenkosten, also plus Wasser, Elektrizität und Gas. Das ist ziemlich günstig, denn im Moment sind Wohnungen sehr teuer.

Die Verkehrsverbindungen sind sehr gut, denn bis zur U-Bahn sind es nur fünf Minuten und mit der U-Bahn brauche ich dann nur noch 10 Minuten bis zur Arbeit. Im Sommer kann ich mit dem Fahrrad zur Arbeit fahren: ein gutes Fitness-Programm.

Und wie geht es dir? Und deinem Mann und den Kindern? Hat Peter schon einen neuen Job gefunden?

Grüß alle herzlich und ich hoffe, es geht euch gut.

Deine Marlies

Beantworten Sie die folgenden Fragen:

a Wie lange haben sie gesucht?
b Wie viele Zimmer hat die Wohnung?
c Wie hoch ist die Miete?
d Wo liegt die Wohnung?
e Wie sind die Verkehrsverbindungen?

die Umgebung (sing.)	surroundings (pl.)
die Nebenkosten (pl.)	bills
die Verkehrsverbindungen (pl.)	transport (links)
relativ	relatively
ziemlich	quite, rather

9 Machen Sie eine Liste

Was für Vorteile und Nachteile hat die neue Wohnung? Make a list of the advantages and disadvantages of Herr and Frau Martini's new flat.

Vorteile (+)	Nachteile (–)
Die Wohnung ist sehr groß.	Bis zum nächsten Supermarkt ist es ein bisschen weit.
(...)	(...)

10 Wie heißt das Gegenteil?

außerhalb – antik – teuer – neu – klein – laut – dunkel – interessant

a zentral – *außerhalb*   e billig –
b groß –   f alt –
c hell –   g modern –
d langweilig –   h ruhig –

Useful expressions	
Ich wohne / Wir wohnen	in einem Reihenhaus, in einer Wohnung, in einem Studentenwohnheim, etc.
Die Wohnung / Das Haus hat	2/3/4 Zimmer.
Die Wohnung liegt relativ / ziemlich	zentral, außerhalb.
Die Zimmer sind relativ / sehr	klein, groß, laut, hell, etc.
Wir haben	viele, wenige, alte, neue, moderne, antike Möbel.
Die Umgebung ist nicht so / ziemlich	grün, ruhig, laut.
Die Verkehrsverbindungen sind	gut, schlecht.

▶ 11 Und jetzt Sie!

Übernehmen Sie die Rolle von Frau Martini. Schreiben Sie zuerst, was sie sagt. Beantworten Sie dann die Fragen auf der Audio-Aufnahme.

a Wo wohnen Sie?
b Wie viele Zimmer hat das Haus / die Wohnung?
c Wie sind die Zimmer?
d Haben Sie einen Garten?
e Ist die Miete / die Hypothek teuer?
f Wie ist die Umgebung?
g Haben Sie gute Verkehrsverbindungen?
h Wie lange fahren Sie zur Arbeit, in die Stadt?
i Fahren Sie mit dem Auto / dem Bus / der U-Bahn?

Now go through the questions again, this time answer for yourself.

Town or country?

SPRACHINFO: to make comparisons in English you simply add -er to short adjectives (e.g. *cheap*), or put *more* in front of longer ones (e.g. *interesting*):

> *This house is cheaper* (than that one).
> *This book is more interesting* (than that one).

Using adjectives in this way is called the *comparative*. In German the system is simpler. Only the -er form is used:

> Dieses Haus ist billiger.
> Dieses Buch ist interessanter.

Most words with an a, o or u take an umlaut:

> Im Winter ist es hier viel kälter.
> Deine Wohnung ist größer.

Note that the word for *than* is als:

> Auf dem Land ist die Luft besser als in der Stadt.

For more details see the Grammar section, page 162–3.

12 Leben Sie lieber auf dem Land oder in der Stadt?

Read the article on the next page to find out what these people have to say about living in town and living in the country.

STADT ODER LAND?
PRO UND CONTRA

Unsere Städte werden immer größer, lauter, hektischer. Ist es nicht besser, auf dem Land zu leben? Wir haben zwei Personen gefragt: ‚Leben Sie lieber auf dem Land oder in der Stadt? Und warum? Was ist besser?'

Manfred Teutschek, 27, Student
‚Auf dem Land wohnen? Nie wieder! Ich habe als Kind dort gelebt, es ist viel zu langweilig. Ich lebe gern in der Stadt. Das Leben ist interessanter, bunter als auf dem Land. Die Leute sind offener und man kann mehr machen. Aber manchmal ist es auch stressiger als auf dem Land, der viele Verkehr zum Beispiel und die Anonymität. Aber dann die vielen Theater, Clubs, Restaurants... Ich liebe es hier, denn es ist so kosmopolitisch.'

Esther Reimann,
45, Psychotherapeutin
‚Wir haben 15 Jahre in Berlin gelebt und sind vor einem Jahr aufs Land gezogen. Es ist viel grüner hier, die Luft ist besser, die Leute sind freundlicher. Es war die richtige Entscheidung, ich vermisse die Stadt nicht. Zum Einkaufen brauche ich jetzt länger, denn ich muss mit dem Auto fahren, aber alles ist so viel entspannter hier.'

bunt	*colourful*	**die Entscheidung (-en)**	*decision*
kosmopolitisch	*cosmopolitan*	**entspannt**	*relaxed*

13 Was fehlt hier?

Setzen Sie die fehlenden Wörter ein.

a Herr Teutschek findet die Leute in der Stadt *offener* als auf dem Land.
b Das Leben, sagt er, ist _____ und _____ .
c Manchmal ist es aber auch _____ als auf dem Land.
d Frau Reimann sagt, die Luft ist _____ und die Leute sind _____ .
e Zum Einkaufen braucht sie _____ .
f Aber das Leben ist _____ .

14 So ein Quatsch! Widersprechen Sie!

Contradict these false claims.

> **Beispiel** Birmingham ist größer als New York.
> So ein Quatsch! Birmingham ist kleiner als New York.

So ein Quatsch!	*What nonsense/rubbish!*

a Die Stadt Rom ist jünger als Chicago.
b In Deutschland ist es wärmer als in Südafrika.
c Das Essen im ‚Gourmet-Restaurant‘ ist schlechter als in der Mensa.
d Der Volkswagen Polo ist teurer als der Porsche.
e Tokio ist kleiner als Paris.
f Berlin ist langweiliger als Buxtehude.

▶ Pronunciation

The **ch** sound in German is often difficult for English speakers who tend to close their throats and pronounce a **k**. In fact, if you keep your throat open and let the air continue to flow, you will make the right sound.

The pronunciation of **ch** depends on the kind of vowel in front of it. Listen to the recording and spot the differences.

ich	Rechnung	lächeln	Töchter	Bücher
machen	Sprache	kochen	Tochter	Buch
Mädchen	Mönche	München		

When the **ch** is followed by an **s**, it is pronounced as a **k**:

Sachsen	sechs	Fuchs

How would you pronounce these words? Nichte, Dach, Märchen, Lachs

Grammar

1 The comparative

As you saw earlier in this unit, making comparisons in German is straightforward and is very similar to the English, *cheap*, *cheaper* pattern:

	comparative
billig	billiger
interessant	interessanter

Most words with an **a, o** or **u,** like **warm** and **groß,** take an umlaut in the comparative forms:

Unsere alte Wohnung war groß.
Unsere neue Wohnung ist viel größer.

Hier ist es schon im April ziemlich warm.
Im Mai ist es aber wärmer.

A few adjectives, like **gut** and **hoch,** are irregular:

Ich finde, dieses Auto ist gut.
Aber dieses Auto ist noch **besser.**

Das Matterhorn ist **hoch.**
Der Mount Everest ist aber **höher.**

The word **noch** (*even*) is often used with the comparative to provide emphasis, as in the first example above.

Another common word with irregular forms is **gern:**

Ich spiele **gern** Fußball.   *I like playing football.*
Aber ich spiele **lieber** Tennis. *But I prefer playing tennis.*

Some words, like **teuer** and **dunkel,** often lose one **e** in the comparative form:

In Frankfurt sind Wohnungen ziemlich teuer. In München
    sind sie aber **teurer.**
Im Herbst ist es morgens dunkel. Im Winter ist es
    aber **dunkler.**

As you saw earlier in this unit, the equivalent of the English *than* in comparisons is **als:**

Die Wohnungen in München sind teurer **als** die in Frankfurt.

2 Possessive adjectives

Words that indicate possession or who something belongs to are called *possessive adjectives*. Here is an overview of the possessive adjectives in German:

mein *my*	mein Freund, meine Mutter	unser *our*	unser Haus, unsere Wohnung
dein *your*	dein Auto, deine Schule	euer *your*	euer Vater, eure Mutter
Ihr *your*	Ihr Buch, Ihre Frau	Ihr *your*	Ihr Hotel, Ihre Wohnung
sein *his* ihr *her* sein *its*	sein Sohn, seine Tochter ihr Vater, ihre Mutter sein Essen, seine Milch	ihr *their*	ihr Sohn, ihre Tochter

3 The dative case

Here is a summary of the uses of the dative case that you have met so far:

a after **an, auf, in** when the focus is on position or location.

Wir haben auf **dem** Markt ein interessantes Buch gekauft.

In the next unit you will learn more prepositions of this kind.

b always after **aus, bei, mit, nach, seit, von, zu**.

Ich fahre immer mit **dem** Fahrrad **zur** Schule.

Remember, the dative endings are -(e)m for the masculine and neuter, -(e)r for the feminine and -(e)n for the plural (all genders). This applies to the definite article (**der**), the indefinite article (**ein**) and the possessive adjectives (**mein, dein**, etc.).

More practice

1 Wie heißt der Komparativ?

a	klein – kleiner	**e**	teuer – ___
b	groß – ___	**f**	hoch – ___
c	alt – ___	**g**	billig – ___
d	gut – ___	**h**	interessant – ___

2 Wohnungstausch *Flat swap*: Eine deutsche Familie aus Hamburg möchte im Sommer einen Wohnungstausch machen. Schreiben Sie einen Brief an Frau Löschmann und beschreiben Sie Ihre Wohnung.

Frau Löschmanns Fragen:

a Wo liegt Ihre Wohnung? Zentral? Außerhalb?
b Liegt sie ruhig oder nicht so ruhig?
c Wie weit ist es bis zum Supermarkt?
d Wie sind die Verkehrsverbindungen?
e Wie viele Schlafzimmer hat die Wohnung?

f   Und wie viele Badezimmer?
g   Ist die Küche groß oder ziemlich klein?
h   Haben Sie einen Fernseher? Wenn ja, kann man auch
    deutsche Programme bekommen?
i   Haben Sie einen Garten oder einen Balkon?
j   Gibt es in der Nähe einen Park?
    Schreiben Sie mehr, wenn Sie wollen!

Liebe Frau Löschmann,

ich danke Ihnen für Ihren Brief vom _____ . *Ich bin*
gerne bereit, Ihre Fragen zu beantworten.

Meine Wohnung liegt _____ , *usw.*

Mit freundlichen Grüßen

Ihr/Ihre _____

---

der Austausch   *swap, exchange*   **bereit**   *ready, prepared*

16

welches Hotel nehmen wir?

which hotel shall we take?

In this unit you will learn
- how to book a hotel room
- how to compare different hotels
- how to describe the location of buildings

Language points
- the superlative
- more prepositions (+ acc./dat.)

Booking a hotel room

▶ 1 Im Hotel

Hören Sie den Dialog an. Beantworten Sie dann die Fragen.

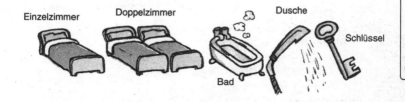

Einzelzimmer Doppelzimmer Dusche Schlüssel
Bad

Herr Oetken	Guten Tag. Haben Sie ein Zimmer frei?
Empfangsdame	Ja, ein Einzelzimmer oder ein Doppelzimmer?
Herr Oetken	Ich möchte ein Doppelzimmer für zwei Personen, bitte.
Empfangsdame	Und für wie lange?
Herr Oetken	Für zwei Nächte.
Empfangsdame	Für zwei Nächte. Von heute, Montag bis Mittwoch?
Herr Oetken	Ja. Von Montag bis Mittwoch. Meine Frau und ich möchten nämlich auf die Antiquitätenmesse gehen.
Empfangsdame	Das ist bestimmt interessant. Möchten Sie ein Zimmer mit Bad oder mit Dusche?
Herr Oetken	Mit Bad, bitte.
Empfangsdame	Da habe ich Zimmer Nr. 14 zu € 57,50.
Herr Oetken	Ist das Zimmer ruhig?
Empfangsdame	Ja, das Zimmer liegt zum Park. Es ist sehr ruhig.
Herr Oetken	Gut. Dann nehme ich das Zimmer.
Empfangsdame	So. Hier ist der Schlüssel. Bitte tragen Sie sich ein.
Herr Oetken	Um wie viel Uhr gibt es Frühstück?
Empfangsdame	Zwischen sieben und zehn Uhr.
Herr Oetken	Vielen Dank.
Empfangsdame	Ich wünsche Ihnen einen angenehmen Aufenthalt.

die Antiquitätenmesse (-n)	antiques fair
Das Zimmer liegt zum Park.	The room faces / looks out onto the park.
Bitte tragen Sie sich ein.	Please fill in your details.
Ich wünsche Ihnen einen angenehmen Aufenhalt.	I wish you a pleasant stay.

Richtig oder falsch? Korrigieren Sie die falschen Aussagen.

a Herr Oetken nimmt ein Einzelzimmer.
b Er bleibt zwei Nächte.
c Er möchte mit seiner Sekretärin auf eine Antiquitätenmesse gehen.
d Herr Oetken nimmt ein Zimmer mit Dusche.
e Das Zimmer kostet €45.
f Frühstück gibt es bis 10 Uhr.

Useful expressions

Haben Sie ein Zimmer frei?	Have you got a room?
Ist das Zimmer ruhig?	Is the room quiet?
Um wie viel Uhr gibt es Frühstück?	What time is breakfast?

2 Welche Antwort passt zu welcher Frage?

a Haben Sie ein Zimmer frei?
b Haben Sie ein Doppelzimmer frei?
c Ein Zimmer mit Bad oder Dusche?
d Was kostet das Zimmer?
e Ist das Zimmer ruhig?
f Von heute bis Freitag?
g Wann gibt es Frühstück?

i Zwischen halb sieben und neun.
ii Ja, genau. Bis Freitag.
iii Ja, für wie viele Tage?
iv Tut mir Leid, wir haben nur noch Einzelzimmer.
v Ein Zimmer mit Dusche.
vi €80, inklusive Frühstück.
vii Nein, leider nicht. Es liegt zur Straße.

▶ 3 Und jetzt Sie! Was sagt der Gast?

Book a hotel room using the prompts below. Check your answers on the recording.

3 Nächte

Gast	Guten Tag. Haben Sie ein **a** _____?
Empfangsdame	Ein Einzelzimmer oder ein Doppelzimmer?
Gast	**b** _____
Empfangsdame	Und für wie viele Nächte?
Gast	**c** _____
Empfangsdame	Möchten Sie ein Zimmer mit Bad oder Dusche?
Gast	**d** _____
Empfangsdame	Gut. Zimmer 14. Bitte tragen Sie sich hier ein.
Gast	**e** _____
Empfangsdame	Zwischen halb sieben und halb neun. Ich wünsche Ihnen einen angenehmen Aufenthalt.

▶ 4 In der Touristeninformation

Frau Johannsen sucht ein Zimmer. Hören Sie bitte zu und beantworten Sie die Fragen.

Richtig oder falsch?

a Frau Johannsen sucht ein Zimmer für drei Tage.
b Das Hotel Offenbach liegt im Zentrum.
c Das Hotel Atlanta liegt 30 Minuten vom Zentrum entfernt.
d Die Pension Schneider kostet €47,50 pro Nacht.
e Das Hotel Atlanta ist billiger als das Hotel Offenbach.
f Sie nimmt das Zimmer im Hotel Offenbach.

5 Hatten Sie recht?

Lesen Sie jetzt bitte den Dialog und überprüfen Sie Ihre Antworten. Now check your answers by reading the dialogue.

Frau Johannsen	Guten Tag, ich suche ein Hotelzimmer für zwei Tage. Haben Sie etwas frei?
Frau Izmir	Im Moment ist es ein bisschen schwierig, einen Augenblick – ja, ich habe hier drei Hotels gefunden: das Hotel Offenbach, das Hotel Atlanta und die Pension Schneider.
Frau Johannsen	Welches Hotel liegt denn am zentralsten?
Frau Izmir	Am zentralsten liegt das Hotel Offenbach, nur fünf Minuten vom Zentrum.
Frau Johannsen	Und am weitesten?
Frau Izmir	Am weitesten entfernt ist das Hotel Atlanta, etwa eine halbe Stunde.
Frau Johannsen	Und preislich, welches Hotel ist am billigsten?
Frau Izmir	Am billigsten ist die Pension Schneider, das Einzelzimmer für € 37,50. Ein Einzelzimmer im Hotel Offenbach kostet €55 und im Hotel Atlanta ist es am teuersten: €95.

Frau Johannsen	Und welches ist am komfortabelsten?
Frau Izmir	Am komfortabelsten ist das Hotel Atlanta, mit Swimming-Pool und Park. Das ist sehr schön.
Frau Johannsen	Ich glaube, ich nehme das Hotel Offenbach. Kann ich gleich bei Ihnen buchen?
Frau Izmir	Ja, kein Problem.

SPRACHINFO: the superlative

In English when you want to single out one item from among a group as being the cheapest or most interesting of all, you add -(e)st to a short adjective or put *most* in front of a longer one:

> *This house is the cheapest.*
> *This book is the **most** interesting.*

This form is called the *superlative*. In German it goes as follows:

> Dieses Haus ist **am** billig**sten**.
> Dieses Buch ist **am** interessant**esten**.

As you can see, the word **am** is added and the ending is -(e)**sten**. For examples of irregular words see **Grammar**, pages 173–4.

6 Welche Informationen fehlen hier?

Lesen Sie den Dialog noch einmal und finden Sie die fehlenden Informationen. *Read the dialogue again and fill in the missing information.*

Hotels/Pension	Zimmer	Preis für Einzelzimmer	Entfernung	Pluspunkte
Offenbach	80	_____	_____	sehr zentral, gute Bar
Atlanta	120	€95	_____	_____
Schneider	28	_____	20 Minuten vom Zentrum	familiäre Atmosphäre, ruhig

7 Ergänzen Sie

a Das Hotel Offenbach ist größer als die Pension Schneider, aber das Atlanta-Hotel ist am _____ .

b Das Hotel Offenbach ist _____ als das Hotel Atlanta, aber die Pension Schneider ist _____ .

c Die Pension Schneider liegt _____ als Hotel Atlanta, aber das Hotel Offenbach liegt _____ _____ .

d Die Pension Schneider ist ruhig.. als die Pension Schneider, aber das Atlanta-Hotel ist _____ _____ .

Giving directions

SPRACHINFO: The following prepositions can help you to express where something is situated:

in	an	auf	hinter	neben	über	unter	vor	zwischen
in (to)	at	on (to)	behind	next to	over	under	in front of	between

When position or location is indicated all of them require the dative case. They answer the question **wo?** (*where*, *in what location*). For more information: see **Grammar** page 174.

> die Bibliothek (-en)   *library*
> der Brunnen (-)   *well, fountain*
> der Parkplatz (ˉe)   *parking lot*
> der Imbissstand (ˉe)   *hot-dog stall*
> gegenüber   *opposite (to)*

8 Wo ist was?

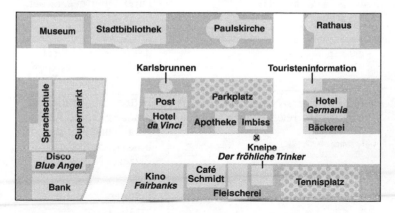

Here are two examples of how you could describe where a building is situated:

Wo steht die Paulskirche?
Rechts **neben** der Stadtbibliothek und **gegenüber** dem Parkplatz.

Wo findet man die Apotheke?
Zwischen dem Hotel ‚da Vinci' und dem Imbiss und **vor** dem Parkplatz.

Und jetzt Sie. Answer the questions by making use of two of the following cues for each answer. There might be more than one possibility.

links neben – hinter – rechts neben – gegenüber – vor – zwischen

a Wo ist das Rathaus?
b Wo findet man den
    Karlsbrunnen?
c Und wo ist die Post?
d Wo findet man die
    Touristeninformation?

e Wo ist das Kino ‚Fairbanks‘?
f Wo steht die Disco
    ‚Blue Angel‘?
g Und wo ist der Imbiss?
h Und wo stehen Sie?

9 Was antwortet Herr Prinzmann?

Herr Prinzmann arbeitet in der Touristeninformation in Greifshagen. Was antwortet er auf die Fragen? Benutzen Sie den Stadtplan von **Übung 8** und finden Sie die richtige Antwort zu jeder Frage. Überprüfen Sie dann Ihre Antworten auf der Audio-Aufnahme.

Touristen fragen

a Wo ist denn hier das
    Stadtmuseum?

b Kann man hier italienisch
    essen?

c Gibt es in der Nähe eine
    öffentliche Telefonzelle?

d Wo ist denn das Rathaus?

e Wo ist denn hier ein
    Parkplatz?

f Gibt es hier in der Nähe
    ein Café?

g Ich habe gehört, es gibt hier
    eine tolle Disco.

Herr Prinzmann antwortet

i   Direkt hier gegenüber.

ii   Ja, fahren Sie geradeaus,
     dann die erste Straße
     links, gegenüber dem
     ‚da Vinci‘.

iii Fahren Sie geradeaus,
     dann links und immer
     geradeaus. Auf der
     linken Seite ist die
     Pizzeria Mario.

iv   Gehen sie links,
     nehmen Sie die erste
     Straße rechts. Es
     liegt zwischen der
     Fleischerei und dem Kino.

v   Direkt hier gegenüber.

vi   Ja, natürlich. Hier
     gegenüber, auf dem
     Parkplatz.

vii Gehen Sie immer
     geradeaus. Es ist auf
     der rechten Seite
     neben der Bibliothek.

▶ 10 Und jetzt Sie!

Übernehmen Sie die Rolle von Herrn Prinzmann. Schreiben Sie zuerst Ihre Antworten. Beantworten Sie dann die Fragen auf der Audio-Aufnahme.

Touristin	Guten Tag. Wo ist denn hier die Bibliothek?
Sie	*Go straight ahead. The library is on the right-hand side, next to the museum.*
Touristin	Und gibt es hier auch eine Post?
Sie	*Yes, of course. Go straight on and take the first street to your left. The post office is behind the fountain.*
Touristin	Gibt es hier in der Altstadt eine Apotheke?
Sie	*Yes, of course. Go to the left, then turn right. The pharmacy is between the hot-dog stall and the hotel ,da Vinci'.*
Touristin	Und haben Sie hier auch einen Supermarkt?
Sie	*Go straight on. The supermarket is opposite the museum.*
Touristin	Vielen Dank. Kann man denn hier abends auch irgendwo ein schönes Bier trinken?
Sie	*Of course. Go to the left, then left again. There you'll find a pub on the left-hand side, next to the bakery. The pub is very good.*

Grammar

1 The superlative

As you already saw in Unit 15 and also in this unit, making comparisons in German and using the superlative is very similar to the English *cheap, cheaper, cheapest* pattern:

	Comparative	Superlative
billig	billiger	**am** billigsten
interessant	interessanter	**am** interessantesten

In the superlative the word **am** is added and the ending is -(e)sten.

Adjectives with an **a**, **o** or **u** which take an umlaut in the comparative form also need one in the superlative:

groß	größer	am größten
alt	älter	am ältesten

Here are some of the most important irregular adjectives:

hoch	höher	am höchsten
gut	besser	am besten
gern	lieber	am liebsten

Words, which lose one **e** in the comparative form, like **teuer** and **dunkel**, usually take one in the superlative:

| teuer | teurer | am teuersten |
| dunkel | dunkler | am dunkelsten |

2 Prepositions with the accusative or dative

The prepositions listed in the **SPRACHINFO** on page 171 need either the accusative or the dative case, depending on whether the focus is on *movement* or on *location*.

Accusative	Wohin?	Dative	Wo?
	ins Kino.		im Kino.
	an den Tisch.		am Tisch.
Wir gehen	auf den Marktplatz.	Wir sitzen	auf dem Marktplatz.
	hinter das Hotel.		hinter dem Hotel.
	vor die Tür.		vor der Tür.

Note that there are several pairs of verbs that are used to indicate movement on the one hand and location on the other. The main verbs of this kind are:

legen	*to lay, to place (in a lying position)*
liegen	*to lie, to be*
stellen	*to put, to place (in a standing position)*
stehen	*to stand, to be*
hängen	*to hang, to place (in a hanging position)*
hängen	*to hang, to be*

In English the verbs *to put* and *to be* are frequently used to cover these functions, but German generally prefers to be more precise.

Er legt das Video ins Regal.	*He's putting the video onto the shelf.*
Das Video liegt im Regal.	*The video is on the shelf.*
Wir stellen das Buch auf den den Tisch.	*We're putting the book onto the table.*
Das Buch steht auf dem Tisch.	*The book is on the table.*
Susanne hängt das Picasso-Poster an die Wand.	*Susanne is hanging/putting the Picasso poster onto the wall.*
Das Picasso-Poster hängt an der Wand.	*The Picasso poster is (hanging) on the wall.*

Note the perfect forms of these verbs:

legen	Er hat das Video ins Regal **gelegt**.
liegen	Das Video hat im Regal **gelegen**.
stellen	Wir haben das Buch auf den Tisch **gestellt**.
stehen	Das Buch hat auf dem Tisch **gestanden**.
hängen	Sie hat das Poster an die Wand **gehängt**.
hängen	Das Poster hat an der Wand **gehangen**.

3 Other prepositions

In this unit you have also met two other prepositions. Both of these require the accusative case:

für *for*
> Ist das Zimmer für Sie? Nein, es ist für meinen Bruder.

bis *until, till*

Although **bis** requires the accusative, it is often used with expressions that do not show an accusative ending:
> Bis morgen! Bis heute Abend!

It is also often used together with the preposition **zu** (+ dative):
> Gehen Sie bis zum Bahnhof, dann …

More practice

1 **Wohin haben sie die Möbel gestellt?** Do you remember Herr and Frau Wichmann (from Unit 15) moving house? Their furniture is now where they asked the removal men to put it. Write down where they put it, following the examples:

> Das Regal steht jetzt neben **dem Fernseher**.
> → Das Regal haben sie neben **den Fernseher** gestellt.

> Die CDs stehen jetzt **im** Regal.
> → Die CDs haben sie **ins** Regal gelegt.

a Das Picasso-Poster hängt jetzt über dem Sofa.
b Der Tennisschläger liegt im Schlafzimmer unter dem Bett.
c Das Sofa steht jetzt zwischen dem Regal und der Stereoanlage.
d Das Foto von Oma Lisbeth hängt in der Küche an der Wand.
e Die Pflanze steht jetzt auf dem Boden.
f Die Gummiente steht jetzt im Badezimmer im Schrank.
g Die Waschmaschine steht jetzt in der Küche neben dem Kühlschrank.

Congratulations!
You have finished Unit 16 and learned how to talk about past events.

Before you move on to the next units, check whether you have mastered the main vocabulary and language points in our **Self-assessment test** for Units 13–16 on page 268.

7 ist Mode wichtig?

is fashion important?

In this unit you will learn
- how to describe items of personal appearance
- how to say what clothes you like wearing

Language points
- adjectival endings (2)
- etwas + adjective

Fashion

▶ 1 Ist Mode wichtig für Sie?

Listen to what these four people have to say about their attitude to fashion and decide who it is important to and who not.

a Bettina Haferkamp, 52, Lehrerin

‚Jedes Jahr gibt es etwas Neues. Dieses Jahr kurze Röcke, nächstes Jahr lange Röcke. Die Leute sollen immer etwas Neues kaufen. Ich ziehe nur an, was ich mag. Am liebsten trage ich bequeme Sachen.'

b Johann Kurz, 38, Journalist

‚Ich finde, Mode ist ein wichtiger Ausdruck unserer Zeit. Sie zeigt, was Leute denken und fühlen. Zum Beispiel die Mode in den Fünfziger Jahren oder die Punk-Mode. Heute kann man doch anziehen, was man möchte. Das finde ich gut.'

c Boris Brecht, 28, arbeitslos, Rock-Musiker

‚Ich bin ein individueller Mensch. Ich kleide mich so, wie ich Lust habe. Schwarze Sachen finde ich am besten. Ich kaufe viel auf dem Flohmarkt oder in Secondhandshops ein. Modetrends finde ich langweilig.'

d Ulrike Maziere, 20, Kosmetikerin

‚Mode bedeutet viel für mich. Ich bin ein sportlicher Typ und trage gern schöne Sachen. Ich möchte gut aussehen. Eine modische Frisur, ein modernes Outfit – das ist sehr wichtig für mich.'

an|ziehen	*to put on*	**Lust haben**	*to want*
tragen	*to wear*	**sportlich**	(here) *smart*
bequem	*comfortable*	**aus|sehen**	*to look, appear*
sich kleiden	*to dress (oneself)*	**die Frisur (-en)**	*hairstyle*

Für welche Person ist Mode **wichtig** (✓) und für wen ist sie **unwichtig** (✗)?

	✓	✗
Bettina Haferkamp	☐	☐
Johann Kurz	☐	☐
Boris Brecht	☐	☐
Ulrike Maziere	☐	☐

2 Wer sagt das?

Wie steht das im Text? Look at the statements in **Übung** 1 again and find the expressions which convey a similar meaning.

Ich bin sportlich. → *Ich bin ein sportlicher Typ.*

a Mode zeigt, was Leute denken.
b Die Leute sollen mehr Geld ausgeben.
c Schwarz finde ich am besten.
d Ich trage nur, was ich mag.
e Mode ist sehr wichtig.

SPRACHINFO: If you want to say *something new, something cheap,* etc., you use **etwas** + adjective + **-es.**
etwas Neues, etwas Billiges
Note that you need a capital letter for the word after **etwas.**

Secondhandshops – this is a good example of the way in which German likes to import English words.

3 Was sagen die Leute pro Mode und contra Mode?

List the pros and cons of fashion according to the four people in **Übung** 1.

Pro (+)	Contra (-)
Mode ist ein Ausdruck unserer Zeit	die Leute sollen immer mehr kaufen

SPRACHINFO: Adjective endings in German are a bit more complicated than in English. So far we have dealt with the endings in the *accusative* after **ein, kein, dein,** etc.:

masc. Werner hat einen mechanischen Wecker gekauft. **-en**
fem. Renate hat eine alte Platte gekauft. **-e**
neut. Annett hat ein neues Hemd gekauft. **-es**

This is what happens to the endings when we use **sein** (*to be*).

masc. Das ist ein billiger Rock. **-er**
fem. Das ist eine modische Frisur. **-e**
neut. Das ist ein modernes Outfit. **-es**

As you can see, these endings are the same as for the accusative, except for the masculine nouns. This case is called the *nominative.*

In the plural, when there is no article, the ending on the adjective is the same for both the nominative and the accusative:

nom.   Das sind tolle Sachen!   -e
acc.   Ihr habt tolle Sachen auf dem Flohmarkt gekauft. -e

Reminder: Endings are only required when the adjective goes in front of a noun.

4 Üben Sie die Adjektivendungen

Beispiel Die Idee ist gut. →   Das ist eine gute Idee.

a   Der Film war langweilig.
b   Der Kaffee ist stark.
c   Das Buch ist interessant.
d   Das Problem ist schwierig.
e   Der Computer ist neu.
f   Die Leute sind unfreundlich.
g   Das Hotel ist billig.
h   Die Frage ist kompliziert.

▶ 5 Frau Martens ist Verkäuferin in einem Kaufhaus

Was denkt sie über Mode? Hören Sie, was sie sagt. Was stimmt? Frau Martens works in a department store. Underline what she says.

a   Sie sagt, Verkäuferin ist ein interessanter / anstrengender Beruf.
b   Die Arbeit im Haushalt ist langweilig / anstrengend.
c   Ihr Sohn findet Computer-Spiele interessant / langweilig.
d   Sie findet, sie ist ein modischer / kein modischer Typ.
e   Die Töchter von Frau Martens finden die Mode wichtig / unwichtig.
f   Kunden sind immer freundlich / manchmal unfreundlich / oft unfreundlich.

Clothes

6 Wer trägt was?

die Farben *colours*			
blau	*blue*	**rot**	*red*
braun	*brown*	**schwarz**	*black*
grau	*grey*	**weiß**	*white*
grün	*green*	**gelb**	*yellow*

Make yourself familiar with the German names for clothes, below. In the brackets after each item of clothing, you'll find the colours of the items you'll need for the following exercise (along with some imagination, as the colours all have to be shown in shades of black and white).

Richtig oder falsch? Korrigieren Sie die falschen Sätze.

a Der Mann trägt einen dunkelbraunen Anzug und eine gelbe Krawatte.
b Außerdem trägt er ein weißes Hemd, einen grauen Mantel und schwarze Schuhe.
c Die Frau trägt eine gelbe Bluse und eine dunkelbraune Jacke.
d Außerdem hat sie einen dunkelblauen Rock, weiße Strümpfe und weiße Schuhe an.
e Das Mädchen trägt eine blaue Jeans, ein weißes T-Shirt, eine rote Baseball-Mütze und weiße Turnschuhe.
f Der Junge trägt eine blaue Jeans, ein gelbes T-Shirt, eine grüne Baseball-Mütze und grüne Turnschuhe.

Hose, Jeans: Note that in English both *trousers* and *jeans* are plural, but in German **Hose** and **Jeans** are singular:

Ich habe heute eine neue Hose gekauft.
Wo ist meine alte Jeans?

7 Lesen und Lernen

Sagen Sie es eleganter! Instead of using **und** to list two items of clothing, there is a more elegant way in German to say what people are wearing, using **mit** (*with*). See in the following example how this works and how it affects the adjective:

	einem	grauen Mantel.
Er trägt einen dunkelblauen Anzug mit	einer	roten Krawatte.
	einem	weißen Hemd.
	–	schwarzen Schuhen.

SPRACHINFO: As you know, certain words, like **mit** and **von** are followed by the dative case. Here are the adjective endings you need for the dative, after the indefinite articles.

Masc.   Werner trägt ein weißes Hemd mit einem
        schwarz**en** Anzug.   **-en**

Fem.   Anna trägt einen braunen Rock mit einer
        gelb**en** Bluse.   **-en**

Neut.   Florian trägt eine rote Jacke mit einem
        blau**en** Hemd.   **-en**

In the dative plural you add -(e)n not just to the adjective, but also to the noun, if possible.

    Er trägt einen schwarzen Anzug mit schwarz**en** Schuh**en**.   **-en**

If you are listing a number of items, then the preposition determines the case not only of the first item but also of the following items as well:

    Martin trägt ein blaues Hemd mit einer dunkelblau**en** Hose, einem schwarz**en** Mantel und schwarz**en** Schuh**en**.

As you can see, in this example all three items listed after **mit** are in the dative case.

8 Wie heißt es richtig?

Ergänzen Sie.

a   Die Frau trägt eine gelbe Bluse mit einer dunkelbraun.. Jacke und ein.. braun.. Rock.

b   Außerdem trägt sie braune Strümpfe mit braun.. Schuh.. .

c   Das Mädchen trägt eine blaue Jeans mit ein.. weiß.. T-Shirt, ein.. rot.. Baseball-Mütze und weiß.. Turnschuh.. .

d   Der Junge trägt eine schwarze Jeans mit ein.. grün.. T-Shirt, ein.. gelb.. Baseball-Mütze und gelb.. Turnschuh.. .

e Der Mann trägt einen dunkelblauen Anzug mit ein.. rot.. Krawatte.

f Außerdem trägt er ein weißes Hemd mit ein.. grau.. Mantel und schwarz.. Schuh.. .

9 Guter Geschmack, schlechter Geschmack

Lesen Sie den Text und beantworten Sie die Fragen in **Übung 10**.

Einladung zur Bad-Taste-Party

Liebe Freunde,

wie jedes Jahr feiern wir diesen Juni wieder
unsere Geburtstage mit einer großen Party.
Und wie jedes Jahr haben wir auch ein besonderes Motto!
Nein, dieses Mal ist es nicht Dracula
(war das letztes Jahr nicht fantastisch?
All der Tomaten-Ketchup und der viele Knoblauch?).
Das Motto für dieses Jahr heißt: Bad-Taste. Wer kein
Englisch kann: das bedeutet ‚schlechter Geschmack'.
Also: holt die alten Hemden, Blusen, Röcke, Sonnenbrillen aus
dem Schrank. Je hässlicher, schrecklicher, älter – desto besser.
Und wir haben auch einen tollen Preis für die Person, die am
schlechtesten, am hässlichsten aussieht.
Also – seid kreativ!
Und natürlich gibt es wie immer auch tolle
Musik zum Tanzen.

Also, bis zum 24.
Jutta und Christian

PS: Bringt etwas zum Trinken mit! Dosen-Bier von Aldi,
Lambrusco, Liebfraumilch?

Einladung (-en)	invitation	der Knoblauch	garlic
feiern	to celebrate	hässlich	ugly

10 Richtig oder falsch?

Wie heißen die richtigen Antworten?

a Jutta und Christian machen jeden Monat eine Party.
b Das Motto für die letzte Party war Dracula.
c *Bad taste* heißt auf Deutsch *schlechter Geschmack*.
d Die Person, die am schönsten aussieht, bekommt einen Preis.
e Die Gäste bringen etwas zum Essen mit.

11 Helfen Sie den Leuten

Was können die Gäste anziehen? See what ideas you can come up with to help guests prepare for the Bad-Taste-Party.

> **Beispiel** Man kann eine alte grüne Hose mit einem braunen Hemd und einer gelben Krawatte tragen.

Try to be as creative as possible in your answers!

▶ 12 Was für Kleidung tragen die Leute?

Richard Naumann stellt die Fragen. Hören Sie zu und ergänzen Sie die Tabelle.

	bei der Arbeit, an der Uni	zu Hause	was sie gern tragen	was sie nicht gern tragen
Mareike Brauer				
Günther Scholz				

Useful expressions	
Bei der Arbeit …	trage ich meistens einen Rock mit einer Bluse, einen Anzug, ein weißes Hemd, etc.
Bei der Arbeit muss ich …	eine grüne / blaue Uniform tragen.
An der Universität …	trage ich gern eine Jeans mit einem weißen Hemd / einem dunklen Pullover.
Zu Hause …	trage ich am liebsten bequeme Kleidung.
Ich mag …	helle, dunkle Farben, bequeme Kleidung.
Ich trage nicht gern …	Jeans, Röcke, Blusen, Krawatten, etc.

▶ 13 Und jetzt Sie! Im Kaufhaus

Sie sind in Kaufhaus und suchen einen Anzug. Ein Verkäufer hilft Ihnen. Bereiten Sie ihre Antworten vor und spielen Sie dann Ihre Rolle auf der Audio-Aufnahme.

Verkäufer	Guten Tag. Wie kann ich Ihnen helfen?
Sie	*Return his greeting and say that you are looking for a new suit.*
Verkäufer	So, einen neuen Anzug suchen Sie? Und welche Farbe? Schwarz? Grau?
Sie	*Say you'd like a grey suit – for a party.*
Verkäufer	So, bitte schön. Hier haben wir graue Anzüge.
Sie	*Say you're looking for something fashionable.*
Verkäufer	Tja, wenn es um Mode geht – dann haben wir hier Anzüge von Armani und Versace.
Sie	*Say fine, but Italian suits are very expensive.*
Verkäufer	Ja, das stimmt. Aber die Qualität ist auch sehr gut.
Sie	*Agree with him and say that it is also a very fashionable party in New York.*
Verkäufer	Dann nehmen Sie doch am besten einen Anzug von Armani.

▶ Pronunciation

At the end of a word the letter **g** is in German pronounced more like an English *k*:

> Tag   Ausflug   Anzug   mag

At the end of a word **ig** is pronounced like **ich**:

> billig   ruhig   zwanzig   langweilig   Honig

As soon as the **g** is no longer at the end of the word or syllable it is pronounced as a **g**:

> Tage   Ausflüge   Anzüge   mögen

How would you pronounce these words? sag, sagen, fünfzig, ledig

Grammar

1 etwas, was / alles, was

To say *something that* or *everything that* in German, you need
etwas, was and **alles, was**:

> Gibt es etwas, was Sie nicht gerne anziehen?
> *Is there something that you don't like wearing?*

> Ich trage alles, was bequem ist.
> *I wear everything that is comfortable.*

Sometimes you can leave out the word *that* in English – *Is there
something you don't like wearing?* In German you always have
to keep the word **was**.

Note that there is a comma before the word **was**.

2 Adjective endings (2)

Here is a summary of the adjective endings that you have met in
recent units.

	masculine	feminine	neuter	plural
nominative	Das ist ein teurer Mantel.	Das ist eine gute Idee.	Ist das ein neues Hemd?	Das sind tolle Sachen.
accusative	Er hat einen teuren Mantel.	Ich habe eine gute Idee.	Hast du ein neues Hemd?	Ihr habt tolle Sachen.
dative	... mit einem schwarzen Mantel.	... mit einer gelben Bluse.	... mit einem neuen Hemd.	... mit schwarzen Schuhen.

Note that all these endings apply when the adjective follows the
indefinite article (**ein, eine,** etc.), **kein** or the possessive adjectives
(**mein, dein, Ihr,** etc.).

In the nominative and accusative **plural** the endings are **-en** if a
possessive adjective (**mein, dein** etc.) or the negative **kein**
precedes the adjective:

> Das sind meine neuen CDs.
> Habt ihr keine neuen CDs gekauft?

More on the endings if the adjectives follow the definite articles
(**der, die, das**) in the next unit.

More practice

1   Endungen. Ergänzen Sie, bitte.

    a **Verkäuferin** Ich arbeite in ein.. groß.. Kaufhaus in München. Bei d.. Arbeit trage ich ein.. schwarz.. Rock und ein.. weiß.. Bluse. I.. Winter trage ich zu.. mein.. schwarz.. Rock auch ein.. schwarz.. Jacke.

    b **Student** Im Moment arbeite ich bei Burger King und muss ein.. hässlich.. Uniform tragen. An d.. Uni trage ich aber immer ein.. blau.. Levi-Jeans mit ein.. modisch.. T-Shirt. Mir gefallen am besten amerikanisch.. oder britisch.. T-Shirts. Alt.. Sachen vo.. Flohmarkt gefallen mir manchmal auch.

2   Beantworten Sie die Fragen. Write out your answers to these questions.

    Beispiel Was tragen Sie normalerweise bei der Arbeit / an der Universität?
               Bei der Arbeit trage ich normalerweise ...

    a Was tragen Sie am liebsten zu Hause?
    b Was tragen Sie gern, was tragen Sie nicht gern?
    c Haben Sie eine Lieblingsfarbe?
    d Ist Mode wichtig für Sie?
    e Sie gehen zu einer Bad-Taste-Party. Was ziehen Sie an?

18

und was kann man ihnen schenken?

and what can we give them?

Invitations and presents

1 Einladungen *Invitations*

Lesen Sie die Einladungen und finden Sie die deutschen Wörter für *birthday party, wedding, barbecue, house-warming party.*

Susanne Fröhlich   Michael Hartmann

Wir heiraten am Samstag, dem 8. Mai, um 14.30 Uhr in der Elisabethkirche, Marburg.

Zu unserer Hochzeit laden wir Sie herzlichst ein.

Ahornweg 31
35043 Marburg

Hauptstraße 48
35683 Dillenburg

Peter wird nächsten Samstag

8

Jahre alt.

Das wollen wir natürlich feiern mit einer ganz tollen Kindergeburtstagsparty, mit Kuchen und vielen Spielen.

Wir fangen um 15.00 Uhr an. Bringt auch eure Eltern mit.

Die Adresse: Familie Schäfer, Am Bergkampe 4

Lange haben wir gesucht und endlich unser 'Schloss' gefunden. Darum möchten wir euch, liebe Bärbel, lieber Georg, zu unserer

HAUSEINWEIHUNGSFEIER

am 30. November, um 20.00 Uhr einladen.

Unsere neue Adresse: 90482 Nürnberg, Waldstraße 25.
Unsere neue Telefonnummer: 378459

Viele Grüße
Uschi und Matthias Hasenberg

> *Mareike und Jörg Schwichter   Krummer Weg 12   24939 Flensburg*
> *Tel. 55 32 17*
>
> *Liebe Susanne, lieber Gerd,*
>
> *bevor der Winter kommt, wollen wir noch einmal eine Grill-Party in unserem Garten machen.*
> *Der Termin: der letzte Samstag im Monat, der 27. September, ab 19.00 Uhr.*
> *Könnt ihr kommen?*
> *Natürlich gibt es nicht nur Fleisch, sondern wir haben auch Essen für Vegetarier.*
> *Bringt doch bitte einen Salat mit. Alles andere haben wir.*
>
> *Alles Gute*
> *Eure Schwichters*
>
> *PS. Wie war es denn in Spanien? Habt ihr viel Spaß gehabt?*

heiraten	*to marry*	**das Schloss ('er)**	*castle*
einladen	*to invite*	**die Feier (-n)**	*celebration*
feiern	*to celebrate*		

2 Richtig oder falsch?

Korrigieren Sie die falschen Aussagen.

a Susanne und Michael heiraten am 28. Mai in Marbach.
b Familie Schäfer feiert nächsten Samstag Peters achten Geburtstag.
c Uschi und Matthias haben ihren idealen Garten gefunden.
d Susanne und Gerd wollen in ihrem Haus eine Bad-Taste-Party machen.
e Vegetarier müssen ihr Essen mitbringen.

🛈 Feiern *Celebrating*

Special occasions are generally celebrated with enthusiasm in Germany. Families make great efforts to get together for birthdays; some people travel long distances to be present.

Weihnachten, *Christmas*, is celebrated in the traditional way. Christmas markets throughout Germany provide seasonal decorations, food and drink. The **Christkindlmarkt** in Nuremberg is perhaps the most famous of these markets.

Silvester, *New Year's Eve*, is celebrated with fireworks and **Sekt** (a champagne-like fizzy wine). New Year's Day is a public holiday in Germany – some people need this in order to get over their **Kater** (*hangover*).

The period before Lent is celebrated in Germany – especially in the Catholic areas – as **Karneval** (in the Rheinland), **Fastnacht** (around Mainz) and **Fasching** (in Bavaria). People disguise themselves in fancy-dress costumes and generally lose their inhibitions. The main parties and processions take place on **Rosenmontag**, the Monday before Shrove Tuesday and Ash Wednesday. The world-famous carnival procession in Cologne is well worth seeing.

3 Und was kann man schenken?

Read how giving something to someone is expressed in German. Can you find out what case is needed and what the equivalents of **ihr**, **ihm** and **ihnen** are in English?

Sie bringt Blumen mit.
Sie bringt der Frau Blumen
mit.
Sie bringt ihr Blumen mit.

Er schenkt eine Flasche Kognak.
Er schenkt dem Mann eine Flasche
Kognak.
Er schenkt ihm eine Flasche Kognak.

Sie schenken einen Luftballon. Sie
schenken dem Kind einen Luftballon.
Sie schenken ihm einen Luftballon.

Sie haben ein Poster
mitgebracht.
Sie haben den Leuten ein Poster
mitgebracht.
Sie schenken ihnen ein
Poster.

Did you figure out the answers? **ihm** means *(to) him*, **ihr** means *(to) her* and **ihnen** here is equivalent to the English *(to) them*. The case needed is the dative. You can find our more about these structures in the **SPRACHINFO** below.

SPRACHINFO: direct and indirect objects
You already know that the dative case is used after words like **mit** and **von**. It is also used after many verbs to indicate *to whom* something is being given or done. This part of the sentence is often referred to as the *indirect object*.

We now need to distinguish between *direct* and *indirect objects*. In the sentence:

Frau Semmelbein schenkt ihrem Sohn einen Hund.

einen Hund is said to be the *direct object* of the verb **schenken** because it is directly associated with the act of giving, and **ihrem Sohn** is said to be the *indirect object* because it indicates *to whom* the object was given.

The direct object or the indirect object can also come in first place:

Einen Hund schenkt Frau Semmelbein ihrem Sohn.
Ihrem Sohn schenkt Frau Semmelbein einen Hund.

The basic meaning of these sentences remains the same; there is merely a change of emphasis. Note that in these examples the verb stays in the same place: as second idea in the sentence.

Indirect object pronouns
Words like **ihm** *(to) him* and **ihr** *(to) her* are called *indirect object pronouns*.

Wir schenken **ihm** eine CD.	*We're giving **him** a CD.*
Ihr schenken wir ein Buch.	*We're giving **her** a book.*

You have actually met some of these pronouns before in expressions such as

Wie geht es **Ihnen**?	Lit. *How goes it **to you**?*
Danke, **mir** geht's gut.	Lit. ***To me** it goes well.*

For a full list of these pronouns, see the **Grammar** section.

4 Ihr, ihm oder ihnen?

Setzen Sie die fehlenden Wörter ein.

a Beate hat Geburtstag. Marcus schenkt ___ eine CD.
b Frank macht eine Party. Susi bringt ___ eine Flasche Sekt mit.

c Steffi und Caroline haben Hunger. Ihre Mutter kauft ___ Pommes frites.
d Svenja fährt nach Österreich. Ihr Bruder gibt ___ einen guten Reiseführer.
e Christina und Robert heiraten. Herr Standke schenkt ___ eine neue Stereoanlage.
f Herr Fabian wird 65. Seine Kollegen haben ___ eine Geburtagskarte geschrieben.

▶ 5 Was bringen wir der Familie mit?

Saskia und ihre Schwester Sys waren für drei Wochen in New York. Morgen fahren Sie nach Deutschland zurück. Große Panik: Sie müssen noch Geschenke für ihre Familie kaufen!

Hören Sie zu: Was schenken sie ihrer Mutter, ihrem Vater, der Großmutter, Tante Heide und Onkel Georg? Warum?

Die Geschenke: eine Schallplatte von Frank Sinatra, ein U-Bahn-Plan, ein Bademantel, Turnschuhe, eine Baseball-Mütze

Wem?	Was bringen sie mit?	Warum?
Mutter	Sie bringen ihr eine Platte von Frank Sinatra mit.	Sie ist ein großer Fan von Sinatra.
Vater	Sie bringen ihm …	_____ ?
Oma	_____ ?	_____ ?
Tante Heidi	_____ ?	_____ ?
Onkel Georg	_____ ?	_____ ?

aufregend	*exciting*	**sammeln**	*to collect*

Shopping for gifts

Note these useful expressions with the dative

Können Sie mir helfen?	*Can you help me?*
Könnten Sie mir etwas empfehlen?	*Could you recommend me something?*
Gefällt Ihnen / dir das T-Shirt?	*Do you like the T-shirt?*
Gefallen Ihnen / dir die Hemden?	*Do you like the shirts?*

| Können Sie mir sagen, wie spät es ist? | *Can you tell me what the time is?* |
| Wie geht es Ihnen / dir? | *How are you?* |

SPRACHINFO: useful phrases using the dative

Apart from the direct object the dative is also after certain verbs in German (like **helfen, gefallen**), which are automatically followed by the dative case:

Sie hilft der Frau. Sie hilft ihr.

Furthermore, it occurs in some expressions, where often the meaning of *to* is expressed:

| Können Sie mir sagen, wie spät es ist? | *Can you say to me (i.e. tell me) …?* |
| Können Sie mir etwas empfehlen? | *Can you recommend something to me?* |

6 Was passt zusammen?

Welche Antwort passt zu welcher Frage?

a Können Sie mir helfen?

b Gefällt Ihnen das Hotel?

c Können Sie mir ein Buch für meine Tochter empfehlen?

d Gefällt dir Berlin?

e Wie geht es Frau Hansen?

f Können Sie mir sagen, wie spät es ist?

g Wie geht es Sven?

h Gefallen dir die Bilder?

1 Es gefällt mir nicht. Es ist zu teuer.

2 Ihm geht es nicht so gut.

3 Die gefallen mir nicht. Die sind schrecklich.

4 Natürlich helfe ich Ihnen.

5 Das kann ich Ihnen sagen, fünf nach vier.

6 Es ist eine tolle Stadt.

7 Ihr geht es wieder besser.

8 Ich empfehle Ihnen ‚Winnie, der Bär'.

▶ 7 In der Parfümerie ‚Alles für die Frau'

Hören Sie den Dialog und beantworten Sie die Fragen.

a Wem möchte Herr Kern etwas schenken?

b Wie teuer sind die Parfüms?

c Warum nimmt er keine Tasche?

d Gefällt ihm der weiße Schal (*scarf*)?

e Welchen Schal nimmt er?

Herr Kern	Guten Tag. Können Sie mir helfen?
Verkäuferin	Ja, natürlich.
Herr Kern	Ich suche ein Geschenk für meine Frau. Können Sie mir etwas empfehlen?
Verkäuferin	Hier haben wir zum Beispiel das neue Parfüm von L'Oreal ‚Ägyptischer Mond' oder das bezaubernde ‚Ninette'. Beide kosten nur € 49,99.
Herr Kern	Mmh, Parfüm ... das ist immer schwierig. Was gibt es denn sonst noch?
Verkäuferin	Nun, wir haben hier zum Beispiel diese wunderbaren Damen-Taschen im Angebot.
Herr Kern	Sie meinen die braunen Taschen hier?
Verkäuferin	Gefallen sie Ihnen?
Herr Kern	Nun ja, die kleine Tasche hier ist schön, aber meine Frau hat schon eine.
Verkäuferin	Wie ist es denn mit einem Schal? Diese hier sind alle aus echter Seide. Beste Qualität.
Herr Kern	Der weiße Schal gefällt mir nicht. Der sieht ein bisschen zu altmodisch aus. Aber der rote hier gefällt mir. Und der blaue ist auch sehr schön.
Verkäuferin	Nun, welche Haarfarbe hat denn Ihre Frau?
Herr Kern	Blond.
Verkäuferin	Dann nehmen Sie lieber den blauen Schal. Das sieht besser aus.
Herr Kern	Wenn Sie meinen. Vielen Dank für Ihre Hilfe.
Verkäuferin	Gern geschehen. Bitte zahlen Sie da drüben an der Kasse.

SPRACHINFO: You might have realized that in this dialogue there are a number of adjective endings after definite articles (**der, die, das**) and that these are different from the pattern you met in the previous unit. Once you have mastered the endings after **ein** and **kein**, these new endings will perhaps seem less challenging.

In the nominative singular all adjectives take an -e, regardless of their gender:

Der rote Schal ist schön. (masc.)
Die kleine Tasche gefällt mir. (fem.)
Das neue Buch ist fantastisch. (neut.)

In the accusative singular all feminine and neuter forms take an -e, and the masculine -**en**:

Ich kaufe den roten Schal. (masc.)
Ich möchte die braune Tasche. (fem.)
Ich lese das neue Buch von Follett. (neut.)

All forms in the dative take -en, as do all plural forms. For more examples see the **Grammar section** on page 198.

8 Adjektivendungen

Ergänzen Sie.

a Die grün... Jacke finde ich toll.
b Ja, aber die rot... Jacke finde ich noch besser.
c Der neu... Film mit Julia Roberts ist katastrophal.
d Ja, aber den neu... Film mit George Clooney finde ich fantastisch.
e Das neu... Album von den Stones ist gut.
f So? Die alt... Songs finde ich aber besser.

▶ 9 Ordnen Sie bitte zu

Here is a conversation between a salesperson and a customer. The salesperson's role is in the correct order, but the role of the customer needs rearranging. You can check your answers on the recording.

Verkäufer	Kunde
a Kann ich Ihnen helfen?	1 Ja, das gelbe gefällt mir. Das ist besser.
b Ja, wie alt ist er denn?	2 Auf Wiedersehen.
c Gefällt Ihnen das blaue T-Shirt?	3 Und was kostet es?
d Gefällt Ihnen das gelbe hier besser?	4 Ja, gerne. Ich suche ein T-Shirt für meinen Enkelsohn.
e Na, das ist schön.	5 Gut, das nehme ich dann.
f €12,50.	6 Vorne links. Vielen Dank.
g Ja, bitte zahlen Sie an der Kasse. Da vorne links.	7 Mmh, das ist ein bisschen langweilig. Haben Sie nicht etwas Modernes?
h Auf Wiedersehen.	8 Acht Jahre. Können Sie mir etwas empfehlen?

▶ 10 Und jetzt Sie! In der Buchhandlung

Sie suchen ein Buch über New York. Ein Verkäufer hilft Ihnen. Bereiten Sie Ihre Antworten vor und spielen Sie dann die Rolle auf der Audio-Aufnahme.

Verkäufer	Guten Tag.
Sie	*Return his greetings and ask if he can help you.*
Verkäufer	Ja, natürlich. Was kann ich denn für Sie tun?
Sie	*Say you are looking for a book about New York. Could he recommend something?*
Verkäufer	Ja, hier haben wir zum Beispiel den neuen Reiseführer von Merian. Sehen Sie einmal. Gefällt er Ihnen?
Sie	*Say no. You don't like it.*
Verkäufer	Hier ist das neue New York Buch von Hans Fischer.
Sie	*Say you like that one. Ask how much it costs?*
Verkäufer	€ 12,40.
Sie	*Say you'll take that book. Ask if they've got the new book by Umberto Eco.*
Verkäufer	Ja, natürlich. Ich hole es Ihnen.
Sie	*Say thank you and ask where the cash point is.*
Verkäufer	Gern geschehen. Die ist gleich hier vorne. Auf Wiedersehen.

Grammar

1 The dative case

Here is a summary of the three main uses of the dative case:

- After certain prepositions

  a after **an, auf, hinter, in, neben, über, unter, vor, zwischen** when the focus is on position or location.

  > Wir haben auf **dem** Markt ein interessantes Buch gekauft.

  b always after **aus, bei, mit, nach, seit, von, zu.**

  > Ich fahre immer mit **dem** Fahrrad **zur** Schule.

- To indicate to whom something is being given, done, etc. In other words to indicate the indirect object.

  > **Meinem** Freund schenke ich einen neuen CD-Spieler zum Geburtstag.

- Verbs such as **helfen, empfehlen** and **gefallen** are followed by the dative.

  > Kann ich **Ihnen** helfen? Können Sie **mir** etwas empfehlen? Hat es **dir** gefallen?

2 Personal pronouns in the dative

Here is a summary of the personal pronouns in the dative case:

Singular			Plural		
ich → mir	Mir geht's gut.		wir →uns	Uns geht's sehr gut.	
du → dir	Wie geht's dir?		ihr → euch	Wie geht's euch?	
Sie → Ihnen	Hoffentlich geht's Ihnen morgen besser.		Sie → Ihnen	Wir wünschen Ihnen allen eine gute Reise.	
er → ihm (masc.)	Ihm geht's heute nicht so gut.				
sie → ihr (fem.)	Ihr geht's jetzt viel besser.		sie → ihnen	Ihnen geht's wirklich sehr gut.	
es → ihm (neut.)	Ihm (dem Kind) geht's leider nicht so gut.				

3 Adjective endings (3)

Here is a summary of the adjective endings after the definite articles:

- nominative

masc.   Der neue Film mit de Niro ist sehr gut.
fem.   Die neue CD von Oasis ist fantastisch.
neut.   Ist das neue Buch von Eco wirklich gut?
plural Die neuen Modelle von BMW sind sehr modern.

- accusative

masc.   Hast du den neuen Film mit de Niro gesehen?
fem.   Hast du schon die neue CD von Oasis gehört?
neut.   Hast du das neue Buch von Eco gelesen?
plural Hast du schon die neuen Modelle von BMW gesehen?

- dative

masc.   In dem neuen Film spielt auch John Travolta.
fem.   Er hat mit der alten Band von Dylan gespielt.
neut.   In dem neuen Buch gibt es ein Happy-End.
plural Er ist mit den neuen Modellen von BMW gefahren.

More practice

1 Was kann man den Personen schenken? Write down what one could give these people as a present. Choose an appropriate gift from the list or find one yourself.

- eine Flasche Wein
- ein Computer-Spiel
- ein Buch über Indien
- eine CD von Maria Callas
- Turnschuhe
- ein Buch über Blumen und Pflanzen

a Herr Koch, 65, liebt klassische Musik.
b Gisela Anders, 25, geht gern ins Kino, findet Indien toll.
c Gerd Schmücke, 40, ist ein großer Fußballfan, joggt viel.
d Heinz und Martha Schmidt, 53 und 50, essen und trinken gern.
e Heide, 12, liest gern, mag Natur.
f Peter, 12, arbeitet viel am Computer.

Beispiele
a Man kann ihm eine CD von Maria Callas schenken.
b Man kann ihr _____ , etc.

2 Wer bekommt was? Markus is giving up his student flat to study for a year in America. Who should he give these things to?

Remember that in the accusative case (being the direct object of a sentence) masculine nouns change the article: **der → den.**

Beispiel

a → 4 Den teuren CD-Spieler schenkt er seinem älteren Bruder.

a der teure CD-Spieler	1 Seine neue Freundin mag junge, amerikanische Film-Stars.
b die alte Katze	2 Sein jüngerer Bruder mag Computer-Spiele.
c das informative Buch über die englische Grammatik	3 Seine Großmutter mag Tiere.
d der alte Computer	4 Sein älterer Bruder mag Musik.
e das tolle Poster von Brad Pitt	5 Seine Mutter mag Hauspflanzen.
f der schöne Hibiskus	6 Sein guter Freund, Jörg, mag Fremdsprachen.

19

health

Gesundheit

In this unit you will learn
- how to discuss health
- how to name parts of the body
- how to report on aches and pains

Language points
- modal verbs
- **wenn** + verb at end of clause

Healthy living

1 Was glauben Sie: Was ist gesund? Was ist ungesund?

Ordnen Sie zu. Write down what you consider to be healthy and unhealthy.

viele Hamburger essen ★ regelmäßig joggen ★ Salate essen ★ fernsehen und Kartoffelchips essen ★ zweimal in der Woche schwimmen gehen ★ ein Glas Rotwein pro Tag trinken ★ Fahrrad fahren ★ jeden Tag vier Flaschen Bier trinken ★ fünf Stunden ohne Pause vor dem Computer sitzen ★ lange spazieren gehen

gesund	ungesund
• *regelmäßig joggen*	• *viele Hamburger essen*
• _____	• _____
• _____	• _____
• _____	• _____

Können Sie mehr Beispiele finden? Was ist noch gesund und ungesund?

2 Was denken Sie?

Beispiele Ich denke, es ist gesund, wenn man regelmäßig joggt.
Ich finde, es ist ungesund, wenn man viele Hamburger isst.

Read the **SPRACHINFO** below and then write six more sentences using the same pattern as the examples. Use the table in **Übung 1** for ideas.

SPRACHINFO: wenn can mean *if* or *when*. It sends the verb to the end of that part of the sentence which begins with **wenn**:

Ich denke, es ist gesund, **wenn** man jeden Tag spazieren **geht**.

Note the comma in front of **wenn**.

Wenn can also come at the beginning of a sentence. Look what happens to the verbs when this happens:

Wenn das Wetter schlecht **ist**, **fahre** ich mit dem Bus zur Arbeit.

In this case the two verbs need to be separated with a comma.

3 Ist es gut, wenn man Schnaps trinkt?

Schreiben Sie Ihre Meinung. Answer the questions and write down what you personally think. Of course, opinions may differ on the answers!

Beispiel Ist es gesund, wenn man 12 Stunden pro Tag vor dem Computer sitzt?
Nein, es ist nicht gesund, wenn man 12 Stunden pro Tag vor dem Computer sitzt.

a   Ist es gut, wenn man manchmal einen Schnaps trinkt?
b   Ist es schlecht, wenn man zu viel Fernsehen sieht?
c   Ist man altmodisch, wenn man keine Jeans trägt?
d   Ist es ungesund, wenn man jeden Tag fünf Tassen Kaffee trinkt?
e   Ist es gesund, wenn man viermal pro Woche ins Fitness-Center geht?
f   Ist es schlecht, wenn man den ganzen Sonntag im Bett bleibt?

▶ 4 Tun Sie genug für Ihre Gesundheit?

Vier Leute erzählen, ob sie genug für Ihre Gesundheit tun. Lesen Sie die folgenden Texte und beantworten Sie die Fragen:

a   Wer joggt abends?
b   Wer möchte mehr relaxen?
c   Wer hat früher Volleyball gespielt?
d   Wer lebt sehr gesund?
e   Wer treibt viel Sport?
f   Wer darf nicht mehr Ski fahren?

Tun Sie genug für Ihre Gesundheit?

Gabriela Tomascek, 21, Designerin
Ich treibe viel Sport, spiele Fußball, Handball, ein bisschen Tennis. Ich rauche nicht, trinke sehr wenig Alkohol. Außerdem esse ich gesund, viel Salat und Obst. Ja, ich denke ich tue genug. Ich fühle mich sehr fit und bin nur selten krank. Nächstes Jahr will ich vielleicht einen Fitness-Urlaub machen.

Michael Warnke, 45, Computer-Programmierer
Ich habe Probleme mit dem Herz und meinem Gewicht. Der Arzt sagt, ich darf nicht mehr rauchen und soll auch weniger Fett essen. Außerdem soll ich auch mehr Sport treiben, denn ich sitze den ganzen Tag am Computer. Im Moment jogge ich abends, aber am Wochenende will ich auch mehr mit dem Rad fahren.

Marianne Feuermann, 49, Bankkauffrau
Ich habe im Moment Rückenprobleme und soll viel schwimmen gehen. Meistens schwimme ich vier- bis fünfmal pro Woche. Früher habe ich oft Volleyball gespielt. Meine Ärztin hat mir gesagt, ich darf nicht mehr Volleyball spielen. Ich darf leider auch nicht mehr Ski fahren. Ich hoffe, es geht mir bald wieder besser, denn ich treibe sehr gerne Sport und will wieder aktiver leben.

Egbert Schmidt-Tizian, 53, Verkäufer
Meine Frau ist eine Sport-Fanatikerin. Im Sommer Windsurfen und Tauchen im Roten Meer, im Winter Ski fahren in den Alpen und ich muss immer mit. Mein Arzt hat schon gesagt, ich soll nicht mehr so viel Sport machen, denn das ist nicht gut für mich. Ich glaube, ich tue zu viel im Moment. Ich will mehr relaxen. Ich brauche mehr Freizeit.

krank	*ill, sick*	**der Rücken**	*back*
das Gewicht	*weight*	**das Tauchen**	*diving*
das Fett	*fat*		

Note that you can also listen to the interviews and check the pronunciation.

SPRACHINFO: modal verbs
In Unit 11 you met the modal verbs **können** and **müssen**. Here are some more verbs of this kind:

wollen (*to want to, to plan to*)

> Wir wollen nächstes Jahr in die Schweiz fahren.
> *We plan to go to Switzerland next year.*

dürfen (*to be allowed to*)

> Darf ich noch Volleyball spielen?
> *Am I still allowed to play volleyball?*
> Ich darf nicht mehr rauchen.
> *I'm not allowed to smoke any more.*

sollen (*should*)

> Mein Arzt sagt, ich soll weniger Fett essen.
> *My doctor says I should eat less fat.*

Like **können** and **müssen**, these new modal verbs are quite irregular. To check the right forms, look at the **Grammar section**, page 210, where you can also revise **können** and **müssen**.

5 Wie geht es den Personen?

Lesen Sie die Texte noch einmal und finden Sie die fehlenden Informationen.

	Was tun sie im Moment?	Was dürfen sie nicht tun?	Was sollen sie tun?	Was wollen sie tun?
Gabriela	_____	×	×	will vielleicht einen Fitness-Urlaub machen
Michael	_____	darf nicht mehr rauchen	_____	_____
Marianne	geht vier- bis fünfmal schwimmen	_____	_____	_____
Egbert	_____	×	soll nicht mehr so viel Sport machen	_____

6 Was gehört zusammen?

Verbinden Sie die Satzteile.

Gabriela Tomascek
Michael Warnke
Marianne Feuermann
Egbert Schmidt-Tizian

darf nicht mehr Ski fahren.
will mehr Freizeit haben.
fühlt sich sehr fit.
soll mehr Sport treiben.
darf nicht mehr rauchen.
soll weniger Sport treiben.

7 Sollen, wollen, dürfen

Was passt am besten? Complete the sentences with the most suitable modal verb.

a Herr Kaspar ist zu dick. Die Ärztin sagt, er ____ weniger essen.
b Frau Meier liebt Italien. Sie ____ nächstes Jahr nach Neapel fahren.
c Peter ist morgens immer müde. Seine Mutter sagt, er ____ früher ins Bett gehen.
d Beate Sabowski hat Herzprobleme. Der Arzt sagt, sie ____ nicht mehr rauchen.
e Kinder unter 16 Jahren ____ den Film nicht sehen.
f Man ____ nicht zu viel Kaffee trinken.
g Im Sommer fahre ich nach Argentinien. Vorher ____ ich ein wenig Spanisch lernen.

Aches and pains

8 Körperteile

Note the German words for various parts of the body.

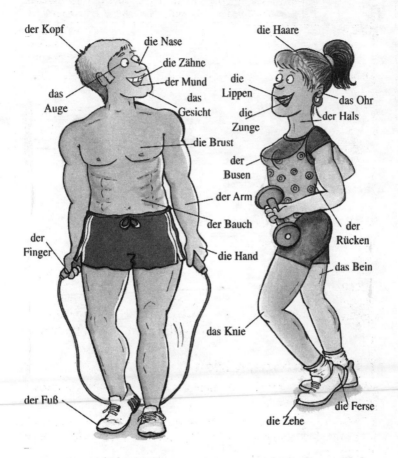

der Kopf · die Nase · die Zähne · der Mund · das Auge · das Gesicht · die Haare · die Lippen · die Zunge · das Ohr · der Hals · die Brust · der Busen · der Arm · der Rücken · der Bauch · der Finger · die Hand · das Bein · der Fuß · das Knie · die Ferse · die Zehe

9 Was tut hier weh?

Welche Sätze passen zu welchem Bild? Ordnen Sie bitte zu.
Match the sentences 1–8 on page 207 with the pictures **a–h** on
page 206.

wehtun	*to hurt, ache*
Mein Kopf tut weh.	*My head hurts / aches.*
Meine Augen tun weh.	*My eyes are aching / hurt.*
die Grippe	*flu*
der Schmerz (-en)	*pain*
Kopfschmerzen	*headache*
der Kater	*hangover*

1 Die Augen tun weh. Sie hat 10 Stunden am Computer gearbeitet.
2 Sein Rücken tut weh. Er hat im Garten gearbeitet.
3 Der Hals tut weh. Er ist dick.
4 Sie hat eine Grippe: Kopfschmerzen und Fieber.
5 Der Zahn tut weh. Er muss zum Zahnarzt.
6 Ihm tut nichts weh. Er ist topfit.
7 Ihr Arm tut weh. Sie hat zu viel Tennis gespielt.
8 Ihr Kopf tut weh. Sie hat zu viel Wein getrunken. Sie hat einen Kater.

Wie kann man es anders sagen?

Note the two ways you can talk about aches and pains in German:

Mein Zahn tut weh.	→	*Ich habe Zahnschmerzen.*
Sein Rücken tut weh.	→	*Er hat Rückenschmerzen.*
Ihr Hals tut weh.	→	*Sie hat Halsschmerzen.*
Meine Ohren tun weh.	→	*Ich habe Ohrenschmerzen.*

▶ 10 Beim Arzt

Frau Philipp ist bei ihrer Ärztin. Hören Sie zu and beantworten Sie die Fragen.

Dr. Scior	Guten Tag, Frau Philipp, was kann ich für Sie tun? Was fehlt Ihnen?
Frau Philipp	Frau Scior, ich habe ziemlich starke Rückenschmerzen.
Dr. Scior	Oh, das tut mir Leid. Wie lange haben Sie die Schmerzen denn schon?
Frau Philipp	Fast vier Wochen, aber es wird immer schlimmer.
Dr. Scior	Arbeiten Sie denn viel am Schreibtisch?
Frau Philipp	Ja, wir haben ein neues Computer-System, und jetzt arbeite ich fast die ganze Zeit am Computer.
Dr. Scior	Kann ich bitte einmal sehen ... Also, der Rücken ist sehr verspannt. Treiben Sie denn Sport?
Frau Philipp	Nicht sehr viel. Im Moment spiele ich nur ein bisschen Volleyball.
Dr. Scior	Also Frau Philipp, ich glaube, es ist nichts Schlimmes. Ich verschreibe Ihnen 10 Massagen und auch etwas gegen die Schmerzen. Und Sie dürfen in den nächsten Wochen nicht Volleyball spielen, gehen Sie lieber zum Schwimmen.
Frau Philipp	Kann ich denn sonst noch etwas tun?
Dr. Scior	Ja, sie müssen bei der Arbeit bequem sitzen und der

Schreibtisch muss die richtige Höhe haben. Das ist sehr wichtig.

Frau Philipp Gut, vielen Dank.

Dr. Scior Gern geschehen. Und gute Besserung, Frau Philipp.

Was fehlt Ihnen?	*What's the matter with you?*
verspannt	*seized up, in spasm*
verschreiben	*to prescribe*
Gern geschehen.	*You're welcome*
Gute Besserung!	*Get well quickly!*

Richtig oder falsch? Was ist richtig?

a Frau Philipp hat Rückenschmerzen.
b Die Schmerzen hat sie schon seit sechs Wochen.
c Sie arbeitet viel am Computer.
d Die Ärztin verschreibt ihr 10 Massagen.
e Frau Philipp darf nicht mehr schwimmen.
f Die Ärztin sagt, es ist sehr gefährlich.

Here are a few ideas for talking about what kind of pains you have and how long you have had them; also for asking what you have to do and what you can and can't do.

Useful expressions	
Ich habe ...	Magenschmerzen, Kopfschmerzen (etc.)
Ich habe die Schmerzen ...	seit zwei Tagen, seit einer Woche, seit einem Monat (etc.)
Kann ich / Darf ich ...	zur Arbeit gehen, aus dem Haus gehen ... (etc.)?
Muss ich ...	im Bett bleiben, ins Krankenhaus ... (etc.)?
Wie oft muss ich ...	die Tabletten / die Tropfen nehmen ... (etc.)?
Was kann ich / darf ich / darf ich nicht /soll ich ...	essen, trinken, machen ... (etc.)?

ℹ Krankenversicherung

In Britain you go to a GP first for almost any complaint and then get referred on to a specialist if necessary. In Germany you tend to choose a doctor appropriate for a given condition. You simply take along a **Krankenversichertenkarte** (*health insurance card*) and get the doctor to sign a form. This is then sent to your **Krankenkasse** (*health insurance fund*) who makes a payment on your behalf.

The **Allgemeine Ortskrankenkassen** (AOK) provide statutory health care for large numbers of people who are not insured privately or with their firm's insurance scheme.

As a British resident travelling to Germany you are insured for most treatments if you take your E111 form with you.

▶ 11 Und jetzt Sie!

Spielen Sie die Rolle der Patientin / des Patienten.

Dr. Amm   Guten Tag. Wie kann ich Ihnen helfen? Was fehlt Ihnen?
Patient/in   *Say that you've got quite bad throat pains.*
Dr. Amm   Oh, das tut mir Leid. Wie lange haben Sie die Schmerzen denn schon?
Patient/in   *Tell him for about three days and that it's getting worse.*
Dr. Amm   Was sind Sie von Beruf, wenn ich fragen darf?
Patient/in   *Say that you're a teacher.*
Dr. Amm   Ach so! Lehrer haben oft Probleme mit dem Hals. In der Klasse müssen Sie oft zu viel sprechen, das ist nicht gut für den Hals.
Patient/in   *Say yes, but what should you do?*
Dr. Amm   Also ich verschreibe Ihnen Tabletten. Essen Sie auch viel Eis und trinken Sie viel Wasser. Fahren Sie bald in Urlaub?
Patient/in   *Say yes, next week you're flying to Florida.*
Dr. Amm   Gut, dann müssen Sie versuchen, ein bisschen zu relaxen. Und Sie dürfen nicht zu viel sprechen!
Patient/in   *Say, all right and thanks very much.*
Dr. Amm   Gern geschehen. Und gute Besserung.

▶ Pronunciation

At the end of a word or syllable the letter **b** in German is pronounced more like an English *p*:

gib   hab   Urlaub   halb   abholen   Obst

When the **b** is no longer at the end of the word or syllable it is pronounced as a *b*:

geben   haben   Urlaube   halbe

How would you pronounce these words? ob, Ober, Herbst, schreibt, schreiben.

Grammar

1 Modal verbs

You have now met all the main modal verbs. Here is a grid showing their present tense forms.

	dürfen	können	müssen	sollen	wollen
	may	*can*	*must*	*should*	*want (to)*
ich, er/es/es	darf	kann	muss	soll	will
du	darfst	kannst	musst	sollst	willst
wir, Sie, sie	dürfen	können	müssen	sollen	wollen
er/sie/es	darf	kann	muss	soll	will
ihr	dürft	könnt	müsst	sollt	wollt

Note that the **ich**-form does not end in **-e** like normal verbs (**ich komme, ich spiele**, etc.). And the **er / sie / es**- form does not end in **-t** (cf. **er kommt, sie spielt**, etc.).

Modal verbs are occasionally used on their own:

Ich kann sehr gut Englisch.   *I can speak English very well.*
Wir wollen morgen nach   *We want to go to Munich*
   München.   *tomorrow.*

But they nearly always need a second verb and this is sent to the end of the sentence or clause:

Hier	darf	man leider nicht	parken.
Jetzt	müssen	wir nach Hause	gehen.
Wir	wollen	morgen nach Berlin	fliegen.
	(*modal*)		(*second verb*)

2 Wenn

As you saw earlier in this unit, **wenn** can mean *if* or *when* and it sends the verb to the end of the **wenn**-clause:

Mir gefällt es,   **wenn** die Sonne *scheint.*
     wenn es im Winter *schneit.*
     wenn es im Herbst windig *ist.*

Note that when you put **wenn** at the beginning of a sentence, the second clause of the sentence starts with a verb:

Wenn es morgen Nachmittag *regnet*, **gehe** ich ins Kino.
Wenn ich nicht zu viel Arbeit *habe*, **kann** ich ins Café gehen.
Wenn meine Freundin mitkommen *kann*, **möchte** ich nach Wien fahren.

The **wenn**-clause needs a comma either at the beginning or at the end, as in the examples given above.

More practice

1 **Dürfen** oder **können**? Bitte ergänzen Sie.

Beispiel   Hier ___ man Luft und Wasser für das Auto bekommen.
   Hier **kann** man Luft und Wasser für das Auto bekommen.

a Werktags zwischen 7 und 19 Uhr ___ man bis zu 60 Minuten hier parken.
b In diesem Geschäft ___ man Tee, Kaffee und Milch kaufen.
c Wie alt sind Sie, wenn ich fragen ___ ?
d Vor dieser Tür ___ man nicht parken.
e In dieser Straße ___ man nur langsam fahren.
f In diesem Theater ___ man nicht rauchen.

2 Join the pairs of sentences together, using **wenn**.

Beispiel   Du willst länger schlafen? Dann musst du früher ins Bett gehen.
   Wenn du länger schlafen willst, musst du früher ins Bett gehen.

a Du möchtest Englisch lernen? Dann musst du in eine Sprachschule gehen.
b Bodo möchte ein altes Buch über Deutschland finden? Dann muss er auf dem Flohmarkt suchen.
c Ihr wollt nächste Woche nach New York fliegen? Dann müsst ihr bald eure Tickets buchen.
d Florian möchte am Wochenende zu Heikes Party gehen? Dann muss er nett zu ihr sein.
e Marcus möchte ein Jahr in Madrid arbeiten? Dann muss er ja Spanisch lernen.
f Sie haben kein Geld und keine Kreditkarte? Dann müssen Sie mit einem Scheck bezahlen.

20 Wetter und Urlaub

weather and holidays

In this unit you will learn
- how to report on weather conditions
- how to talk about past holidays

Language points
- revision of perfect tense
- prepositions
- past tense of the modal verbs

Weather

1 Die vier Jahreszeiten *The four seasons*

Der Frühling   Der Sommer   Der Herbst   Der Winter

2 Wie ist das Wetter?

Read these descriptions of weather conditions. Note the past tense forms of the verbs in the sentences in italics.

Die Sonne.
Heute scheint die Sonne.
Gestern hat die Sonne geschienen.

Der Regen.
Im Moment regnet es.
Letzten Herbst hat es viel geregnet.

Der Schnee.
Jetzt schneit es.
Im Winter hat es viel geschneit.

Der Wind.
Es ist heute windig.
Im Herbst war es windig.

Der Nebel.
Es ist morgens oft neblig.
In London war es früher sehr neblig.

Die Temperatur.
Hier beträgt die Temperatur 24 Grad.
Die Temperatur hat 10 Grad betragen.

▶ 3 Was für Wetter hatten sie im Urlaub?

Hören Sie zwei Interviews an. Wo waren die Leute im Urlaub?
In welcher Jahreszeit waren sie dort? Wie hoch waren die
Temperaturen? Wie war das Wetter: Hat es geregnet? Hat die
Sonne geschienen? Hat es geschneit?

	Wo sie waren	Jahreszeit	Temperaturen	Wetter
Bärbel Specht				
Jutta Weiß				

Was können Sie noch über die Personen sagen? Was haben sie
gemacht?

4 Das Wetter in Europa

> **Useful expressions**
>
> **In Madrid ist es heiter,**   *In Madrid it's fine, cloudy,*
> **wolkig, bedeckt...**   *overcast...*
> **In London gibt es Schauer,**   *In London there is / are*
> **Gewitter, Schnee, Regen,**   *showers, thunderstorms,*
> **Nebel...**   *snow, rain, fog...*

Sehen Sie sich die Wetterkarte auf Seite 215 an und beantworten
Sie die Fragen.

a   Wo ist es wärmer: in London oder in München?
b   Wie hoch sind die Temperaturen in Dublin?
c   Regnet es in Berlin?
d   Regnet es in Wien?
e   Wo gibt es in Europa Gewitter?
f   Wie ist das Wetter in Kairo?

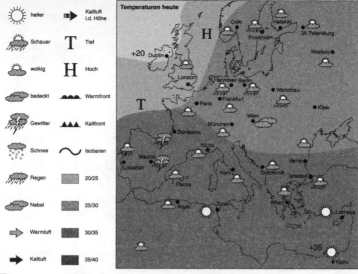

▶ 5 Der Wetterbericht im Radio

Welche Antwort stimmt?

a   Nachts sind es 8 bis 0 Grad / 0 bis minus 8 Grad.
b   Tagsüber sind es im Südosten 21 / 22 / 23 Grad.
c   Montag gibt es im Norden und Osten Wolken und Regen /
    Wolken, aber keinen Regen.
d   Dienstag gibt es in ganz Deutschland Sonne / Regen.
e   Am Mittwoch ist es schlechter / besser.

übrig	*remaining*
das Gebiet (-e)	*area, region*
die Aussicht (-en)	*prospect, outlook*

Holidays

▶ 6 Wo waren Sie dieses Jahr im Urlaub?

Vier Leute erzählen, wo sie im Urlaub waren und was sie gemacht
haben. Hören Sie zu und beantworten Sie dann die Fragen.

a   Was hat Wolfgang Schmidt abends gemacht?
b   Konnte er nur spanisches Bier kaufen?
c   Wie oft machen Sieglinde und Renate Bosch einen
    Skiurlaub?

d   Wohin wollen sie nächstes Jahr im Urlaub fahren?

e   Wie war das Wetter für Gerlinde und Hans-Jürgen Wagner in Travemünde?

f   Wollen sie nächstes Jahr wieder nach Travemünde fahren?

g   Hat Peter Kemper nach seinem Studium schon einen Job gefunden?

h   Was hat er vor zwei Jahren gemacht?

Wolfgang Schmidt, 47

Ich bin auf Mallorca gewesen, ein richtiger Strandurlaub. Ich habe tagsüber lange in der Sonne gelegen und bin ein bisschen geschwommen. Abends habe ich gut gegessen und bin manchmal in die Hotel-Bar gegangen. Man konnte auch richtiges deutsches Bier kaufen. Wie zu Hause. Das hat mir gut gefallen. Nächstes Jahr möchte ich wiederkommen.

Sieglinde Bosch, 42 und Renate Bosch, 47

Im Winter machen meine Schwester und ich jedes Jahr einen Skiurlaub und fahren in die Berge. Dieses Jahr waren wir in Kitzbühel, in Österreich, fantastisch. Der Schnee war gut, die Pisten ausgezeichnet. Wir sind jeden Tag mehrere Stunden Ski gelaufen. Nach dem Urlaub haben wir uns total fit gefühlt. Nächstes Jahr wollen wir vielleicht mal in die Schweiz fahren.

Gerlinde Wagner, 64 und Hans-Jürgen Wagner, 67

Dieses Jahr sind mein Mann und ich an die Ostsee gefahren, nach Travemünde. Das Wetter war eine Katastrophe. Wir hatten meistens Regen. Außerdem war es sehr kalt und wir konnten nur selten schwimmen gehen. Und teuer war es auch. Nein, nie wieder an die Ostsee. Nächstes Jahr fliegen wir lieber in den Süden, nach Spanien oder Griechenland.

Peter Kemper, 25

Dieses Jahr habe ich keinen Urlaub gemacht. Ich habe gerade mein Studium beendet und suche jetzt einen Job. Das ist nicht einfach im Moment. Ich hoffe, nächstes Jahr habe ich mehr Geld. Dann würde ich gern nach New York fliegen. Das ist mein Traum. Ich liebe große Städte. Am liebsten mache ich Städtereisen. Vor zwei Jahren bin ich nach Mexiko-City geflogen.

liegen	*to lie* (in the sun, etc.)	**beenden**	*to finish*
		der Traum (¨e)	*dream*
der Berg (-e)	*mountain*	**die Ostsee**	*the Baltic*
wiederkommen	*to come again/back*		

SPRACHINFO: prepositions and places

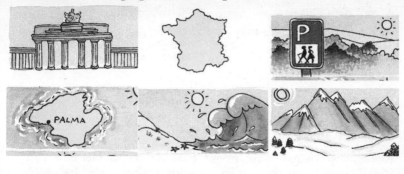

What prepositions do you use in German to say that you are going *to* a country or, for instance, *to* an island? These examples provide you with an overview of which prepositions to use and when.

Städte	Ich fahre **nach** Berlin.	Ich bin **in** Berlin.
Länder	Sie fährt **nach** Frankreich. Aber: Sie fährt **in** die Schweiz / **in** die Türkei. Sie fährt **in** die USA.	Sie ist **in** Frankreich. Aber: Sie ist **in** der Schweiz / **in** der Türkei. Sie ist **in** den USA.
Land	Sie sind **aufs** Land gefahren.	Sie waren **auf** dem Land.
Insel	Sie sind **nach** Mallorca geflogen.	Sie waren **auf** Mallorca.
Meere	Er fährt **ans** Meer / **an** die Ostsee / **an** den Atlantik.	Er war **am** Meer / **an** der Ostsee / **am** Atlantik.
Berge	Sie fahren **in** die Berge. Sie steigen **auf** den Berg.	Sie sind **in** den Bergen. Sie sind **auf** dem Berg.

7 Verben + Bewegung

Was passt am besten? Match **a–g** on the next page with the most appropriate verbs from the second column.

Beispiel   in der Nordsee → schwimmen

a	mit dem Flugzeug	schwimmen
b	auf den Berg	laufen
c	zu Fuß	fliegen
d	mit dem Auto	spazieren gehen
e	im Meer	steigen
f	Ski	gehen
g	im Park	fahren

8 Wie heißt das im Perfekt?

Remember when talking about past events in German you usually have to use the perfect tense form, using either **haben** or **sein** plus the past participle of the verb (**gemacht, gefahren,** etc.). Did you notice that in **Übung 6** many of the verbs indicate movement (**schwimmen, gehen, laufen,** etc.) and therefore take **sein**? Furthermore, there are also quite a few so-called strong verbs which usually show a vowel change in the past participle (e.g. **schwimmen → geschwommen**).

If you would like to remind yourself about the perfect tense, you could go back and have another look at Unit 14.

Üben Sie bitte:
  Beispiel Familie Grothe **ist** mit dem Auto nach Frankreich **gefahren.**

a Er ___ zu Fuß nach Hause _____ .
b Petra und Ulrike ___ jeden Tag vier Stunden im Meer _____ .
c Frau Müller ___ fast jeden Tag Ski _____ .
d Seppl Dreier ___ auf den Mount Everest _____ .
e Diesmal ___ ich mit der Lufthansa nach London _____ .
f Annette ___ viel mit dem Fahrrad _____ .
g Er ___ im Stadtpark spazieren _____ .

ℹ️ Urlaub und Feiertage

Many Germans nowadays are entitled to six weeks' paid holiday a year. They also enjoy numerous public holidays (**Feiertage**), most of which are religious in origin. The total number of **Feiertage** differs from **Land** to **Land**, but it tends to be among the highest in Europe. One public holiday, the **Buß- und Bettag** (*day of repentance and prayer*) was abolished in 1994 in every **Land** except Sachsen to help pay for a new insurance scheme aimed at caring for the disabled. German reunification is celebrated on 3 October with the **Tag der deutschen Einheit** (*day of German unity*).

9 Sie treffen einen alten Freund

Der Freund fragt Sie, was Sie letztes Jahr im Urlaub gemacht haben. Hier ist Ihre Geschichte:

> Sie waren **letztes Jahr** in Heidelberg im Urlaub. **Sie** sind nur drei Tage geblieben. Sie haben **dort** in einer Jugendherberge gewohnt. Sie sind **abends** in eine Karaoke-Kneipe gegangen. Sie haben **in der Kneipe** ein Lied von Elvis Presley gesungen. Ein Produzent hat Sie **dort** gehört. Ihre Stimme hat **ihm** sehr gut gefallen. Sie sind **am nächsten Tag** mit ihm nach Berlin geflogen. Sie haben **in einem Studio** eine neue CD gemacht. Sie haben **dann** im Fernsehen und im Radio gesungen. Sie wollen **nächstes Jahr** in Las Vegas singen.

Write out your story, as you might have told it to your friend. Begin each sentence with the item in bold.

Beispiel **Letztes Jahr** war ich in Heidelberg im Urlaub.
Ich bin nur ..., etc.

▶ 10 Und wie war dein Urlaub?

Hören Sie, was Susanne im Urlaub gemacht hat. Sind die Aussagen richtig oder falsch?

a Ihr Urlaub war wunderbar.
b Die ersten Tage konnte sie nicht Ski fahren.
c Dann hat es sehr viel geschneit.
d Sie ist gegen einen anderen Skifahrer gefahren.
e Sie musste eine Woche im Krankenhaus bleiben.
f Jetzt geht es ihr wieder besser.

Peter	Hallo Susanne. Na, wie war dein Skiurlaub?
Susanne	Ach, Peter. Eine einzige Katastrophe.
Peter	Wieso, was ist denn passiert?
Susanne	Ach, die ersten Tage hatten wir viel zu wenig Schnee. Wir konnten also überhaupt nicht Ski fahren.
Peter	Oh, das ist ja ärgerlich. Und dann?
Susanne	Dann hat es so viel geschneit, dann durften wir zwei Tage nicht auf die Piste. Der Schnee war zu hoch.
Peter	Und dann?
Susanne	Dann konnten wir fahren, es war ideales Wetter. Aber weißt du, was mir passiert ist? Ich wollte einen neuen Hang ausprobieren, aber er war zu schnell für mich. Tja, und dann bin ich gegen einen Baum gefahren.
Peter	Gegen einen Baum? Wie schrecklich. Und musstest du ins Krankenhaus?

Susanne   Ja. Meine Beine haben mir wehgetan, aber es war nichts Schlimmes. Ich musste nur drei Tage im Krankenhaus bleiben. Aber Ski fahren durfte ich dann nicht mehr. Ich konnte nur noch spazieren gehen.

Peter   Das tut mir Leid. Und wie geht es dir jetzt?

Susanne   Jetzt geht es mir wieder gut. Aber nächstes Jahr, weißt du, da fahre ich im Winter lieber nach Teneriffa.

einzig	(here) *complete, absolute*
überhaupt nicht	*not at all*
ärgerlich	*annoying*
der Hang (̈ e)	*slope*
aus|probieren	*to try out*
gegen + acc.	*against*
der Baum (̈ e)	*tree*

SPRACHINFO: simple past tense

You may have noticed that in the last dialogue and in **Übung 6** **war / waren** were used to mean *was / were*:

Das Wetter **war** eine Katastrophe.
Der Schnee **war** gut.
Dieses Jahr **waren** wir in Kitzbühel.

War / waren are the *simple past tense* forms of the verb **sein**.

The simple past forms of the verb **haben** – **hatte / hatten** – are also often used:

Ich **hatte** kein Geld.
Wir **hatten** meistens Regen.

Modal verbs are often found in the simple past tense:

können

Ich **konnte** einfach nicht wegfahren.
Man **konnte** auch richtiges deutsches Bier kaufen.
Wir **konnten** nur selten schwimmen gehen.

müssen

Ich **musste** nur drei Tage im Krankenhaus bleiben.
Er **musste** nach Köln fahren.

dürfen

Ich **durfte** dann nicht mehr Ski fahren.
Die Frau **durfte** sehr lange nicht mehr Volleyball spielen.

For an overview of these forms see the **Grammar** section.

▶ 11 Und jetzt Sie! Wie war Ihr Urlaub?

Sie kommen aus dem Urlaub zurück. Ein Kollege fragt Sie, wie Ihr
Urlaub war. Bereiten Sie Ihre Antworten vor und beantworten Sie
dann die Fragen auf der Audio-Aufnahme.

Kollege Ach, da sind Sie wieder! Und wie war Ihr Urlaub?
Sie *Tell him an absolute catastrophe.*
Kollege Wieso, was ist denn passiert?
Sie *Say that the first three days you had rain. So you couldn't
go for walks.*
Kollege Oh, das war ja ärgerlich. Und dann?
Sie *Say that a friend and you drove into a tree with the car.*
Kollege Gegen einen Baum? Wie schrecklich. Und mussten Sie ins
Krankenhaus?
Sie *Say yes, your legs hurt, but it was nothing bad.*
Kollege Und wie lange mussten Sie im Krankenhaus bleiben?
Sie *Say only two days, but you then had to come back home.*
Kollege Das tut mir Leid. Und wie geht es Ihnen jetzt?
Sie *Say that you're OK again now.*

12 Trend: Kurztrip statt Strandurlaub

Die Deutschen machen oft Urlaub. Aber häufig fahren Sie nur
für ein paar Tage weg. Wohin fahren Sie dann? Lesen Sie bitte
den Text und beantworten Sie dann die Fragen.

Von je 100 Befragten, die in den letzten Jahren
eine 2- bis 4tägige Städtereise unternommen
haben, wählten als Reiseziel:

Paris	19
Berlin	17
München	12
Wien	10
Hamburg	10
London	10
Prag	8
Rom	6
Dresden	6
Amsterdam	5
Venedig	4
Köln	3
Budapest	2
Florenz	2
Kopenhagen	2
Istanbul	2

Trend: Kurztrip statt Strandurlaub

Lieber häufiger im Jahr für
einige Tage wegfahren, als
im Urlaub 3 Wochen lang
an einem Ferienort bleiben.
22 Millionen Deutsche
finden Kurztrips (vor allem
Städtereisen mit dem Bus)
spannender als eine große
Reise. Das Ergebnis der
„Gesamtdeutschen
Tourismus-Analyse '97"
zeigt auch: Absoluter
Renner bei den Zielen für
Wochenend-Trips ist immer
noch Paris. Dann folgen
Berlin, München, Wien und
Hamburg.

Richtig oder falsch?

a Immer mehr Deutsche machen kurze Urlaube.
b 22 Millionen finden lange Urlaube besser.
c Die meisten Kurztrips sind mit dem Bus.
d Die meisten Städtereisenden fahren nach Paris.
e Es fahren mehr Leute nach Amsterdam als nach London.

Grammar

1 Simple past tense: *sein*, *haben*, modal verbs

As you saw earlier in this unit, the simple past tense forms are
sometimes used instead of the perfect tense forms. This applies
especially to **sein** and **haben** and to the modal verbs.

sein and *haben*

Here are the simple past tense forms of **sein** and **haben**, together
with their perfect tense forms. There is really little or no
difference in meaning between the two forms:

Ich war letzten Sommer in Österreich.
Ich bin letzten Sommer in Österreich gewesen.
I was in Austria last summer.

Peter hatte diesen Sommer kein Geld.
Peter hat diesen Sommer kein Geld gehabt.
Peter had no money this summer.

	sein		haben	
	simple past	perfect	simple past	perfect
ich	war	bin gewesen	hatte	habe gehabt
du	warst	bist gewesen	hattest	hast gehabt
Sie	waren	sind gewesen	hatten	haben gehabt
er / sie / es	war	ist gewesen	hatte	hat gehabt
wir	waren	sind gewesen	hatten	haben gehabt
ihr	wart	seid gewesen	hattet	habt gehabt
Sie	waren	sind gewesen	hatten	haben gehabt
sie	waren	sind gewesen	hatten	haben gehabt

Modal verbs

Modal verbs, too, are often used in the simple past tense. Here are the simple past tense forms of the modal verbs. For their meanings see the examples given beneath the grid.

	dürfen	können	müssen	sollen	wollen
ich	durfte	konnte	musste	sollte	wollte
du	durftest	konntest	musstest	solltest	wolltest
Sie	durften	konnten	mussten	sollten	wollten
er / sie / es	durfte	konnte	musste	sollte	wollte
wir	duften	konnten	mussten	sollten	wollten
ihr	durftet	konntet	musstet	solltet	wolltet
Sie	durften	konnten	mussten	sollten	wollten
sie	durften	konnten	mussten	sollten	wollten

Note that the umlaut found in the infinitive forms of **dürfen**, **müssen** and **können** is not found in the simple past tense forms.

Here are some examples of the modal verbs being used in the simple past tense:

dürfen
past tense meaning: *was / were allowed to*
Als Kind **durfte** ich nur eine Stunde pro Tag fernsehen.
*As a child **I was allowed to** watch TV for only one hour a day.*

können
past tense meaning: *could, was / were able to*
Im Winter **konnten** wir Ski laufen.
*In winter **we were able** to go skiing.*

müssen
past tense meaning: *had to*
Bernd **musste** gestern um 6 Uhr aufstehen.
*Bernd **had to** get up at 6 o'clock yesterday.*

sollen
past tense meaning: *was / were supposed to*
Ich **sollte** heute meine Eltern besuchen.
*I **was supposed to** visit my parents today.*

wollen
past tense meaning: *wanted to*
Hans und Inge **wollten** ins Kino mitkommen.
*Hans and Inge **wanted to** come to the cinema with us.*

You will learn more about the simple past tense in Unit 22.

More practice

1   Welche Präpositionen fehlen?

München, am 3. September

Liebe Inga,

na, wie geht's? Dieses Jahr sind wir nicht _____ Indien geflogen oder _____ die Berge gefahren. Nein, wir haben Urlaub _____ der Ostsee gemacht, _____ der Insel Rügen. Rügen liegt im Norden, in der ehemaligen DDR. Das Wetter war gut, wir sind viel geschwommen. Es gibt sogar Berge, und wir sind _____ die Berge gestiegen.
Außerdem haben wir einen Ausflug _____ Berlin gemacht. Dort war es natürlich auch sehr interessant. So viel hat sich verändert. Wir sind _____ Pergamon Museum gegangen und waren auch _____ Museum für Deutsche Geschichte.

Wie ist deine neue Wohnung? Ich hoffe, es geht dir gut.

Bis bald und grüß alle!

Deine Martina

---

die ehemalige DDR
the former GDR (German Democratic Republic, 1949–90)

---

2   Setzen Sie die Modalverben in die richtige Form.

a   Eigentlich ___ (wollen) ich gestern Abend ins Kino gehen, aber ich ___ (müssen) lange arbeiten.
b   Im Hotel ___ (können) wir noch nach Mitternacht etwas zu trinken bekommen,
c   Frau Schmidt ___ (sollen) schon letzte Woche zum Arzt gehen, aber leider ___ (können) sie nicht.
d   Früher ___ (dürfen) man hier in der U-Bahn rauchen.
e   ___ (müssen) Sie früher in der Schule Latein lernen?

Congratulations!
You have finished Unit 20 and almost finished the book.

Before you move on to the next units, check whether you have mastered the main vocabulary and language points in our **Self-assessment test** for Units 17–20 on page 270.

21

Telefonieren und die Geschäftswelt

telephoning and the business world

In this unit you will learn
- how to make and answer phone calls
- how to say what belongs to whom

Language points
- revision of dative pronouns
- various uses of the genitive

Making telephone calls

1 Lesen und Lernen

Was kann man sagen?

a Sie sprechen direkt mit der Person:

b Sie sprechen **nicht** direkt mit der Person:

Bist du es?	*Is that you?*
am Apparat	*on the phone, speaking*
Ich hole Sie.	*I'll fetch her.*
verbinden	*to connect, to put through*

2 Formell oder informell?

Welche Fragen sind formell, welche informell? Machen Sie eine Liste.

informell	formell
– Hallo, Bernd, bist du es?	– Guten Tag, Herr Preiß.
–	–
	–

SPRACHINFO: You will have noticed that the word **Herr** has an **n** at the end in some of the examples. This is because **Herr** belongs to a group of nouns (called *weak nouns*) that add -(e)n in the accusative and dative:

Das ist Herr Schmidt.	*Nominative*
Kennen Sie Herrn Schmidt schon?	*Accusative*
Ich möchte mit Herrn Schmidt sprechen.	*Dative*

Other nouns that belong to this group include: **der Mensch, der Name, der Student:**

Bitte sagen Sie Ihren Namen.	*Accusative*
Können Sie diesem Studenten helfen?	*Dative*

▶ 3 Telefonanrufe

In welchen Dialogen (**1, 2** or **3**) sagen die Leute die Sätze? Hören Sie bitte zu und kreuzen Sie an.

Die Leitung ist besetzt.	*The line is busy / engaged.*
zurückrufen	*to call back*
eine Nachricht hinterlassen	*to leave a message*
jemandem etwas ausrichten	*to give a message to someone*

	1	2	3
Sie ist beim Zahnarzt.		X	
Die Leitung ist besetzt.			
Er ist auf Geschäftsreise.			
Soll sie zurückrufen?			
Wollen Sie warten?	X		
Wollen Sie eine Nachricht hinterlassen?			
Er möchte mich morgen zurückrufen.			
Ich bin zu Hause.			
Ich rufe später noch mal an.			

Hören Sie die Dialoge noch einmal.

a Was macht Frau Dr. Martens gerade? (Dialog 1)
b Wo ist Sandy und wann kommt sie wieder nach Hause? (Dialog 2)

c Wo ist Peter Fink und wann ist er wieder im Büro? (Dialog 3)
d Was möchte ihm Corinna geben? (Dialog 3)

4 Frage und Antwort

Was passt zusammen?

a Ist Corinna da?

b Können Sie Herrn Grün
etwas ausrichten?

c Spreche ich mit Frau Kemper?

d Können Sie Julia sagen, ich
habe angerufen?

e Kann ich bitte mit Herrn
Martin sprechen?

f Bist du es, Renate?

1 Natürlich kann ich ihm
etwas ausrichten.

2 Einen Moment. Ich
verbinde.

3 Tut mir Leid, sie ist
nicht zu Hause.

4 Natürlich bin ich es.
Meine Stimme ist ein
bisschen tief.

5 Ja, hier ist Kemper am
Apparat.

6 Natürlich kann ich ihr
das sagen.

5 Erinnern Sie sich?

Heißt es **ihr, ihm** oder **ihnen**? Setzen Sie das richtige Pronomen ein.
Wollen Sie die Formen wiederholen? Dann gehen Sie zu Unit 18.

Soll ich **Frau Martini** etwas sagen? → Soll ich **ihr** etwas sagen?

a Ich sage es Herrn Lobinger. → Ich sage es ___.
b Ich richte es meinem Sohn aus. → Ich richte es ___ aus.
c Soll ich Susi und Tim eine Nachricht geben? → Soll ich ___
eine Nachricht geben?
d Soll ich Frau Martens etwas ausrichten? → Soll ich ___ etwas
ausrichten?
e Sag Mutti bitte, ich bin um 5 Uhr da. → Sag ___ bitte, ich bin
um 5 Uhr da.

Können Sie die Sätze ins Englische übersetzen?

▶ 6 Anrufbeantworter

Hören Sie den Anrufbeantworter von Familie Schweighofer.
Welche Wörter fehlen?

Guten Tag. ___ ist der telefonische
Anrufbeantworter von Evelyn und Michael
Schweighofer. Wir sind im Moment ___ nicht da.
Sie können uns aber gerne nach dem Pfeif-Ton
eine ___ hinterlassen. Bitte sagen Sie uns Ihren
___ und Ihre ___ und wir ___ Sie dann so schnell wie möglich ___.

7 Wortspiel

Setzen Sie die fehlenden Wörter ein.

In der Mitte erscheint dann (fast) ein zwölftes Wort. Was ist es?

1 Guten Morgen. Schwarz am _____ .
2 Sagen Sie bitte, er soll _____ .
3 Sprechen Sie bitte nach dem _____ .
4 Ja, Herr Gruber ist in seinem Büro. Ich _____ .
5 Es tut mir Leid. Aber diese Nummer ist _____ .
6 Möchten Sie eine Nachricht _____ ?
7 Freye, Firma Braun, _____ 314.
8 Die _____ ist besetzt. Ich versuche es später noch
  einmal.
9 Darf ich bitte eine _____ hinterlassen?
10 Bitte sagen Sie uns Ihren _____ und Ihre Telefonnummer.
11 Möchten Sie ihr etwas _____ ?

ℹ️ Telefonieren

German speakers often answer the phone by saying their surname: **Schmidt** or **Schmidt am Apparat**. Even women will refer to themselves by their surname, as in the **Frage und Antwort** example: Ja, hier ist Kemper am Apparat.

Using **du** or first names on the phone to someone you do not know is considered inappropriate.

Telefonkarten are widely available and, because they are produced in such great variety, are collectors' items.

At the office

8 Der erste Tag in der neuen Firma
The first day in the new company

Frau Paul hat heute ihren ersten Tag in der Werbefirma ‚Pleinmann'. Herr Riha zeigt ihr die Firma. Lesen Sie, was er sagt und finden Sie heraus, wer in welchem Büro arbeitet. Schreiben Sie die Nummer der Büros auf.

der Raum (¨-) e	*room, space*
der Texter (-)	*copy-writer*
die Sekretärin (-nen)	*secretary*
daneben	*next to that*
der Grafiker (-)	*graphic artist*
der Chef (-s) / die Chefin (-nen)	*head, boss*

a Hier vorne rechts ist der Raum des Designers, Bernd Buck. Er hat in New York studiert.   Büro Nr. ___
b Daneben ist das Büro der Texter, Michaela und Günther. Beide sind fantastisch, manchmal ein bisschen temperamentvoll.   Büro Nr. ___
c Hier vorne links ist das Büro der Sekretärin, Frau Schüller. Sie ist wirklich sehr nett.   Büro Nr. ___
d Daneben ist das Büro des Grafikers, Herrn Meier-Martinez.   Büro Nr. ___
e Und ganz hinten links ist das Büro des Managers, Guido Kafka. Ein sehr intelligenter Mensch.   Büro Nr. ___
f Gegenüber ist das Zimmer der Chefin, Frau Conrad.   Büro Nr. ___

3		4
2		5
1	Frau Paul und Herr Riha ✕	6

SPRACHINFO: genitive

You might have been a bit surprised to find in **Übung 8** yet another new structure. This one is, however, relatively straightforward. It is the fourth and last of the cases in German, the so-called **genitive** case.

You have probably already worked out from the examples that the genitive indicates some kind of possession or ownership. The definite article in the genitive can be roughly translated as *of the*. So, **das Büro der Sekretärin** is *the office of the secretary* – in other words, *the secretary's office*. Here is an overview of the genitive case using the definite article.

Masc. der Designer Hier rechts ist der Raum **des** Designers.
Fem. die Sekretärin Hier vorne links ist das Büro
  der Sekretärin.
Neut. das Büro Herr Kafka ist der Manager
  des Büros.
Plural die Texter Daneben ist das Büro **der** Texter.

Note that with masculine and neuter nouns the definite article is **des** and the noun also adds an -s. In the feminine and all genders in the plural the definite article is **der**.

9 Am Abend versucht sich Frau Paul zu erinnern

When she gets home, Frau Paul tries hard to remember the layout of the office. How did she do?

Richtig oder falsch? Korrigieren Sie die falschen Aussagen.

Vorne rechts war das Büro der Sekretärin.
Antwort: Nein, vorne rechts war das Büro des Designers.

a Links vorne war das Büro des Designers. Er hat in New York studiert.
b Daneben befindet sich das Büro des Grafikers, Maier-Martinez.
c Auf der rechten Seite in der Mitte war das Zimmer der Chefin, Frau Conrad.
d Und ganz hinter rechts war der Raum des Managers, Guido Kafka.
e Ganz hinten links war dann das Zimmer der Texter, Michaela und Günther.

10 Ergänzen Sie

Note that masculine and neuter nouns will need an -s and feminine nouns will not.

Beispiel Der Name der Firma ist Inter-Design.

a Ich habe den Namen d... Designerin... vergessen.
b Die Telefonnummer d... Kundin... ist 45 76 98.
c Die Rechnung d... Hotel... war astronomisch.
d Die Reparatur d... Computer... hat drei Wochen gedauert.
e Mir gefällt die Farbe d... neuen Firmenauto... nicht.
f Die Anzahl d... Leute... ohne Arbeit beträgt über vier Millionen.

Useful expressions with the genitive

am Anfang der Woche	at the beginning of the week
Mitte der Woche	in the middle of the week
am Ende des Monats	at the end of the month
wegen einer Geschäftsreise	because of a business trip
trotz der Party	in spite of the party

Note that **wegen** (*because of*) and **trotz** (*despite*) are both prepositions. They are both followed by the genitive case.

▶ 11 Ein Gespräch zwischen Frau Muth und Herrn Schneider

Hören Sie das Gespräch zwischen Frau Muth und Herrn Schneider. Sind die Aussagen richtig oder falsch?

a Frau Muth hat im Moment viel zu tun.
b Herr Schneider hatte am Anfang der Woche einen Termin mit ihr.

c   Er fährt auf Urlaub in die USA.
d   Am Donnerstag der nächsten Woche hat Frau Muth eine Launch-Party.
e   Sie machen einen Termin für Ende der Woche, für Freitag.

Lesen Sie dann den Text und überprüfen Sie Ihre Antworten.

Herr Schneider   Guten Tag, Frau Muth. Hier ist Konrad Schneider von der Firma B.A.T.-Grafiks.
Frau Muth   Ja, Herr Schneider. Wie geht es Ihnen?
Herr Schneider   Danke, ganz gut. Und Ihnen?
Frau Muth   Sehr gut. Danke. Im Moment haben wir sehr viel Arbeit, wegen der Messe im Februar.
Herr Schneider   Frau Muth, wir hatten am Ende der Woche einen Termin. Es tut mir Leid, aber ich muss ihn wegen einer dringenden Geschäftsreise in die USA absagen.
Frau Muth   Ja, natürlich. Das ist kein Problem. Sollen wir gleich einen neuen Termin ausmachen?
Herr Schneider   Ja, gerne. Ich hole meinen Terminkalender.
Frau Muth   Passt es Ihnen denn Anfang der nächsten Woche?
Herr Schneider   Am Anfang der Woche habe ich schon einige Termine. Besser ist es Mitte der Woche oder am Ende. Vielleicht am Donnerstag.
Frau Muth   Donnerstagvormittag ist es schlecht, wegen einer Launch-Party für unser neues Produkt. Aber am Nachmittag, da geht es. Um 14.00 Uhr?
Herr Schneider   Das passt mir gut. Aber sind Sie sicher, trotz der Party am Vormittag?
Frau Muth   Kein Problem, Herr Schneider. Und wenn Sie Zeit haben, kommen Sie doch ein bisschen früher.

dringend	urgent
ablsagen	to cancel
einen Termin ausmachen	to make an appointment
Passt es Ihnen ...?	Does it suit you ...?
Das passt mir gut.	It suits me very well.

▶ 12 Und jetzt Sie!

Sie müssen einen Termin mit Frau Conrad von der Werbeagentur Pleinmann absagen. Schreiben Sie zuerst Ihre Antworten auf und benutzen Sie dann die Audio-Aufnahme.

Frau Schüller	Werbeagentur Pleinmann. Guten Tag.
Sie	*Say good day and that you would like to talk to Frau Conrad.*
Frau Schüller	Ja, einen Moment bitte. Ich verbinde.
Sie	*Say thank you very much.*
Frau Conrad	Conrad. Guten Tag.
Sie	*Say your name. Tell Frau Conrad that you had an appointment for the beginning of the week.*
Frau Conrad	Ja, das stimmt. Das war Montag, um 15.00 Uhr.
Sie	*Say that you are very sorry, but you have to cancel the appointment.*
Frau Conrad	Nun, das ist kein Problem. Wollen Sie gleich einen neuen Termin ausmachen?
Sie	*Say yes and ask if the end of the week suits her.*
Frau Conrad	Ja, das passt mir gut. Sagen wir Freitagmorgen um 10.00 Uhr?
Sie	*Say you don't have any appointments for Friday morning. That suits you well. Say goodbye.*

▶ Pronunciation

In German the letter **a** is pronounced long in some words and short in others. Listen first to words that contain a short **a** and then to words that contain a long **a**:

an	machen	was	Dank	man
nach	Name	war	haben	sagen

You will probably find that you develop a feel for whether **a** should be long or short in a given word. How would you pronounce these words – all of which you have met in the course? Hand, Nase, das, Grad, Tante, Hamburg.

Grammar

1 Genitive case

The genitive case is used (**a**) to indicate possession or ownership and (**b**) after certain prepositions.

Earlier in this unit you met the genitive forms of the definite article: **das Büro des Managers, die Telefonnummer der Kundin,** etc.

You also need to know the genitive forms of the indefinite article. Fortunately, the pattern is very similar to the one you already know. It is (**e**)**s** for masculine and neuter nouns and **-er** for feminine nouns. The same pattern also applies to the possessive adjectives (**mein, dein, Ihr,** etc.) and to **kein**.

masc.	eines	Was ist die Rolle eines Mannes in der heutigen Welt?
	meines	Das ist das Haus meines Lehrers.
fem.	einer	Herr Breitling ist Manager einer Firma in München.
	meiner	Das ist der Computer meiner Kollegin.
neut.	eines	Das Leben eines Kindes kann manchmal schwierig sein.
	meines	Die Nebenkosten meines Zimmers sind sehr günstig.
plural	——	
	meiner	Darf ich die Mutter meiner Kinder vorstellen?

As you can see from the examples, nouns of one syllable (like **Mann** and **Kind**) tend to add -es in the genitive and not just -s.

2 Adjective endings in the genitive

The ending on adjectives in the genitive is nearly always **-en**.

Die Mutter meines neuen Freundes.	*The mother of my new (boy)friend.*
Der Vater seiner neuen Freundin.	*The father of his new girlfriend.*
Das Büro unserer neuen Kollegen.	*The office of our new colleagues.*

3 Prepositions + genitive

In this unit you met two prepositions that require the genitive: **wegen** (*because of*) and **trotz** (*despite, in spite of*).

Here are some more of the most commonly used prepositions + genitive followed by a few examples:

angesichts	*in view of*
(an)statt	*instead of*
ausschließlich / exklusive	*exclusive of*
außerhalb	*outside of*
beiderseits	*on both sides of*
bezüglich	*concerning, with regard to*
diesseits	*on this side of*
einschließlich / inklusive	*inclusive of*
innerhalb	*inside of*
jenseits	*on the other side of*
laut	*according to*
während	*during*

Angesichts seiner schlechten Gesundheit	*In view of his bad health*
Bezüglich Ihres letzten Briefes	*Concerning your last letter*
Inklusive aller Nebenkosten	*Inclusive of all extra costs*
Innerhalb unseres kleinen Zimmers	*Inside the small room*
Während ihres langen Lebens	*During her long life*

More practice

1 **Ordnen Sie bitte zu. Herr Kunz möchte mit Frau Nadolny sprechen. Was sagt Herr Kunz?** Herr Kunz wants to talk to Frau Nadolny. His role needs rearranging, but the role of the person at the other end of the line is in the correct order.

Sekretärin

a Firma Möllemann. Guten Tag!

b Es tut mir Leid, Frau Nadolny ist gerade in einem Meeting.

c Das ist schwer zu sagen. Möchten Sie eine Nachricht hinterlassen?

d Natürlich. Was soll ich ihr ausrichten?

e Gut. Hat sie Ihre Nummer?

f Das ist vielleicht eine gute Idee.

g Und wie lange sind Sie heute im Büro?

h Ich richte es ihr aus, Herr Kunz. Vielen Dank und auf Wiederhören.

Herr Kunz

1 Guten Tag, Kunz. Ich möchte gern mit Frau Nadolny sprechen.

2 Wenn das möglich ist, gerne.

3 Können Sie ihr sagen, sie möchte mich bitte zurückrufen.

4 Auf Wiederhören.

5 Herr Kunz, Firma Bötticher, Anschluss 212.

6 Wie lange geht das Meeting denn?

7 Ich bin bis 16:00 Uhr an meinem Schreibtisch.

8 Ich denke schon, aber ich kann sie Ihnen noch mal geben.

2 **Sagen Sie es anders.** Practise the genitive by re-writing the following sentences.

Beispiel Die Schwester von meinem neuen Freund ist sehr arrogant.
Die Schwester **meines neuen** Freundes ist sehr arrogant.

a Der Computer von meiner Kollegin ist fantastisch.

b Das Auto von meinem Bruder fährt sehr schnell.

c Die Firma von meinem alten Schulfreund war letztes Jahr sehr erfolgreich.

d Die Kollegen von meinem Mann sind alle schrecklich langweilig.

e Die Managerin von der exquisiten Boutique ‚La dame' kommt aus Krefeld.

f Das Büro von unserem neuen Designer ist sehr chic.

g Der Laptop von meinem Sohn hat auch einen Internet-Anschluss.

h Die Ehepartner von meinen Kollegen sind alle furchtbar nett.

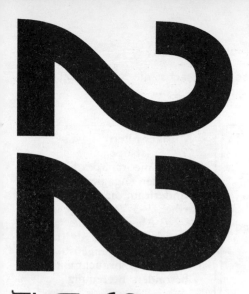

22

Stellenangebote und Lebensläufe

job applications and cvs

In this unit you will learn
- how to read job advertisements
- how to write a CV

Language points
- more on the simple past tense

Job applications

1 Lesen und Lernen

Suchen Sie eine Stelle? Lesen Sie zunächst die Stellenangebote und finden Sie heraus, was für Jobs es gibt.

A

Studentin / Student mit guten PC-Kenntnissen studienbegleitend für 2-3 Tage/Woche, für unsere PR-Agentur gesucht. Sie müssen journalistisches Talent sowie Büroerfahrung und PC-und Englischkenntnisse haben.
Bewerbungen an:
mail@joestpr. de oder anrufen bei
Unternehmensberatung Joest
Tel.:08806/92300

B

Musiker-Eltern (Bayer. Staatsoper u. Symphonieorch. des BR) suchen **engagierte Kinderfrau,** die zeitlich flexibel, 2–3 Vormittage u. 2–3 Abende, Nähe Westpark, 2 Kinder, ab Mai betreut. Der Junge ist Diabetiker u. braucht eine besondere Betreuung.

Tel.: 089/54379004
Fr. Heidt

C

Wegen einer plötzlichen Vakanz sucht das **MALLORCA MAGAZIN,** die deutsche Wochenzeitung auf Mallorca, möglichst per sofort versierten **LOKALREDAKTEUR** mit perfekten Spanischkenntnissen und mehrjähriger Berufserfahrung (andere Bewerbungen zwecklos).
Eilangebote an: **MALLORCA MAGAZIN,**
Redaktionsdirektion, Apartado de Correos 304, E- 07012 Palma de Mallorca, **Fax: 003471/714533**

D

Suche **lebenslustigen Koch,** ab April, für Café-Restaurant in Prenzlau/Brandenburg, der feine Fisch- u. vegetarische Gerichte mit Hingabe kocht.

Bewerbung bitte unter

Chiffre: ZS2073098 an SZ

E

Wir suchen zum sofortigen Eintritt rüstigen **Rentner / Frührentner,** auch weiblich, als **Nachtportier.** Arbeitszeit nach Vereinbarung. Bewerbungen bitte an: **Hotel Mayer, Augsburger Str. 45, 82110 München-Germering**
Tel.: **089/844071**

Here are the answers:

a Office work for (female) students; **b** a child minder; **c** a magazine editor; **d** a cook; **e** a night porter.

2 Ordnen Sie zu

Wie heißen die Sätze auf Englisch?

a Er braucht eine besondere ----, *You have to have office*
Betreuung.   *experience.*
b Arbeitszeit nach Vereinbarung.   *Because of a sudden vacancy.*
c Sie müssen Büroerfahrung haben. *To start immediately.*
d Andere Bewerbungen zwecklos. *He needs special care.*
e Zum sofortigen Eintritt.   *Other applications (are)*
                              pointless.
f Wegen einer plötzlichen   *Working hours by*
Vakanz.   *agreement.*

3 Welches Stellenangebot ist es?

Lesen Sie die folgenden Sätze und finden Sie heraus, welcher Satz zu welchem Stellenangebot passt. Versuchen Sie, neue Wörter aus dem Kontext zu verstehen.

> **Beispiel** Man sucht jemanden ab April. Er muss Spaß am Leben haben. **D**

a Wenn Sie diesen Job nehmen, müssen Sie nachts arbeiten. ___
b Hier arbeiten Sie für ein deutschsprachiges Magazin, aber Sie müssen auch Spanisch sprechen. ___
c Bei diesem Job müssen Sie zwei Kinder betreuen. Die Eltern spielen bei der Bayerischen Staatsoper. ___
d Wenn Sie vegetarisch kochen können, gefällt Ihnen vielleicht dieser Job. ___
e Wenn Sie in einem südlichen europäischen Land arbeiten wollen, passt Ihnen vielleicht dieser Job. ___
f Wenn Sie Englisch sprechen, mit einem Computer arbeiten können und Studentin sind, passt Ihnen dieser Teilzeit-Job.

___

die Kenntnis (-se)	*knowledge*
begleiten	*to accompany*
die Erfahrung (-en)	*experience*
die Bewerbung (-en)	*application*
engagiert	*committed*
betreuen	*to care for*
versiert	*well versed*
der Redakteur / die -in	*editor*
lebenslustig	*full of the joys of life*
die Hingabe	*devotion, dedication*
der Eintritt (-e)	*entrance, start*
rüstig	*sprightly*
der Frührentner / die -renterin	*someone who has taken early retirement*

4 Wer bewirbt sich um welche Stelle?

Who is applying for which job? Match these people with the most suitable job in the advertisements on page 238.

a **Bernd Schulte**, 63, ist noch sehr fit. Er möchte einen Teilzeit-Job haben und vielleicht nachts arbeiten.

b **Bettina Hartmann**, 24, ist Studentin und muss nebenbei Geld verdienen. Sie spricht sehr gut Englisch und hat schon in verschiedenen Büros gearbeitet.

c **Martina Wustermann**, 35, hat jahrelang bei Lokal-Zeitungen als Redakteurin gearbeitet. Sie spricht mehrere Fremdsprachen (Englisch, Französisch, Spanisch) und möchte jetzt im Ausland arbeiten.

d **Jochen Kinsky**, 25, hat gerade eine Kochlehre beendet. Er ist Vegetarier und möchte für ein Restaurant in der Nähe von Berlin arbeiten.

e **Silke Zehnder**, 28, interessiert sich für Kinder. Sie möchte einen Teilzeit-Job, der ihr Zeit für ihre Hobbys lässt. Sie geht auch gern mal ins Konzert.

CVs

5 Lebenslauf I: Peter Frankenthal

Lesen Sie die den Lebenslauf von Peter Frankenthal.

der Werdegang	development, career
die Grundschule	primary school
der Realschulabschluss	roughly equivalent to GCSE in the UK
die Lehre	apprenticeship
der Bankkaufmann	qualified bank clerk
der Filialleiter	branch manager
fließend	fluent

```
                    Lebenslauf
Name:          Peter Frankenthal
geboren:       29.07.1960 in  Frankfurt/Main
Nationalität:  deutsch
Familienstand: verheiratet, 2 Kinder
Wohnort:       Mainz

Werdegang
1966-1970      Grundschule in Frankfurt
1970-1976      Schiller-Schule in Offenbach
               Abschluss: Realschulabschluss
1976-1979      Bank-Lehre bei der Dresdner Bank in
               Offenbach
1979-1983      Bankkaufmann bei der Dresdner Bank
               in Offenbach
1983-1992      Bankkaufmann bei der Commerzbank,
               Frankfurt
               Besuch von Sprachkursen in Englisch
               und Französisch
seit 1992      Filialleiter Commerzbank in Mainz-Süd

Besondere Kenntnisse
Englisch und Französisch fließend
Sehr gute Computerkenntnise
```

Richtig oder falsch? Korrigieren Sie die falschen Aussagen.

a Herr Frankenthal ist ledig.
b Er ist in Frankfurt geboren.
c In Frankfurt hat er auch seinen Realschulabschluss gemacht.
d Nach der Schule hat er gleich eine Lehre gemacht.
e Seinen ersten Job hatte er bei der Commerzbank.
f Von 1983 bis 1992 hat er wieder in Frankfurt gearbeitet.
g Seit 1992 ist er Filialleiter.

ℹ️ Lebensläufe

The tabular format illustrated in Peter Frankenthal's CV is very widely used in Germany. What you are given here is the basic structure for a German CV. Some dictionaries (such as *The Oxford Duden German Dictionary*) offer help with the writing of a CV and of a letter of application for a job.

It is common pratice in German CVs to include the school you went to and the qualifications you gained. The system in Germany is slightly different. All pupils go to the **Grundschule** when they are about six, and then four years later, according to their attainment / abilities, transfer to one of various types of schools, where they do different courses and attend for different lengths of time: the **Hauptschule**, a bit like the British Secondary Modern School, where courses lead to the **Hauptschulabschluss**, the **Realschule**, leading to the **Realschulabschluss**, a bit like GCSEs in Britain; and the **Gymnasium** or grammar school, leading to the **Abitur**, which is roughly comparable to A-Levels.

6 Lesen und Lernen

Der Werdegang Peter Frankenthals. This time Peter has written out in full the details of his career. Read through his CV and underline all the verbs which you think are in the past tense. Don't worry if you find this difficult – you can check your answers below.

Ich bin am 29. Juli 1960 in Frankfurt am Main geboren. Von 1966 bis 1970 ging ich in die Grundschule in Frankfurt. Danach wechselte ich auf die Schiller-Schule in Offenbach. 1976 machte ich dort den Realschulabschluss.

Von 1976 bis 1979 machte ich eine Bank-Lehre bei der Dresdner Bank in Offenbach. Anschließend bekam ich eine feste Stellung als Bankkaufmann bei der gleichen Bank, wo ich dann bis 1983 arbeitete.

1983 wechselte ich auf die Commerzbank in Frankfurt, wo ich bis 1992 als Bankkaufmann tätig war. Von 1985 bis 1992 besuchte ich auch Sprachkurse in Englisch und Französisch.

Seit 1992 bin ich Filialleiter bei der Commerzbank in Mainz-Süd.

7 Verben

Here are the simple past tense verbs that you might have
underlined in Peter's CV. Can you figure out what the infinitive
of these verbs might be?

Beispiel   ging ← **gehen**

a wechselte ← _____
b machte ← _____
c bekam ← _____
d arbeitete ← _____
e war ← _____
f besuchte ← _____

In the **SPRACHINFO** you will learn more about these forms.

SPRACHINFO: Most of the verbs in **Übung 6** are in the simple
past form. This form is commonly used in German when people
write about the past, whereas the perfect tense which you are
probably quite familiar with by now is used more for the *spoken*
language.

In Unit 20 you met the simple past tense forms of **sein, haben**
and of **modal verbs**, which can be used for both the spoken and
the written language.

In this unit you will learn about the simple past tense forms of
other verbs. As you already know from Unit 14, there are three
main types of verb – weak, strong and mixed verbs. Here are the
simple past tense forms for all three categories.

Note that for weak (regular) verbs a -t is added to the stem plus
the endings you can find in the table.

Strong verbs usually change their vowel (gehen → ging, trinken
→ trank), which in many cases is similar to English (*drink →
drank*), where this vowel change is also common.

A number of verbs (mixed verbs) change their vowel, but have
the t-endings like the weak verbs, e.g bringen → brachte which
is rather like the English *bring → brought*.

Note that the **ich** and **er, sie, es** forms of strong verbs add no
endings.

For more information about the simple past tense, see the
Grammar section.

▶ 8 Lebenslauf (II): Claudia Schulte

Claudia Schulte, von Beruf Journalistin, erzählt über ihr Leben.
Hören Sie zu und versuchen Sie die Fragen zu beantworten:

a In welchem Jahr ist sie geboren?
b Was machte sie nach der Schule?
c Wann machte sie ihr Praktikum?
d Wo studierte sie?
e Wie lange arbeitete sie bei der *Tageszeitung*?
f Seit wann arbeitet sie beim *Spiegel*?

Lesen Sie jetzt den Lebenslauf von Claudia Schulte. Hatten Sie
recht?

```
Lebenslauf
Name:            Claudia Schulte
geboren:         1.6.1968 in Bremen
Nationalität:    deutsch
Familienstand:   ledig
Wohnort:         Hamburg
Werdegang
1974—1978        Grundschule in Bremen
1978—1987        Heinrich-Heine Gymnasium in Bremen
                 Abschluss: Abitur
1987—1988        Reisen durch Asien
1988—1989        Praktikum bei der Hamburger Zeitung
1989—1994        Studium der Journalistik an der
                 Universität Hamburg
                 Abschluss: MA phil
1994—1998        Journalistin bei der Tageszeitung in
Berlin
seit 1998        Journalistin bei Der Spiegel in Hamburg
Besondere Kenntnisse
Englisch, Spanisch und Französisch fließend
```

9 Frau Schulte schreibt ihren Lebenslauf

Helfen Sie ihr. Setzen Sie die fehlenden Wörter ein.

> **arbeitete   ging   machte   studierte   wechselte
> reiste   machte   zog   machte**

Ich bin am 1. Juni in Bremen geboren. Von 1974 bis 1978 _____
ich in die Grundschule in Bremen. Danach _____ ich auf das

Heinrich-Heine Gymnasium. 1987 _____ ich mein Abitur. Nach der Schule _____ ich durch Asien.

Von 1988 bis 1989 _____ ich ein Praktikum bei der *Hamburger Zeitung*.

Anschließend _____ ich Journalistik an der Universität Hamburg und 1994 _____ ich meinen Abschluss.

Nach dem Studium _____ ich von 1994 bis 1998 bei der *Tageszeitung* in Berlin.

1998 _____ ich wieder nach Hamburg und ich arbeite seitdem beim Nachrichtenmagazin *Der Spiegel*.

10 Und Ihr Lebenslauf?

Schreiben Sie einen tabellarischen Lebenslauf wie Herr Frankenthal oder Frau Schulte (**Übung 5** and **8**).

Schreiben Sie dann einen Lebenslauf wie Frau Schulte (**Übung 9**).

Grammar

1 Zahlen (Wiederholung)

Numbers can be difficult to understand and produce, particularly when they are said quickly. Here is a reminder of a few points about German numbers.

- The numbers 21–99 are 'back-to-front' compared with English numbers:

  21 einundzwanzig, 37 siebenunddreißig, 98 achtundneunzig

- The numbers 101–120 tend not to have an **und** to link them together:

  101 hunderteins, 111 hundertelf, 120 hundertzwanzig

- All numbers up to one million are written all as one word:

  2 843   zweitausendachthundertdreiundvierzig
  10 962   zehntausendneunhundertzweiundsechzig

- Numbers after a million are written as follows:

  4 800 543 vier Millionen
  achthunderttausendfünfhundertdreiundvierzig

Note that a comma is used in German where a decimal point would be used in English:

81,5 Millionen   say: einundachtzig Komma fünf Millionen

2 Simple past tense

- **Forms:** you learned about the various forms of the simple past tense in the **SPRACHINFO** earlier in this unit. There are, however, still a couple of points to note.

- **Weak verbs:** when the stem of an infinitive ends in a **-d**, **-t** or **-gn**, an extra **-e-** is needed before the endings are added:

  antworten → ich antwortete; reden → ich redete; begegnen (*to meet*) → ich begegnete

- **Strong verbs:** an extra **-e-** is needed to 'oil the works' in the **du** and **ihr** forms when the **ich**-form end in a **-t** or a **-d**:

  raten (*to advise*) → ich riet, du rietest, ihr rietet
  finden → ich fand, du fandest, ihr fandet

Here is a reminder of how **strong** and **weak** verbs are formed:

Weak verbs spielen		Strong verbs gehen	
ich spielte	**-te**	ich ging	**-**
du spieltest	**-test**	du gingst	**-(e)st**
Sie spielten	**-ten**	Sie gingen	**-en**
er, sie, es spielte	**-te**	er, sie, es ging	**-**
wir spielten	**-ten**	wir gingen	**-en**
ihr spieltet	**-tet**	ihr gingt	**-(e)t**
Sie spielten	**-ten**	Sie gingen	**-en**
sie spielten	**-ten**	sie gingen	**-en**

- **Uses:** you already know that the simple past tense is more often found in the written language than in the spoken language. This is because written language tends to be more formal than spoken language and the simple past tense does have a more formal flavour to it. A chatty letter to a friend, for instance, might well be written in the perfect tense which would be better suited to the less formal language.

Generally speaking, the simple past tense is mainly used in narrative fiction and non-fiction and in newspaper reporting. You will for instance find that German fairy tales, such as those of the Brothers Grimm, are all in the past simple.

But bear in mind that these are general rules. You will certainly find examples that seem to contradict what we have said here. For instance, the first sentence in newspaper reports is usually in the perfect tense, the rest is then in the simple past. Furthermore, it is sometimes claimed that the simple past tense is used in the ordinary spoken language more frequently in Northern Germany than it is in the South.

- **Principal parts:** the forms of weak verbs are the only ones you can predict. For strong and mixed verbs the forms have to be learned. When you learn a new strong or mixed verb, you really need to learn its so-called *principal parts*.

For a list of commonly found strong and mixed verbs see page 332.

More practice

1 Ergänzen Sie die Geschichte. Complete this romantic story in which a 15-year-old has his first date.

war	dachte	trank	sah	sagte	wartete
stand	kam	ging	schlug	waren	fuhr

An diesem vielleicht wichtigsten Dienstag in seinem Leben **a** _____ Thomas (15) wie immer um 6.45 Uhr auf, **b** _____ schnell einen Cappuccino, **c** _____ zu seiner Mutter ‚Tschüs, Mutti‘ und **d** _____ mit der U-Bahn zum Kurfürstendamm. Er **e** _____ nämlich dort Schüler auf dem Gymnasium. An diesem Dienstag **f** _____ er aber nicht in die Schule, sondern in die Kantstraße, wo er vor dem ‚Theater des Westens‘ auf Yazda **g** _____. Er **h** _____ an seine Mitschüler und Lehrer, die jetzt in der Schule **i** _____. Dann **j** _____ er sie um die Ecke kommen. Ihm **k** _____ das Herz bis zum Hals. Sie **l** _____ also doch.

2 Das Leben von Heinrich Böll. Schreiben Sie einen Lebenslauf des Schriftstellers Heinrich Böll. Look back to Unit 15, page 146 and use the information given to write a report of the famous German author in the past simple. For some strong verbs you might need to look up the correct forms in the list on page 332. Note that the first sentence stays the same in both versions:

a 1917 ist Heinrich Böll am 21. Dezember in Köln geboren.

b Von 1924 bis 1928 besuchte er die Volksschule Köln-Raderthal.

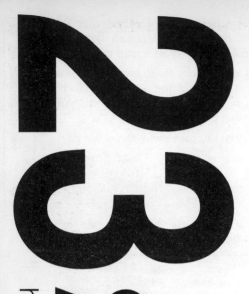

23

Geschichte und Allgemeinwissen

history and general knowledge

In this unit you will learn
- how to talk about German-speaking countries
- how to talk about historical events

Language points
- subordinate clauses (with dass)
- passive

Deutschland, Österreich und die Schweiz

1 Lesen und Lernen

Ein Reporter fragt Leute über Deutschland, Österreich und die Schweiz. Lesen Sie die Interviews. Was passiert mit den Verben (**hat, kommen, liegt**), wenn die Leute **dass** benutzen?

meinen *to think, to mean*	**denken** *to think*
glauben *to believe*	

SPRACHINFO: The word **dass** can be useful when you want to introduce an opinion in German. It is very similar to *that* in English, except that **dass** sends the verb to the end of the sentence or clause, something you probably figured out yourself from the sentences in **Übung 1**:

Ich denke, **dass** St. Moritz in der Schweiz **liegt**.

When you use **dass** with the perfect tense, the **haben** or **sein** verb goes right at the end:

Ich glaube, **dass** Frau Schulte in Hamburg studiert **hat**.
Ich glaube, **dass** Frau Schulte nach dem Abitur durch Asien gereist **ist**.

Note that the **dass** part of the sentence starts with a comma.

You can leave out the word **dass** if you want to. The verb then comes earlier in the sentence:

Ich denke, Augsburg **liegt** in Süddeutschland.
Ich glaube, Frau Schulte **hat** in Hamburg studiert.
Ich glaube, Frau Schulte **ist** nach dem Abitur durch Asien gereist.

2 Sagen Sie es komplizierter und benutzen Sie *dass*

Beispiel   Ich denke, viele Touristen fahren nach Heidelberg.
→ Ich denke, **dass** viele Touristen nach Heidelberg **fahren**.

a   Ich meine, Frankfurt ist das Finanzzentrum von Deutschland.
b   Ich glaube, es gibt in Wien viele alte Kaffeehäuser.
c   Ich denke, München ist eine sehr schöne Stadt.
d   Ich glaube, die Schweizer haben viel Humor.
e   Ich denke, die Deutschen trinken viel Bier.
f   Ich meine, Deutschland ist ein sehr interessantes Land.

3 Haben Sie es gewusst?

Können Sie die folgenden Fragen beantworten? Before you read the text, try to answer the following questions using **dass** and the verbs from the previous exercises – **meinen, denken, glauben**. If you are absolutely sure, you can say **Ich bin sicher, dass** … If you don't have any idea, use **Keine Ahnung**, a very useful expression.

Beispiel Welches ist die größte Stadt in Deutschland?
→ Ich bin sicher, dass Berlin die größte Stadt in Deutschland ist.
→ Ich glaube, dass Berlin die größte Stadt in Deutschland ist.
→ Keine Ahnung.

Now go through all the questions saying the answers out loud, so that you get the feel of the verb coming at the end of the **dass** clause.

a Welches Land ist größer: Österreich oder die Schweiz?
b Wie heißt die Hauptstadt der Schweiz?
c Wie viele offizielle Sprachen gibt es in der Schweiz?
d Wie viele Städte kennen Sie in Österreich?
e Wer ist in Salzburg geboren?
f Wie viele Einwohner hat die Bundesrepublik Deutschland?
g Wie heißt die Hauptstadt der Bundesrepublik?
h Welche Stadt ist größer: Hamburg oder München?
i Wo und wann findet das Oktoberfest statt?
j Welche Stadt in Deutschland ist am multikulturellsten?

Lesen Sie jetzt den Text und überprüfen Sie Ihre Antworten. Versuchen Sie, die Vokabeln aus dem Kontext zu verstehen.

4 Fakten über Deutschland, Österreich und die Schweiz

die Grenze (-n)	border
das Fürstentum (¨er)	principality
die Minderheit (-en)	minority
insgesamt	in total
um|fassen	to comprise
bekannt	famous, well known
die Uhr (-en)	clock
das Arzneimittel (-)	medicine
die Sehenswürdigkeit (-en)	sight (worth seeing)
beliebt	popular
die Wiedervereinigung	reunification
ehemalig	former
der Ausländer (-)	foreigner
der Asylant (-en)	asylum-seeker

Mehr als Lederhosen und Kuckucksuhren

Deutschland, Österreich und die Schweiz: das sind die drei Länder, wo man Deutsch als Muttersprache spricht. Aber es gibt auch noch einige andere Regionen, wo die Leute Deutsch sprechen, zum Beispiel in Belgien an der Grenze mit Deutschland, in Luxemburg, im Fürstentum Liechtenstein und in Südtirol, Italien. Deutschsprachige Minderheiten findet man auch in Kanada, den USA, Rumänien, und sogar in Namibia! Insgesamt sprechen etwa 110 Millionen Deutsch als Muttersprache.

Von den drei Ländern ist die Schweiz das kleinste: Sie umfasst 41 293 km² und hat 7,2 Millionen Einwohner. Die Hauptstadt ist Bern, nicht Zürich, aber Zürich ist die größte Stadt mit 361 000 Einwohnern. Interessant ist, dass man in der Schweiz vier Sprachen spricht: Deutsch, Französisch, Italienisch und Räteromanisch. Bekannt ist die Schweiz für ihre Uhren, Arzneimittel und für die Berge: ideal für einen Wanderurlaub im Sommer und einen Skiurlaub im Winter.

Österreich ist etwa doppelt so groß wie die Schweiz und umfasst 83 853 km² und hat 8,0 Millionen Einwohner. Die Hauptstadt ist Wien, mit 1,8 Millionen Einwohnern und Sehenswürdigkeiten wie das Schloss Schönbrunn, die Hofburg oder das Sigmund Freud-Haus. Andere Städte in Österreich sind Linz, Graz, Innsbruck und Salzburg. Salzburg ist die Geburtsstadt von Wolfgang Amadeus Mozart und viele Leute besuchen die Stadt im Sommer. Sehr beliebt sind die Mozart-Kugeln, eine Süßigkeit aus Marzipan.

Seit der Wiedervereinigung 1990 umfasst die Bundesrepublik Deutschland ingesamt 356 974 km² und hat 81,5 Millionen Einwohner. Seit dem 3. Oktober 1990 ist Berlin die neue Hauptstadt. Davor war es Bonn für die Bundesrepublik und Ost-Berlin für die ehemalige DDR (Deutsche Demokratische Republik).

Berlin ist auch die größte Stadt in Deutschland, jetzt mit 3,46 Millionen Einwohnern.

Nach Berlin ist Hamburg die zweitgrößte Stadt mit 1,7 Millionen Einwohnern vor München mit 1,3 Millionen. München ist aber von allen Städten am beliebtesten: Die meisten Deutschen wollen hier leben, denn das Wetter ist meistens schön im Sommer und im Winter sind die Alpen nicht weit. Vielleicht gehen aber auch viele Leute gern in die Biergärten oder (im September!) aufs Oktoberfest.

Deutschland ist aber auch schon längst eine multikulturelle Gesellschaft: hier leben insgesamt 7,2 Millionen Ausländer, die meisten aus der Türkei (rund 2 Millionen), aber auch Menschen aus dem früheren Jugoslawien, Griechenland, Spanien, Italien, Irland, und aus der ehemaligen Sowjetunion. Unter den Ausländern gibt es auch Asylanten aus Ländern wie Afghanistan, Sri Lanka, Irak, Iran, usw. Prozentual hat Frankfurt am Main mit 29,1 Prozent die meisten Ausländer und ist am multikulturellsten.

Ordnen Sie zu! Put the following features into the correct column in the chart below.

- Wiedervereinigung
- Mozart-Kugeln
- Uhren
- 81,5 Millionen Einwohner
- Oktoberfest
- vier Sprachen
- neue Hauptstadt
- 7,2 Millionen Einwohner

- Sigmund Freud-Haus
- Biergärten
- Arzneimittel
- Schloss Schönbrunn
- viele Leute aus der Türkei
- 8,0 Millionen Einwohner
- multikulturelle Gesellschaft
- etwa doppelt so groß wie die Schweiz

Schweiz	Österreich	Deutschland
Uhren (…)	Sigmund Freud-Haus (…)	Wiedervereinigung (…)

5 Finden Sie die Zahlen

Beispiel Fläche der Bundesrepublik Deutschland: **356 974 km²**

a Fläche von Österreich: ___
b Fläche der Schweiz: ___
c Einwohnerzahl von Deutschland: ___
d Einwohnerzahl von Österreich: ___
e Einwohnerzahl der Schweiz: ___
f Deutsche Wiedervereinigung: ___
g Seit wann Berlin Hauptstadt ist: ___
h Ausländeranteil in Frankfurt: ___%

History

6 Die Geschichte Deutschlands nach 1945

1945 wird der 2. Weltkrieg beendet. Deutschland wird in vier Zonen geteilt.

1948 wird die D-Mark eingeführt.

1949 wird in den drei Westzonen die Bundesrepublik Deutschland gegründet. In der Ostzone wird die Deutsche Demokratische Republik gegündet.

1961 wird die Berliner Mauer gebaut.

1989 wird die innerdeutsche Grenze und die Berliner Mauer geöffnet.

1990 wird Deutschland offiziell wiedervereinigt und tritt die DDR der Bundesrepublik bei. Berlin wird als neue Hauptstadt gewählt.

der Weltkrieg (-e)	*World War*
teilen	*to divide*
ein|führen	*to introduce*
gründen	*to establish, to found*
die Mauer (-n)	*wall*
bauen	*to build*
die innerdeutsche Grenze	*the border between the two Germanies*
öffnen	*to open*

SPRACHINFO: the passive

There are usually two ways of looking at an action. The sentence *The cat ate the mouse* is said to be in the *active voice*, whereas *The mouse was eaten by the cat* is in the *passive voice*.

In **Die Geschichte Deutschlands nach 1945** above, there are several examples of the present passive. For instance:

1945 **wird** der 2. Weltkrieg **beendet**.
Deutschland **wird** in vier Zonen **geteilt**.

How many more examples can you spot? You should be able to find seven more.

The passive is also frequently used in the past, for instance to talk about inventions or historical events.

In German the passive is constructed by using the verb **werden** together with the past participle of the main verb.

Present passive	1945 **wird** Deutschland in vier Zonen **geteilt**.
	*In 1945 Germany **is divided** into four zones.*
Simple past passive	Am 13. August 1961 **wurde** die Berliner Mauer **gebaut**.
	*On 13 August 1961 the Berlin Wall **was built**.*
Perfect passive	1990 **ist** Berlin wieder als Hauptstadt **gewählt worden**.
	*In 1990 Berlin **was** again **chosen** as the capital city.*

7 Was passierte noch in der Welt?

Benutzen Sie das Passiv.

Beispiele   1945 unterzeichneten Stalin, Truman und Attlee das Potsdamer Abkommen.
1945 **wurde** das Potsdamer Abkommen von Stalin, Truman und Attlee **unterzeichnet**.

1963 ermordete man John F. Kennedy.
1963 **wurde** John F. Kennedy **ermordet**.

1947 kündigte US-Außenminister Marshall ein Hilfsprogramm für Westeuropa an.

1949 Mehrere westlichen Staaten gründeten die NATO.

1961 umkreiste Yuri Gagarin die Erde.

1968 ermordete man Martin Luther King.

1990 entließ man Nelson Mandela nach 27 Jahren aus der Haft.

1997 unterzeichneten 15 europäische Staaten die Verträge von Amsterdam.

2002 führte man in Europa den Euro als neue Währung ein.

Versuchen Sie, die Wörter aus dem Kontext zu verstehen. Wenn Sie Hilfe brauchen, hier ist eine Liste!

unterzeichnen	to sign	**umkreisen**	to orbit
ermorden	to assassinate	**die Erde**	the Earth
ankündigen	to announce	**entlassen**	to release
das Hilfsprogramm (-e)	aid programme	**die Haft**	imprisonment, custody
der Vertrag (¨e)	treaty		

SPRACHINFO: Another way that is often used to talk about historical events is through the use of the genitive.

die Gründung der Bundesrepublik	*the foundation of the Federal Republic*
der Bau der Mauer	*the building of the Wall*
die Wiedervereinigung Deutschlands	*the reunification of Germany*

8 Testen Sie Ihr Allgemeinwissen

Wissen Sie die Antworten? Machen Sie Sätze. Create appropriate sentences from these components.

Beispiel Die Dampfmaschine wurde von James Watt erfunden.

a Die neunte Symphonie		James Watt	geschrieben
b Die Fußballwelt-meisterschaft 1966		Alexander Fleming	gesungen
c Die Dampfmaschine		Ludwig van Beethoven	gemalt
d ‚Frankenstein‘	wurde von	England	komponiert
e ‚Guernica‘		Madonna	erfunden
f Das Penizillin		Pablo Picasso	gespielt
g ‚Waterloo‘		Mary Shelley	gewonnen
h Eva Peron		Abba	entdeckt

malen	*to paint*	**entdecken**	*to discover*
erfinden	*to invent*		

▶ 9 Ein Radioprogramm

Hören Sie das folgende Radioprogramm über Johann Wolfgang von Goethe an und beantworten Sie die Fragen.

berühmt	*famous*	**übersetzen**	*to translate*
die Leiden	*sorrows*	**benennen**	*to name*
der Teufel (-)	*devil*		

i   Richtig oder falsch? Korrigieren Sie die falschen Aussagen.

a   Goethe wurde 1747 in Weimar geboren.
b   Er studierte in Leipzig und Straßburg.
c   Mit seiner Novelle *Die Leiden des jungen Werthers* wurde er
    in Europa bekannt.
d   1780 ging er nach Weimar.
e   1786 reiste er für zwei Jahren nach Italien und Griechenland.
f   Faust ist eines seiner wichtigsten Werke.
g   Das Goethe-Institut wurde nach seinem Sohn benannt.

ii Hören Sie die Audio-Aufnahme noch einmal an und
ergänzen Sie dann die Sätze.

a   Johann Wolfgang von Goethe wurde… .
b   Er studierte … .
c   In ganz Europa berühmt wurde er durch … .
c   1775 ging er … .
e   1786 reiste Goethe … .
f   1808 erschien … .
g   Ein Philosoph verkauft seine Seele … .
h   1832 starb er … .
i   Seine Werke wurden … .
j   Das Goethe-Institut wurde … .

▶ 10 Und nun Sie

Now you can show off your knowledge in this TV quiz show!
Schreiben Sie zuerst Ihre Antworten und arbeiten Sie dann mit
der Audio-Aufnahme.

Frage Wissen Sie denn, wie viele offizielle Sprachen in der
           Schweiz gesprochen werden?
Sie   *Say yes. In Switzerland … languages are spoken.*
Frage Wann wurde denn die D-Mark in Westdeutschland
           eingeführt.
Sie   *Say the Mark was introduced in … .*
Frage Und in welchem Jahr wurde die Berliner Mauer gebaut?
Sie   *Say the Berlin Wall was built in … .*
Frage Ausgezeichnet. Aber an welchem Tag wurde Deutschland
           offiziell wiedervereinigt?
Sie   *Say Germany was reunited on the … .*
Frage Aber wissen Sie auch, von wem Faust geschrieben wurde?
Sie   *Say: Faust was written by … .*
Frage Phänomenal! Aber Sie wissen bestimmt nicht, in welchem
           Jahr es veröffentlicht wurde.

Sie	*Say, of course. It was published in ... .*
Frage	Unglaublich! Aber wissen Sie auch, welche Institution nach Goethe benannt wurde?
Sie	*Say, of course. The Goethe-Institut was named after him.*

▶ Pronunciation

At the end of a word or syllable the letter **d** in German is pronounced more like an English **t**:

> Abend, Freund, Geld, Fahrrad, Land
> abendlich, Freundschaft, Geldschein, Radfahrer, Landschaft

When the **d** is no longer at the end of the word or syllable it is pronounced as a **d**:

> Abende, Freunde, Gelder, Fahrräder, Länder

How would you pronounce these words? Lied, Lieder, Bad, Bäder, Hund, Hunde.

Grammar

1 Dass

In this unit you have learned that **dass** can be used to introduce thoughts and opinions. It can also be used to report what someone has said:

> Bitte sagen Sie ihr, **dass** ich   *Please tell her that I*
> angerufen habe.   *phoned.*

Dass can also be used to give an indirect command:

> Bitte sag ihm, **dass** er mich   *Please tell him to phone me*
> anrufen soll.   (Lit. *that he should phone me*).

In these examples, too, the **dass** may be omitted:

> Bitte sagen Sie ihr, ich habe angerufen.
> Bitte sag ihm, er soll mich anrufen.

Don't forget to include the comma, whether the **dass** is used or not.

2 Conjunctions

Words like *that, because, although* which join two sentences or clauses together are known as conjunctions:

I am learning German.   *I often go to Germany.*
I am learning German *because* I often go to Germany.

In German **dass** is an example of conjunctions that change the word order. Other examples are **weil** (*because*) and **obwohl** (*although*):

> Ich lerne Deutsch, **weil** ich oft nach Deutschland **fahre**.
> Ich fahre oft nach Italien, **obwohl** ich kein Wort Italienisch spreche.

3 Passive

As you saw earlier in this unit, most actions can be expressed either in the active voice or in the passive voice:

> Alexander Fleming endeckte 1928 das Penizillin.
> Das Penizillin wurde 1928 von Alexander Fleming endeckt.

Both sentences have more or less the same meaning, but it is possible in most passive sentences to omit the agent, the initiator of the action:

> Das Penizillin wurde 1928 entdeckt.

In this case, Alexander Fleming was the initiator of the discovery, but he does not get a mention in this passive sentence.

This structure therefore lends itself particularly well to:

a scientific and technical processes:

Die Lösung wird in einem Reagenzglas geheizt.	*The solution is heated in a test tube.*
Die Bremsen werden in der Werkstatt geprüft.	*The brakes are tested in the workshop.*

b historical events:

> Die Bundesrepublik Deutschland wurde 1949 gegründet.

Here are examples of the passive in the present tense, the simple past tense and the perfect tense.

• Present tense of **werden** + past participle of the main verb. Here is a reminder of the present tense of **werden**:

ich werde	wir werden
du wirst	ihr werdet
Sie werden	Sie werden
er / sie / es wird	sie werden

Der Text **wird** in unserem Büro **übersetzt**.	*The text is being translated in our office.*

In der Schweiz **werden** vier Sprachen **gesprochen.**	*In Switzerland four languages are spoken.*

• Simple past tense of **werden** + past participle of the main verb.

Here is a reminder of the simple past tense of **werden:**

ich wurde	wir wurden
du wurdest	ihr wurdet
Sie wurden	Sie wurden
er / sie / es wurde	sie wurden

Die Berliner Mauer **wurde** 1961 **gebaut.**	*The Berlin Wall was built in 1961.*
Wann **wurden** diese Werke **geschrieben?**	*When were these works written?*

• Perfect tense of **werden** + past participle of the main verb. The past participle of **werden** is normally **geworden,** but when it is used together with another past participle, as in the passive, then the **ge-** is dropped:

Die DM ist 1948 eingeführt **worden.**	*The DM was introduced in 1948.*
Nach dem 2. Weltkrieg **sind** viele neue Wohnungen gebaut **worden.**	*After the Second World War many new dwellings were built.*

Note that **werden** on its own means *to become*:

Goethe **wurde** in ganz Europa bekannt.	*Goethe became famous in the whole of Europe.*

More practice

1 Sagen Sie es komplizierter: Benutzen Sie **dass.**

Beispiel Sagen Sie ihm, ich möchte ihn sprechen.
*Sagen Sie ihm, **dass** ich ihn sprechen **möchte.***

Sagen Sie ihm,
a ... ich habe angerufen.
b ... ich bin heute Nachmittag an meinem Schreibtisch.
c ... er soll zurückrufen.
d ... ich möchte heute Abend mit ihm essen gehen.
e ... er soll seine Freundin mitbringen.
f ... wir wollen nachher in die Disco gehen.

2 Setzen Sie die Sätze ins Passiv:

Beispiel 1945 Ende des Krieges; Teilung Deutschlands in vier Zonen
*1945 **wurde** der Krieg **beendet**. Deutschland **wurde** in vier Zonen **geteilt**.*

a 1948 Einführung der neuen Währung, der D-Mark
b 1949 Gründung der Bundesrepublik Deutschland und der Deutschen Demokratischen Republik
c 1961 Am 13. August – Bau der Berliner Mauer
d 1989 Öffnung der innerdeutschen Grenze und der Berliner Mauer
e 1990 Offizielle Integration der DDR in die Bundesrepublik Deutschland
f 2002 Einführung des Euro als neue Währung

3 Lesen Sie noch einmal den Text *Fakten über Deutschland, Österreich und die Schweiz* (p. 251–2) Was können Sie über Ihr Land sagen? Schreiben Sie, wie groß Ihr Land ist, wie viele Einwohner es hat, wie die Hauptstadt heißt, was für Sehenswürdigkeiten es gibt, etc.

Congratulations!
You have finished Unit 23, the last unit of the book. We hope you have enjoyed working with *Teach Yourself German*. To make sure that you have mastered the main vocabulary and language points in the last three units, do our **Self-assessment test** on page 272.

In our **Taking it further** section (p. 352) you might find useful information to help you build on the German you have already learned.

Congratulations on completing *Teach Yourself German*!

We hope you have enjoyed working your way through the course. We are always keen to receive feedback from people who have used our course, so why not contact us and let us know your reactions? We'll be particularly pleased to receive your praise, but we should also like to know if you think things could be improved. We always welcome comments and suggestions and we do our best to incorporate constructive suggestions into later editions.

You can contact us through the publishers at:
Teach Yourself Books, Hodder Headline Ltd, 338 Euston Road, London NW1 3BH.

We hope you will want to build on your knowledge of German and have made a few suggestions to help you do this in the section entitled **Taking it further** on page 352.

Alles Gute!

Heiner Schenke & Paul Coggle

testing yourself

To help you monitor your progress with *Teach Yourself German* we have produced a series of short self-assessment tests after every fourth unit, which are based on the units you have most recently completed.

You will find the answers to the test questions in the **Key to the tests**, pages 307–10. When the questions require individual responses, we usually give you model answers to guide you.

We indicate the number of points allocated to each answer, so that you can keep your own score (out of a total of 40 points per test). Here are a few guidelines to help you grade your performance:

35–40 points	Congratulations! You are ready to start the next units.
30–34 points	Very good. You have mastered most of the points covered in the last units. Try to identify the areas which still need some work and go over them again.
20–30 points	Well done, but it might be advisable to revise the areas where you are not quite so confident before moving on to the next units.
Below 20 points	Not bad, but we would strongly advise you to go back over the last units. When you have done so, take the test again and see how much you have improved.

Always remember that learning a new language does take time. If you feel that it seems a bit difficult, don't let yourself be discouraged. Come back to it another day and it will begin to make more sense again.

Self-assessment test: Units 1–4

The test covers the main vocabulary and phrases, skills and language points in the last four units. For how to read your score, refer back to page 263. You can check your answers on page 307. **Viel Glück.** *Good luck.*

1 Can you do the following? Say the answers aloud and write them down. Three points for each correct answer. Note that you can check the pronunciation of the alphabet on page 22.

 a Say your name and say where you come from
 b Ask someone their name (i) formally and (ii) informally
 c Spell your name
 d Ask someone how he/she is
 e Say how you are
 f Tell someone if you are married or single
 g Give your phone number
 h Say which languages you speak

Punkte: _____/24

2 Verb endings – do you remember which endings go where? Half a point for each correct answer.

-en	-st	-e	-en	-t	-en	-en	-t

ich komm___   wir komm___
du komm___   ihr komm___
Sie komm___   Sie komm___
er/sie/es komm___   sie komm___

Punkte: _____/4

3 Fill in the missing endings. One point for each correct ending.

 a Ich komm... aus Gelsenkirchen.
 b Gelsenkirchen lieg... in Deutschland.
 c Herr und Frau Gärtner arbeit... beide bei der Telekom.
 d Wohn... du auch in Berlin?
 e Studier... ihr auch Anglistik?
 f Wir lern... Deutsch.

Punkte: _____/6

4 Do you know the English equivalents for the following German words? One point each.

a Geburtsort   d Staatsangehörigkeit
b Familienstand   e Studium
c Wohnort   f Arbeit

Punkte: _____/6

Self-assessment test: Units 5–8

The test covers the main vocabulary and phrases, skills and language points in the last four units. For how to read your score, refer back to page 263. You can check your answers on page 307. **Viel Glück.** *Good luck.*

1 Here are six professions in German. Can you find the missing letters? Half a point for each correct letter.

a Ta_i_ahrer   d _erkäu_er
b Är_t_n   e K_anken_chwester
c Se_r_tärin   f Fr_sö_

Punkte: _____/6

2 Genders – can you name at least two masculine, two feminine and two neuter nouns? One point for each correct noun and gender.

Punkte: _____/6

3 The accusative case – fill in the missing articles **ein, eine** or **einen**. One point for each correct answer.

a Hier in der Nähe gibt es _____ interessante Kirche.
b Wo finde ich hier _____ Biergarten?
c Gibt es hier in der Nähe _____ Café?
d Ich nehme _____ Tee, bitte.
e Ich trinke _____ Orangensaft.
f Ich möchte _____ großes Bier, bitte.

Punkte: _____/6

4 Can you do the following? Say the answers out loud and write them down. Three points for each correct answer.

a Ask someone about his/her occupation and state yours
b Ask if there is a café nearby
c Order a glass of tea
d Order a cappuccino, a mineral water and two beers
e Ask for the bill
f Ask how much something costs

Punkte: _____/18

5 You are going to a restaurant with a friend of yours, Susanna, who is a vegetarian. Apart from the **Hähnchenbrust** (*chicken breast*) dishes there are four more dishes on the menu below which are not suitable for vegetarians. Can you find them? One point for each correct answer.

Punkte: _____/4

Café Portobello

Limmer Straße 105 ~ 30451 Hannover
Öffnungszeiten: Mo. – Fr. 16 Uhr – 1 Uhr und Sa. & So. 10 Uhr – 1 Uhr
Bestellungen unter Tel. 0511/210 4004

Salate

1	Gemischter Salat – mit Tomaten, Gurken etc.	3,50
2	Mozzarellasalat – mit Tomaten und Basilikum	4,75
3	Portobellosalat – mit Käse, Champignons, Gurken etc.	5,25
4	Gemüsesalat – mit Brokkoli, Blumenkohl, Zucchini Karotten, Mais	5,25
5	Hähnchenbrustsalat – mit Tomaten, Gurken, Mais, Oliven etc.	5,75

Suppen

6	Hausgemachte Zwiebelsuppe	2,50
7	Hausgemachte Tomatensuppe	2,50
8	Hausgemachte Ochsenschwanzsuppe	2,75

Pizza

9	Original – Tomaten, Käse, Salami, Champignons, Paprika	5,50
10	Funghi – Tomaten, Käse, Champignons	4,50
11	Primavera – Tomaten, Käse, Schinken, Artischocken	5,25
12	California – Tomaten, Käse, Ananas, Kirschen, Bananen etc.	5,75
13	Spezial – Tomaten, Käse, Ananas, Hähnchenbrust, Peperoni	6,25

Verschiedenes

14	Überbackene Gemüseplatte	4,75
15	Rührei Spezial – Tomaten, Zwiebeln, frische Champignons, Knoblauch	5,00
16	Portobello Pfanne – Rindfleisch mit Eiern, Tomaten, Zwiebeln etc.	7,50
17	Borani – Auberginen in Tomatensauce, Joghurt, Knoblauch, Salat	6,00

Alle Preise inklusive Bedienungsgeld und Mehrwertsteuer

die Ochsenschwanzuppe (-n)	oxtail soup
der Schinken (-)	ham
die Ananas (-)	pineapple
die Kirsche (-n)	cherries
der Knoblauch	garlic
das Rindfleisch	beef

Self-assessment test: Units 9–12

The test covers the main vocabulary and phrases, skills and language points in the last four units. For how to read your score, refer back to page 263. You can check your answers on page 308. **Viel Glück.** *Good luck.*

1 How would you answer about your daily routine in German? Write the answers down. Two points for each correct answer.

   a Wann stehen Sie normalerweise auf?
   b Wann fängt Ihre Arbeit / Ihr Studium an?
   c Sehen Sie abends oft fern?
   d Wie oft gehen Sie pro Woche aus?

   Punkte: _____ /8

2 Here are six hobbies in German. Can you find the missing letters? Half a point for each correct letter.

   a Le_e_   d _og_en
   b W_nd_rn   e Fu_b_ll
   c Rei_e_   f _ch_immen

   Punkte: _____ /6

3 **Können** and **müssen** are two important verbs which are also quite irregular. Can you supply the correct form of the verb? The first one has been done for you. One point for each correct answer.

   a Ich k*ann* nicht mit ins Theater kommen.
   b K_____ Sie eigentlich Tango tanzen?
   c Susanne k_____ sehr gut Ski fahren.
   d K_____ du Gitarre spielen?
   e Ich m_____ am Wochenende leider arbeiten.
   f Er m_____ mehr joggen.
   g M_____ Sie wirklich nach Köln fahren?

   Punkte: _____ /6

4 Can you do the following? Say the answers aloud and write them down. Four points for each correct answer.

a Ask for and give the time
b State two things you like doing and two things you don't
c Say that on Monday you would like to go to the cinema and ask a friend if he/she wants to come along
d Ask how to get to the train station and how much a ticket to Berlin costs
e Say how you travel to work or university and how long it usually takes you

Punkte: _____/20

Self-assessment test: Units 13–16

The test covers the main vocabulary and phrases, skills and language points in the last four units. For how to read your score, refer back to page 263. You can check your answers on page 308. **Viel Glück.** *Good luck.*

1 Here is the diary of the self-effacing pop star, Peter Wichtig, you met in Unit 14. Can you write out what he did yesterday using the present perfect tense? The first sentence has been done for you. One and a half points for each correct answer.

> *8.00 aufstehen*
>
> *8.30 frühstücken (Kaviar, Champagner)*
>
> *9.30–12.00 im Studio arbeiten*
>
> *12.30 Mittagessen mit Julio Iglesias*
>
> *14.00 einkaufen gehen*
>
> *16.00–17.00 im Fitnessstudio joggen*
>
> *21.00 Treffen mit Claudia Schiffer*

a *Um acht Uhr ist er aufgestanden.*
b *Um halb neun ...*

Punkte: _____/9

2 Can you fill in the comparative and superlative forms of the following adjectives? The first one has been done for you. Half a point for each correct answer.

a	klein	*kleiner*	am *kleinsten*
b	groß	_____	am _____
c	interessant	_____	am _____
d	hoch	_____	am _____
e	gut	_____	am _____

Punkte: ____/4

3 Can you give the German equivalents for the following English words? Half a point each.

a	terraced house	e	living room
b	detached house	f	bedroom
c	flat	g	kitchen
d	rent	h	bathroom

Punkte: ____/4

4 Can you do the following? Say the answers aloud and write them down. For allocation of points see each question.

a State when you got up yesterday, what you did in the morning, what you had for dinner and what you did in the evening (8 points)

b Say what type of accommodation you live in, describe how many rooms you have and what the surrounding area is like (6 points)

c Say that the museum is behind the parking lot, next to the town hall (2 points)

d Say that you would like a double room for two people for four nights; ask how much it costs and what time breakfast is (3 points)

Punkte: ____/19

5 On the next page is an advert for the Madison Hotel in Hamburg. Their 'Musical-Special' deal offers an **Eintrittskarte**, *entrance ticket*, to a musical for guests staying at the hotel. Read the advert and see if you can find out the details of their offer.

There is some vocabulary listed below, but first see if you can answer the questions without further help.

a What is Hamburg well known for?
b Where is the Madison Hotel situated in Hamburg?
c How many nights do you have to stay in order to qualify for the offer?
d What else is included besides the ticket for the musical?

ergreifend	*moving, touching*
huldigen	*to pay homage to*
versprechen	*to promise*
im Herzen	*in the heart*

Punkte: _____/4

Self-assessment test: Units 17–20

The test covers the main vocabulary and phrases, skills and language points in the last four units. For how to read your score, refer back to page 263. You can check your answers on page 309. **Viel Glück.** *Good luck.*

1   Here are eight items of clothing in German. Can you find the missing letters? Half a point each for each correct answer.

a   H_s_
b   An_u_
c   _lus_
d   Ma_t_l

e   R_c_
f   K_a_atte
g   _üt_e
h   Sc_u_

Punkte: _____/4

2 Can you supply the correct adjectival endings? The first one has been done for you. One point for each correct ending.

a Es war ein sehr schön*er* Tag.
b Ich möchte ein groß___ Bier, bitte.
c Sie trägt einen grün___ Mantel und eine weiß___ Bluse.
d Er trägt ein dunkelblau___ Hemd mit einer modisch___ Krawatte.
e Herr Marquard wohnt in einem alt___ Haus mit einem groß___ Garten.
f Das neu___ Buch von Gabriel Marquez gefällt mir sehr gut.
g Zeigen Sie mir doch bitte den neu___ Reiseführer über New York.
h Was? Mit dem alt___ Auto ist er bis nach Indien gefahren?

Punkte: ____/10

3 Give the appropriate form of the dative in the following sentences. One point for each correct answer.

a Thomas fährt immer mit d___ Fahrrad zur Arbeit.
b Ich habe mein___ Mutter ein paar Blumen gekauft.
c Florian hat morgen Geburtstag. Wir schenken ___ ein Buch.
d Sharon versteht nicht, wann man den Dativ verwenden muss. Kannst du ___ helfen?
e Du hast also mein neues Buch gelesen. Hat es ___ gefallen?
f Can you also remember the three occasions when the dative case is used in German?

Punkte: ____/6

4 Can you do the following? Say the answers aloud and write them down. Five points for each correct answer.

a Say which clothes you like wearing and which not
b Ask somebody if they could help you and ask if they could recommend something
c Say that you often have back pains and that your doctor said that you should do more swimming
d State where you went for your last holiday, what the weather was like and where you would like to go for your next holiday

Punkte: ____/20

Self-assessment test: Units 21–23

The test covers the main vocabulary and phrases, skills and
language points in the last three units. For how to read your
score, refer back to page 263. You can check your answers on
page 309. **Viel Glück.** *Good luck.*

1 Here is a short biography of the Austrian composer
Wolfgang Amadeus Mozart. Can you put the verbs in the
past simple form? The first one has been done for you. One
point for each correct answer.

> Wolfgang Amadeus Mozart (**a**) *wurde* am 27. Januar
> 1756 in Salzburg geboren (*werden*). Bereits mit 6 Jahren
> (**b**) _____ er auf Konzerttour (*gehen*). Mit 9 Jahren (**c**)
> _____ er seinen ersten Auftritt als Klavier spielendes
> Wunderkind (*haben*). Seine erste Oper (**d**) _____ er
> mit 13 Jahren (*schreiben*). Als Jugendlicher häufig auf
> Reisen, (**e**) _____ er oft krank (*sein*). Insgesamt (**f**)
> _____ er über 600 Werke (*komponieren*). Er (**g**)
> _____ am 5. Dezember 1791 in Wien (*sterben*).

Punkte: _____/6

2 Can you supply the correct missing genitive endings? Note
that sometimes no ending might be needed. Two points for
each correct sentence.

a Wie ist der Name ihr___ neuen Freund___?
b Da drüben steht das Auto mein___ Chef___.
c Er hilft sein___ jüngeren Schwester___ bei den
   Hausaufgaben.
d Angesichts d___ schlechten Wetter___ bleiben wir
   lieber zu Hause.

Punkte: _____/8

3 Translate the following sentences into German using the
passive voice. Two points for each correct answer.

a The Federal Republic of Germany was founded in 1949.
b In 1961 the Berlin Wall was built.
c In 1989 the Berlin Wall was opened.
d In 1990 Germany was re-united and Berlin was chosen
   as the new capital.

Punkte: _____/8

4 Can you do the following? Say the answers aloud and write them down. Six points for each correct answer.

a   Make a phone call: state your name and ask if you could talk to Mr Becker

b   Talk about where and when you were born, where you went to school, what you did after school and what you are doing at the moment

c   Give details about your country: state what the population is, what the capital is and what other interesting cities or attractions there are

Punkte: _____/18

key to the exercises

Unit 1

Saying hello

2 a Wie heißen Sie? *What are you called?* b Wie ist Ihr Name? *What is your name?* 3 a Gertrud Gruber; b Martin Braun; c Boris Schwarz.

Greeting people

5 a 3; b 1; c 4; d 2.

6 Six greetings. Guten Abend; Guten Morgen (x2); Gute Nacht (x2); Guten Tag.

Where do you come from?

7 a True; b False; c True; d True.

8

Name	Geburtsort	Wohnort
Ich heiße...	Ich komme aus...	Ich wohne jetzt in...
Jochen Kern	Aachen	Bonn
Dana Frye	Stuttgart	Hannover

9 *Sample answer*: Ich heiße... Ich komme aus Manchester. Ich wohne jetzt in London.

More practice

1 a ii; b iii; c ii. 2 a Wie; b Wo; c Woher; d Wie. 3 a Ich heiße Simone Becker. Wie heißen Sie? b Ich wohne in Berlin. Wo wohnen Sie? c Ich komme aus Großbritannien. Woher kommen Sie? 4 a Wie; b Ich; c woher; d aus; e Wo; f jetzt / hier.

Unit 2

How are you?

2

	ausgezeichnet	sehr gut	gut	es geht	nicht (so) gut	schlecht
Frau Renger			✓			
Frau Müller		✓				
Herr Schulz					✓	
Frau Koch		✓				
Herr Krämer	✓					
Herr Akdag		3				

3 e, c, b. 4 a Danke, mir geht's wirklich sehr gut. b Mir geht's schlecht. c Ach, es geht. d Mir geht's heute nicht so gut. 5 ein, mein, in, sie, geht, es, prima, aus, ausgezeichnet, ich, wirklich, wir, noch, heute, er, nicht, danke, sehr, gut. *Did you find any others? Let us know if you did!*

Where do you come from?

6 a richtig b falsch; Zürich liegt nicht in Österreich, sondern in der Schweiz. c richtig d falsch; Susanne Vermeulen kommt nicht aus Delft in den Niederlanden, sondern aus Brüssel, in Belgien. e richtig f falsch; Michael Naumann kommt nicht aus Dresden, sondern aus Leipzig. Er wohnt jetzt nicht in Linz, sondern in Salzburg, Österrreich.
7 Belgien; Dänemark; Deutschland; Großbritannien; Irland; Italien; Schweden; Spanien; die Türkei. *The first syllable is most often stressed.* **Großbritannien, Italien** *and* **die Türkei** *do not fit into this category.*
8 a richtig; b falsch; Heidelberg liegt nicht in Österreich, sondern in Deutschland. c falsch; Köln liegt nicht in den Niederlanden, sondern in Deutschland. d richtig; c falsch; Amsterdam liegt nicht in Belgien, sondern in den Niederlanden.
9 *These are some of the possible answers.*
a Naomi Campbell kommt aus Großbritannien und wohnt jetzt in den USA.
b Madonna kommt aus den USA, aber wohnt jetzt in Großbritannien.
c Steffi Graf kommt aus Deutschland, aber wohnt jetzt in den USA.
d Michael Schuhmacher kommt aus Deutschland. Er wohnt

jetzt in Österreich. Er arbeitet in Deutschland, in Italien, in Großbritannien ...
e Arnold Schwarzenegger kommt aus Österreich und wohnt jetzt in den USA.
f Claudia Schiffer kommt aus Deutschland und wohnt jetzt in den USA.

10 Sheena Guten Tag! Ich heiße Sheena McDonald.
    Sheena Ich komme aus Edinburg in Schottland. Und Sie? Wo wohnen Sie?
    Sheena München ist schön.

More practice
1 a aus; b aber; c jetzt; d Belgien; e arbeitet (wohnt). 2 a Wie heißen Sie? b Woher kommen Sie? c Wo wohnen Sie jetzt? d Wie geht es Ihnen heute?

Unit 3

Numbers 1–10
1 9, 3, 8, 4, 6, 2. 2 Hamburg Dortmund: 2 zu 1; Bochum Sankt Pauli: 6 zu 0; Duisburg Mönchengladbach: 4 zu 2; Bielefeld Rostock: 1 zu 3; Schalke Freiburg: 0 zu 2; Karlsruhe 1860 München: 3 zu 0; Bremen Düsseldorf: 1 zu 0.

The Alphabet
4   Baumgart, Waltraud   ✓ 1
       Henning, Sebastian
       Hesse, Patrick   ✓ 3
       Hoffmann, Silke
       Ludwig, Paul
       Schanze, Martin   ✓ 2
       Schidelowskaja, Tanja   ✓ 4
       Schulte, Christel

5 AEG, BMW, DB, DZ Bank, VW

Numbers 11–100
7 99 neunundneunzig; 48 achtundvierzig; 87 siebenundachtzig; 26 sechsundzwanzig; 52 zweiundfünfzig
8 Winning numbers Lotto: 6 8 14 23 26 46 Bonus number 22
9 a Schulz 040 - 30 07 51; b Marhenke 040 - 73 45 92.
10 Telefon 0711-23 38 41 Fax 0711-24 89 02 Haus 193

Wir, sie

11 The two couples come from Jena and Stuttgart respectively. Jochen and Katja speak no French. Marga and Peter speak only a little French. **a** richtig; **b** falsch; Sie sprechen kein Französisch. **c** falsch; Marga und Peter sind aus Jena. **d** richtig; **e** falsch; Sie sprechen ziemlich gut Englisch. **f** Sie arbeiten bei Carl Zeiss (ii).

More practice

1 **a** Heißen Sie wirklich Brunhilde Bachmeyer-Goldhagen? **b** Kommen Sie wirklich aus Buxtehude? **c** Wohnen Thomas und Johanna wirklich in München? **d** Arbeitet Johanna wirklich in Nürnberg? **e** Spricht Thomas wirklich ein wenig Spanisch? **f** Kommen Sie wirklich aus Innsbruck?

2 **Visitenkarte A** Ich heiße Matthias Peters. Ich wohne in Hamburg. Meine Telefonnummer ist 040-300526.
Meine Faxnummer ist 040-376284.
Meine E-Mail-Adresse ist m.peters@delta.com
Visitenkarte B Mein Name ist Hartmut Klausthaler. Ich wohne in Gera. Meine Telefonnummer ist 6173. Meine Faxnummer ist 26798.
Visitenkarte C Ich heiße Dorothea Johannsen. Ich wohne in Münster. Meine Telefonnummer ist 0251 - 514386

Unit 4

I speak German

1 **a** H; **b** N; **c** N; **d** N; **e** H; **f** N. Seven differences.

2 Noch zwei Abendkursstudenten

Name	Gür Yalezan	Susi Merkl
Nationalität	Türke	Österreicherin
Geburtsort	Berlin	Innsbruck
Wohnort	Taucha	Rötha
Sprachen	Türkisch, Deutsch, Englisch	Deutsch, Englisch, Spanisch
Familienstand	ledig	verheiratet
Arbeit? Studium?	studiert in Leipzig	arbeitet in Leipzig

Nationalities and languages

3 Michael speaks German, English and French. He understands a bit of Spanish and is learning Japanese. **a** Nein, er ist Österreicher. **b** Nein, er ist Student. / Nein, er studiert. **c** Nein, er studiert in Wien. **d** Ja, er spricht Deutsch. / Ja, Deutsch ist seine Muttersprache. **e** Nein, er spricht Englisch

und Französisch. f Ja, er versteht ein wenig Spanisch. g Nein, er lernt im Moment Japanisch.

4 Most of the female versions of nationalities end in -in. Most languages end in -isch. 6 Mein Name ist ... . Ich komme aus ... . Ich wohne jetzt in ... . Ja, ich bin Amerikaner / Amerikanerin. / Nein, ich bin ... / ... . Ja, meine Muttersprache ist Englisch. / Nein, meine Muttersprache ist ... . Ja, ich verstehe ein bisschen Deutsch. Ja, ich bin verheiratet. / Nein, ich bin ledig / geschieden / verwitwet. Ja, ich studiere. / Nein, ich arbeite. / Nein, ich bin arbeitslos.

Du, ihr

7	Klaus	Guten Tag! Ich heiße Klaus Thomas. Wie heißen Sie?
	Gerhard	Ich bin Gerhard Braun. Woher kommen Sie?
	Klaus	Aus München. Kommen Sie auch aus München?
	Gerhard	Nein, aus Nürnberg. Sprechen Sie Englisch?
	Klaus	Ja, ziemlich gut. Und Sie?
	Gerhard	Na ja, es geht.

More practice

1 Jürgen Krause
Ich heiße Jürgen Krause.
Nein, ich bin Österreicher.
Ich komme aus Wien.
Ich wohne jetzt in Salzburg.
Ich spreche Deutsch und Englisch.
Nein, ich bin seit drei Jahren verwitwet.
Ja, ich arbeite in Salzburg.

2 a iii; b v; c i; d ii; e vi; f iv. 3 i a Wie heißt du? b Woher kommst du? c Und wo wohnst du jetzt? d Wie geht's dir heute? e Sprichst du Englisch? f Bist du verheiratet? g Wie ist deine Zimmernummer?
ii a Wie heißt ihr? b Woher kommt ihr? c Und wo wohnt ihr jetzt? d Wie geht's euch heute? e Sprecht ihr Englisch? f Seid ihr verheiratet? g Wie ist eure Zimmernummer?

Unit 5

Towns and cities

2
1 Das ist eine Kneipe. Die Kneipe heißt *Bierstübl*. / Sie heißt *Bierstübl*.
2 Das ist ein Biergarten. Der Biergarten heißt *Mönchbräu*. / Er heißt *Mönchbräu*.

3 Das ist eine Kirche. Die Kirche heißt *Jakobskirche*. / Sie heißt *Jakobskirche*.
4 Das ist ein Hotel. Das Hotel heißt *Bahnhofshotel*. / Es heißt *Bahnhofshotel*.
5 Das ist ein Café. Das Café heißt *Café Krause*. / Es heißt *Café Krause*.
6 Das ist ein Markt. Der Markt heißt *Buttermarkt*. / Er heißt *Buttermarkt*.

3

ᵃ B	Ä	C	ᵉ K	E	R	E	I
ᵇ B	A	H	N	H	O	F	
ᶜ H	O	T	E	L			
		ᵈ K	I	R	C	H	E
			? P				
	ᶠ B	I	E	R			

4 a ein Kino b Das Hotel c eine Bäckerei d Ihr Vorname e das Bahnhofshotel f ein Café g deine Telefonnummer h Die Kneipe

5 a Sie ist in München. b Die Stadt ist sehr schön. c Das Stadtzentrum und der ‚Englische Garten' sind besonders schön. d Die Sprachschule heißt ‚Superlang'. e Nein, sie spricht ziemlich viel Deutsch. f Das Bier ist auch sehr gut in München. g die Woche, das Stadtzentrum, der Garten, die Sprachschule, das Bier

Numbers 101 and upwards
7 1 b; 2 c; 3 a; 4 c; 5 b; 6 a.

8	Heidelberg	147.000	hundertsiebenundvierzigtausend
	Dresden	470.000	vierhundertsiebzigtausend
	Frankfurt am Main	650.000	sechshundertfünfzigtausend
	München	1.236.000	eine Million zweihundertsechsunddreißigtausend
	Hamburg	1.708.000	eine Million siebenhundertachttausend
	Berlin	3.471.000	drei Millionen vierhunderteinundsiebzigtausend

More practice
1 a Ihr, Mein; b Ihre, Meine; c Ihr, Mein; d Ihre, Meine; e Ihr, Mein.

2 geht's; fantastisch; eine; Die; schön; das; der; eine; Die; heißt; spreche; bald.

Unit 6

Occupations

1 a Das ist Peter Meier. Er ist Taxifahrer. **b** Das ist Helga Neumann. Sie ist Automechanikerin. **c** Das ist Heike Müller. Sie ist Musikerin. **d** Das ist Manfred Lustig. Er ist Tischler. **e** Das ist Kurt Leutner. Er ist Kellner. **f** Das ist Ulrike Wagner. Sie ist Ärztin. **g** Das ist Marc Straßburger. Er ist Koch.

2 i a She is German. **b** That's how long she has lived in England. **c** They both work. **d** Ingrid's husband.

ii a falsch; Ingrid ist Deutsche. **b** richtig **c** richtig **d** falsch; Jutta ist Krankenschwester. **e** falsch; Herr Sammer ist Mechaniker bei Opel. **f** richtig

3 a Deutscher; **b** Engländerin; **c** 24 Jahren; **d** Tischler von Beruf.

4 *Gudrun's responses*:
Ja, ich bin Deutsche.
Nein, er ist Ire.
Ich wohne seit 17 Jahren in Münster.
Ja, ich bin Sekretärin bei Mannesmann.
Er ist Taxifahrer.

5 a Lehrerin; **b** Maurer; **c** Journalist; **d** Sekretärin.

What are you studying?

6 a falsch; Sie kommen aus Gießen. **b** richtig **c** falsch; Sie studiert Romanistik. **d** richtig **e** richtig **f** falsch; Sie finden es ein bisschen langweilig.

7	Name	Paul	Daniel	Heike	Martina
	Wohnort	Bremen	Hamburg	Düsseldorf	Köln
	Studienort	Bremen	Bremen	Aachen	Aachen
	Studienfach	Germanistik	Anglistik	Informatik	Mathematik

More practice

1 e b c f a d g. **2 a** Engländer; **b** Ire; **c** Schottin; **d** Studenten; **e** Studentin; **f** Journalist; **g** Sekretärinnen; **h** Verkäuferin; **i** Kellnerin.

Unit 7

Asking the way

1 Dialog 1 This woman is looking for a bank. She is told to take the first street on the left. It's about 5 minutes' walk.

Dialog 2 This woman is looking for a supermarket. She is told to keep going straight ahead. It's about 400 metres.
Dialog 3 This man is looking for a nice café. He is told to go around the corner to the right.. It's not far away.
2 **a** der Nähe eine; **b** es hier in der Nähe ein Café; **c** hier in der Nähe einen; **d** gibt es hier in der Nähe einen. 3 **a** ein Restaurant; **b** ein Kino; **c** einen Supermarkt. 4 **a** eine; **b** einen; **c** ein; **d** ein; **e** einen; **f** einen.

In a café

5

HOT DRINKS	€	NON-ALCOHOLIC DRINKS	
Cup of coffee	1,75	Coca Cola	1,90
Cappuccino	2,25	Lemonade	1,90
Hot Chocolate	2,25	Orange juice	1,90
Black Tea	1,75	Mineral water	2,00
CAKES		BEERS	
Butter cake	1,25	König Pils	2,00
Blackforest gateau	2,40	Wheat beer	2,50
Various fruit flans	2,00		
Portion of cream	0,75		
ICE SPECIALITIES			
Assorted ice-cream	2,50, 3,50, 4,50		
Peach Melba	3,50		
Praliné cup	3,75		

i richtig; **ii** falsch; Er möchte ein Bier. **iii** richtig. **iv** falsch; Sie bestellt ein Mineralwasser und einen Kaffee. **v** falsch; Er bekommt einen Orangensaft. **vi** richtig. 6 **b** trinken, trinke; **c** bekommen, nehme; **d** nehmen, bekomme. 7 **a iii** das; **iv** das; **v** der; **vii** der. 8 *There are several possibilities. Here is just one:* **a** bekommen; bekomme; -en; -en; möchten; möchte; - ; nehmen; nehme; -en. **b** nehmen; nehme; - ; bekommen; bekomme; -en; trinke; -e. 9 **a** falsch; **b** richtig; **c** falsch; **d** falsch.

More practice
1 **a** -en; **b** -; **c** -en, -e; **d** den, den; **e** den; **f** das, das. 2 **a** vii; **b** i / vi; **c** viii; **d** iii; **e** ii; **f** vi/i; **g** v; **h** iv.

Unit 8

Food and shopping

1 *Here are just some of the items you might have included in your list*

Lebensmittel	Obst	Gemüse	Getränke
das Brot	die Äpfel	der Blumenkohl	das Bier
das Brötchen	die Bananen	die Karotten	die Cola
das Ei	die Orangen	die Kartoffeln	der Kaffee
das Fleisch		die Pilze	die Limonade
das Müsli		der Salat	die Milch
das Öl			das Mineralwasser
der Reis			der Orangensaft
das Salz			der Schnaps
das Würstchen			der Sekt
der Zucker			der Tee
			der Tomatensaft
			das Wasser
			der Wein
			der Wodka

3 *These are just some of the possibilities:* **a** Gemüse und Käse; **b** Fleisch; **c** Bier, Wein und Orangensaft; **d** und Zucker. **4 a** Tomaten; **b** Wein; **c** Cornflakes; **d** Bonbons; **e** Salami. **5 a** Sie kauft zehn Brötchen. **b** Ein Kilo kostet €1,40. **c** Sie kauft den Riesling. **d** Sie bezahlt €11,35. **6 i** c **ii** a **iii** f **iv** b **v** d **vi** e.

8

ᵃK	Ä	S	E					
ᵇK	A	R	T	O	F	F	E	L	N
ᶜW	Ü	R	S	T	C	H	E	N
		ᵈB	R	Ö	T	C	H	E	N
		ᵉT	O	M	A	T	E	N
			T	E	E			
	ᵍS	A	L	A	T			
					ʰW	E	I	N
		ⁱB	O	N	B	O	N	S

In a restaurant

9 a richtig, b falsch; c falsch; d falsch; e falsch. 10 b – v; e – ii;
c – i; f – vi; a – iv; d – iii. 11 Ich möchte bitte bestellen./ Als
Vorspeise möchte ich eine französische Zwiebelsuppe./Als
Hauptgericht nehme ich das Schnitzel mit Pommes frites. Und
ich möchte auch einen gemischten Salat./Ich möchte ein Glas
Weißwein. Und zum Nachtisch (als Dessert) nehme ich den
Apfelstrudel./ Mit Sahne. Und nachher möchte ich einen
Kaffee. 12 a Ich esse gern Gummibärchen und trinke gern
Orangensaft. b Ich trinke gern Kaffee und esse gern Kuchen.

More practice

1	ein(e)	zwei
a	Apfel	**Äpfel**
b	**Brötchen**	Brötchen
c	Wurst	**Würste**
d	Flasche	**Flaschen**
e	**Kartoffel**	Kartoffeln
f	**Kännchen**	Kännchen
g	Glas	**Gläser**
h	Party	**Partys**

2 a Als Vorspeise möchte ich eine Gemüsesuppe.
b Als Hauptgericht nehme ich das Schnitzel.
c Zum Trinken möchten wir eine Flasche Mineralwasser
bestellen.
d Als Dessert bekommen wir den Obstsalat mit Sahne.
e Nachher trinken wir eine Tasse Kaffee und eine Tasse Tee.
f Jetzt möchten wir bitte bezahlen.

Unit 9

What are these people doing?

2 a fahren / fliegen; b schwimmen; c spielen; d lesen; e hören /
spielen; f kochen / essen. 3 a spricht; b Kochen; c Trinkt;
d nimmst; e liest; f isst.
4 a liest; b kocht / isst; c schreibt; d hören; e lernen (for Herr
und Frau Neumann / lernt (Frau Neumann only); f fahren /
fliegen.

Hobbies and leisure time

5 a richtig; b richtig; c falsch; Sie liest gern Romane. d falsch;
Sie fotografiert auch gern. e falsch; Ins Kino geht sie sehr gern.
f richtig.

6

Lesen	✓	Surfen	☒	Fotografieren	☒
Reisen	☒	Schwimmen	✓	Popmusik	☒
Fußball	☒	Kino	✓	Garten	✓
Computer	☒	Tennis	☒	Jazz	☒
Klassische Musik	☒	Fallschirmspringen	☒	Segeln	☒
Sport	☒	Wandern	✓	Joggen	☒
Golf	☒	Fitness	☒	Rockmusik	☒

7 *Some possible answers:*
a Ja, ich lese gern Zeitung. / Nein, ich lese nicht gern Zeitung.
b Ja, ich höre gern Elvis Presley. / Nein ich höre nicht gern
Elvis Presley. /
Ja, Elvis Presley höre ich gern. / Nein, Elvis Presley höre ich
nicht gern.
c Ja, ich esse gern Pizza. / Nein, ich esse nicht gern Pizza. / Ja,
Pizza esse ich gern. / Nein, Pizza esse ich nicht gern.
d Ja, ich reise gern. / Nein, ich reise nicht gern.
e Ja, ich arbeite gern im Garten. / Nein, ich arbeite nicht gern
im Garten. / Ja, im Garten arbeite ich gern. / Nein, im Garten
arbeite ich nicht gern.
f Ja, ich trinke gern Bier. / Nein, ich trinke nicht gern Bier. / Ja,
Bier trinke ich gern. / Nein, Bier trinke ich nicht gern.
g Ja, ich gehe gern ins Kino. / Nein, ich gehe nicht gern ins
Kino. / Ja, ins Kino gehe ich gern. / Nein, ins Kino gehe ich
nicht gern.
h Ja, ich koche gern. / Nein, ich koche nicht gern.

8 a Er geht viermal pro Woche ins Fitnesszentrum. b Er geht
lieber ins Restaurant. c Er bleibt zu Hause und sieht gern fern.
d Sie geht normalerweise zweimal im Monat ins Museum. e
Mit ihren Kindern (und mit ihrem Mann geht sie oft ins
Kindertheater. f Sie geht meistens zweimal die Woche in die
Disco. Ins Museum geht sie sehr selten. g Sie findet Brad Pitt
sehr attraktiv.

9 a Nein, sie gehen nicht ins Kino, sie gehen ins Restaurant.
b Nein, sie geht nicht ins Café, sie geht ins Konzert/in die
Oper. c Nein, sie geht nicht in die Oper, sie geht ins Café.
d Nein, er geht nicht nie ins Restaurant, er geht nie ins
Stadion. e Nein, er geht nicht ins Museum, er geht in die
Kneipe. f Nein, er geht nicht ins Fitnesszentrum, er geht ins
Kino. *There may be other possibilities.*

More practice
1 a Isst; b ist; c Sprichst; d spielt; e Sprecht; f fotografiere;
g liest; h sind.

2 a Ich trinke gern Rotwein. **b** Ich esse gern Pommes frites.
c Wir hören gern klassische Musik. **d** Wir spielen gern Schach.
e Ich lese gern *die Süddeutsche Zeitung*. **f** Trinkst du gern
Kaffee?

Unit 10

The time

2 a nach; **b** vor; **c** Viertel; **d** halb. **3 a** 4.30–3; **b** 8.50–2;
c 8.45–4; **d** 6.28–1. **4 a** Est ist halb fünf. **b** Es ist zehn vor neun.
c Est ist Viertel vor neun. **d** Es ist kurz vor halb sieben./Es ist 28
Minuten nach sechs. **7 a** 20.00 **b** 14.03 **c** 13.00 **d** 7.57 **e** 15.44
f 17.03.

A typical day

9 a Das Mädchen **steht** um sieben Uhr **auf**. **b** Der Mann **sieht
fern**. **c** Die Schule **fängt** um acht Uhr **an**. **d** Der Mann **kauft** im
Supermarkt **ein**.
10 a falsch; **b** richtig; **c** falsch; **d** richtig. **e** Er steht gegen halb
sieben auf. **f** Feierabend ist gegen vier. **g** Er sieht nicht viel fern.
h Meistens um halb 12.

More practice

1 a an; **b** fern; **c** auf; **d** ein; **e** an; **f** ab. **2** Um halb sieben steht
er auf. Um sieben Uhr fährt er zur Arbeit. Um neun Uhr ruft er
Frau Gerhard an. Um halb eins geht er zur Bank. Um fünf Uhr
kauft er ein. Um sieben Uhr geht er mit Bernd, Helga und
Ulrike in die Kneipe. Um zehn Uhr sieht er fern.

Unit 11

Going out

1 a richtig; **b** falsch; **c** falsch; **d** richtig. **2 a** Man kann ein
Theaterstück für Kinder und Erwachsene (Die Abenteuer von
Aladdin) sehen. **b** Anschließend kann man spielen, Eis oder
Bratwurst essen und Bier trinken. **c** Um halb neun kann man
Oldies und Goldies hören. **d** Sie können ‚Terminator 6' sehen.

4

		a/k B	Ü	R	O	
		b K	I	N	O	
c M	U	S	E	U	M	
	d P	A	R	K		
e M	O	R	G	E	N	
		f R	A	D	I	O
	g K	I	R	C	H	E
h B	E	T	T			
		i K	N	E	I	P	E
		j B	A	N	K	

k Hier kann man Bier trinken.

Arrangements

5 Sonntag, Montag, Dienstag, Mittwoch, Donnerstag, Freitag, Samstag / Sonnabend.
6 a falsch; Sie möchte einen Film mit Demi Moore sehen.
b richtig; c falsch; Am Mittwoch abend muss Petra ihre Schwester abholen. d richtig; e richtig; f falsch; Sie treffen sich um acht. 7 a Am Montag muss er um 20.00 Uhr Dr. Schmidt treffen. b Am Dienstag muss er abends zum Geburtstag von Uschi und Bernd gehen. c Am Mittwoch muss er bis 22 Uhr arbeiten. d Am Donnerstag muss er mit den Kollegen essen gehen. e Am Freitag muss er mit Tante Gisela in die Oper gehen. f Am Wochenende muss er nach München fahren.
8 1f; 2e; 3h; 4a; 5g; 6d; 7c; 8b. 9 a ins Kino; b Im Café; c ins Café; d im Restaurant; e in die Sprachschule; f ins Restaurant; g Im Kino; h In der Sprachschule. 10 a 1; b 3; c 2; d 3.

11 *There are other possibilities:*
Hallo, Jutta. Mir geht's gut. Und dir?
Ja, das ist eine gute Idee. Wann denn?

Tut mir Leid. Dienstagabend kann ich nicht. Da muss ich arbeiten.
Tut mir Leid. Am Freitag muss ich nach Köln fahren. Geht es Samstagabend?
Wann treffen wir uns?
Acht Uhr ist gut.Wir können uns im Restaurant treffen.
Tschüs, bis Samstagabend.

More practice

1 a Im Theater kann man ein Stück von Shakespeare sehen.
b Er möchte heute Abend in die Kneipe gehen. **c** Er kann sehr gut Tango tanzen. **d** Was kann man in London machen? **e** Ich möchte am Dienstag essen gehen. **f** Frau Johnson kann sehr gut Deutsch sprechen.
2 Am Dienstag möchte sie Klaus treffen, aber sie muss die Mathe-Prüfung machen. Am Mittwoch möchte sie lange schlafen, aber sie muss morgens um 7.30 Uhr ins Fitnessstudio. Am Donnerstag möchte sie in die Kneipe gehen, aber sie muss für Hannelore Babysitting machen.

Unit 12

Buying a train ticket

1 Einfach (*single ticket*); hin und zurück (*return ticket*); Gleis (*platform*). **2 a** (Sie fährt) nach Berlin. **b** (Sie kostet) €43.
c Nein, der Zug ist direkt. **d** (Er fährt) in 10 Minuten. **e** (Er fährt) von Gleis 14. **3 Dienstag um 06:00 – a** Der nächste Zug fährt um 6:12. **b** Nein, Sie müssen nicht umsteigen. **c** Nein, leider gibt es keinen Speisewagen. **d** Er kommt um 10:43 in Heidelberg an.
Sonntag um 06:30 – a Der nächste Zug fährt um 7:24. **b** Ja, Sie müssen in Frankfurt umsteigen. **c** Ja, es gibt einen Speisewagen. **d** Er kommt auch um 10:43 in Heidelberg an.
Donnerstag um 09:30 – a Der nächste Zug fährt um 9:50.
b Ja, Sie müssen in Frankfurt und Mannheim umsteigen. **c** Ja, es gibt einen Speisewagen. **d** Er kommt um 13:05 in Heidelberg an.
Freitag um 11:45 – a Der nächste Zug fährt um 11:50. **b** Ja, Sie müssen in Mannheim umsteigen. **c** Ja, es gibt einen Speisewagen. **d** Er kommt um 15:05 in Heidelberg an.
4 Was kostet eine Fahrkarte nach Frankfurt?/Einfach./Ja, gut./Wann fährt der nächste Zug nach Frankfurt?/Und von welchem Gleis fährt er?/Muss ich umsteigen?/Vielen Dank.
5 a Einfach oder hin und zurück? **b** In 10 Minuten. **c** Gleis 10; **d** Das macht €43.

Getting around town

7 a dem; **b** der; **c** der; **d** dem; **e** dem

8

Person	Wie fahren sie?	Wie lange brauchen sie?
Person 1	mit dem Fahrrad	20 Minuten
Person 2	mit dem Bus und der U-Bahn	50 Minuten
Person 3	mit dem Auto	eine Stunde
Person 4	geht zu Fuß	10 Minuten

9 a Sie braucht ungefähr 20 Minuten. **b** In der U-Bahn liest er. / Er liest in der U-Bahn. **c** Er fährt meistens mit dem Bus zum Bahnhof. **d** Er fährt nur eine Stunde. **e** Sie ist nicht gut. / Die Verbindung mit Bus und Bahn ist nicht gut. **f** Er geht meistens zu Fuß. **10 a** zum; **b** zur; **c** vom, zum; **d** zum.

More practice

1 Wie komme ich **zum** Flughafen, Bahnhof, Café Mozart, Fußballstadion? Wie komme ich **zur** Gedächtniskirche, Stadtbäckerei, Bundesstraße? **2 a** dem, zur; **b** der, zur; **c** dem, zum; **d** dem; **e** der. **3** Von seinem Haus bis zur Bushaltestelle geht Florian zu Fuß. Dann fährt er mit dem Bus zum Bahnhof. Dann muss er umsteigen. Vom Bahnhof nimmt er die U-Bahn / fährt er mit der U-Bahn ins Stadtzentrum. Dann geht er zu Fuß ins Büro.

4 **c** v; **e** ii; **d** vi; **b** i; **f** iii; **a** iv.

Unit 13

Talking about the past

1 a iv; **b** ii; **c** vi; **d** v; **e** i; **f** iii. **2** **b** getanzt; **c** gemacht; **d** gefrühstückt; **e** gekostet; **f** gekocht; **h** bezahlt; **i** besucht. **3 b** getanzt; **c** besucht; **d** eingekauft; **e** bezahlt; **f** gekocht; **g** telefoniert.

4 Wer sagt was?

		Ulrike (U)	Angela (A)
a	Am Morgen wir ich in der Stadt und habe eingekauft.	☑	☐
b	Abends haben ich und Bernd schön gekocht.	☐	☑
c	Wir haben viel Spaß gehabt.	☑	☐
d	Wir haben ein bisschen klassische Musik gehört.	☐	☑
e	Ich habe gestern Morgen einen neuen Computer gekauft.	☐	☑
f	Am Nachmittag habe ich Britta und George besucht.	☑	☐
g	Ich habe den ganzen Tag mit dem Computer gespielt.	☐	☑
h	Abends waren wir dann zusammen in der neuen ‚Mondschein-Bar' und haben bis 3 Uhr getanzt.	☐	☐
i	Ich habe auf dem Internet gesurft.	☑	☑

5 *One possible version:*
Am Samstagmorgen war Ulrike in der Stadt und hat eingekauft.
Danach hat sie am Nachmittag Britta und Georg besucht.
Abends waren sie dann zusammen in der neuen ‚Mondschein-
Bar' und haben bis drei Uhr getanzt. Sie haben viel Spaß gehabt.

Angela hat gestern Morgen einen neuen Computer gekauft. Der
Computer hat €900 gekostet. Sie hat dann den ganzen Tag mit
dem Computer gespielt. Sie hat auf dem Internet gesurft. Abends
war sie ein bisschen müde. Sie hat mit Bernd schön gekocht und
anschließend noch ein bisschen klassische Musik gehört.

6 *One possible version:*
Am Samstagmorgen war Bettina in der Stadt und hat
eingekauft. Danach hat sie Fotos abgeholt. Am Nachmittag hat
sie dann ihren Freund Georg im Krankenhaus besucht. Danach
hat sie abends Besuch von Pia und Manne gehabt. Sie hat
Nudeln gekocht.
Am Sonntagmorgen hat Bettina einen Ausflug an die Nordsee
gemacht. Danach hat sie ab halb vier im Garten gearbeitet.
Abends hat sie mit Christina telefoniert und anschließend für
das Deutsch-Examen gelernt.

At the flea market

7 a Sie sagen, er hat so eine fantastische Stimme. **b** Er fährt diesen Sommer nach Mexiko. Er reist gern. **c** Sie hat ein neues Hemd gekauft. Sie hat €7,50 bezahlt. **d** Er kann morgens schlecht aufstehen.

8 a fantastische; **b** interessantes; **c** tolle; alten, mechanischen.

9 *Possible answers*

Mick Jagger hat eine alte / gute / interessante / schlechte / langweilige / fantastische Stimme.

Angela hat einen alten / guten / schlechten / neuen / billigen / fantastischen Computer gekauft.

Herr Günther hat ein altes / gutes / interessantes / schlechtes / langweiliges / neues / billiges / fantastisches Buch gekauft.

Man kann alte / gute / interessante / schlechte / langweilige / neue / billige / fantastische Sachen auf dem Flohmarkt finden.

10 a groß; **b** teuer; **c** langweilig; **d** neu; **e** arm; **f** schwer; **g** altmodisch.

More practice

1 *Possible answers*

Um 10 Uhr hat sie mit Frau Martini telefoniert. Danach hat sie die Firma Schmidt + Consultants besucht. Um 12 Uhr 45 hat sie ein Arbeitsessen mit Frau Dr. Kruse gehabt. Am Nachmittag hat sie Briefe diktiert und Tickets für die Reise nach Rom gebucht. Um 17 Uhr hat sie ihren Mantel von der Reinigung abgeholt. Um 18 Uhr 30 hat sie mit Michael Squash gespielt.

2 d -es; **e** -e; **f** -es; **g** -e; **h** -en; **i** -e.

Unit 14

More about the past

1 a vi; **b** v; **c** iv; **d** vii; **e** iii; **f** viii; **g** ii; **h** i. **2 b** hat; **c** Haben; **d** ist; **e** Bist; **f** hat; **g** habe; **f** habe. **3 a** Er ist nach New York geflogen. **b** Auf einer Party hat er Kaviar gegessen und Champagner getrunken. **c** Er hat Robert de Niro getroffen. **d** In Florida ist er im Meer geschwommen. **e** Er hat neue italienische Anzüge gekauft. **f** Am Freitag ist er ins Kasino gegangen. **g** Am Wochenende ist er Ski gelaufen. **h** Sein neues Lied heißt: *Ich kann dich nicht vergessen.* **4 a** getrunken; **b** treffen; **c** gegessen; **d** gesprochen; **e** gegangen; **f** gefahren; **g** fliegen; **h** bleiben. haben: trinken, treffen, essen, sprechen. sein: gehen, fahren, fliegen, bleiben. **5 a** Seit 10 Jahren genau.

b *Um acht Uhr aus dem Bett, das finde ich nicht nett.*
c Insgesamt 10. **d** Er komponiert die Musik selber und schreibt auch die Texte. **e** Im Winter fährt er gern Ski. Im Sommer surft er oder spielt Tennis. Er geht auch auf viele Partys und sieht viele Freunde. **7 a** Von 1928 bis 1937 hat er das Kaiser-Wilhelm-Gymnasium in Köln besucht. **b** 1937 hat er das Abitur gemacht. **c** Auch im Jahre 1937 hat er in Bonn die Buchhandlungslehre begonnen. **d** 1939 hat er an der Universität Köln Germanistik studiert. **e** Von 1939 bis 1945 ist er Soldat im Zweiten Weltkrieg gewesen. **f** 1942 hat er Annemarie Zech geheiratet. **g** Von 1946–1949 hat er Kurzgeschichten in Zeitungen und Zeitschriften veröffentlicht. **h** 1949 ist sein erstes Buch (*Der Zug war pünktlich*) erschienen. **i** Von 1949 bis 1985 hat er viele literarische Werke geschrieben. **j** 1972 hat er den Nobelpreis für Literatur erhalten. **k** 1985 ist er am 16. Juli im Alter von 67 in Hürtgenwald / Eifel gestorben.

Then and now

8 a falsch; **b** richtig; **c** falsch; **d** richtig; **e** falsch; **f** falsch; **g** richtig.
9

Früher	Haare	Trinken	Musik	Freizeit
Bernd	hat lange Haare gehabt	hat viel Cognac getrunken	hat Elvis Presley gehört	hat in einer Band gespielt
Dieter	hat lange Haare gehabt	hat Rum und Cola getrunken	hat viel Eric Clapton gehört	hat viel Fußball gespielt

Heute	Haare	Trinken	Musik	Freizeit
Bernd	hat immer noch lange Haare	trinkt Mineralwasser, Tee etc.	hört viel Jazz-Musik	reist viel hört Jazz-Konzerte
Dieter	hat keine Haare mehr	trinkt gern französischen Wein	hört klassische Musik	spielt Tennis

More practice

1 a geflogen; **b** besucht; **c** abgeholt; **d** gegangen; **e** gesehen; **f** geschlafen. **2 a** sind; **b** haben; **c** haben; **d** haben; **e** sind; **f** haben.

Unit 15

Where do you live?

1 i e; ii a; iii c; iv d; v b.

2 Wer?	Wo wohnen sie?	Wie ist es?
Person 1	in einem Hochhaus	nicht zu teuer
Person 2	in einem Einfamilienhaus	grün und ruhig
Person 3	in einer Wohngemeinschaft	nett und interessant
Person 4	in einer Altbauwohnung	hell und ruhig

3 a falsch. Er zahlt €375 Miete und er ist ganz zufrieden.
b richtig; **c** richtig; **d** falsch. Sie wohnt seit 50 Jahren in einer
Altbauwohnung. **e** richtig.

4 *These are just some of the possibilities.* Ihre Tochter wohnt
in einem Reihenhaus. Petra lebt seit drei Jahren in einer
Wohngemeinschaft. Familie Schmidt wohnt in einem
Hochhaus. Hans lebt in einem Studentenwohnheim.

In the home

6 a das Schlafzimmer; **b** das Kinderzimmer; **c** die Küche; **d** das
Badezimmer; **e** das Wohnzimmer; **f** der Balkon; **g** das
Arbeitszimmer.

7 *The conventional answers are as follows. Perhaps you have
other ideas!*
Der Tennisschläger kommt in den Keller.
Der Schrank kommt ins Wohnzimmer.
Das Bett kommt ins Schlafzimmer.
Der Videorecorder kommt ins Wohnzimmer.
Der Küchentisch kommt in die Küche.
Die Pflanze kommt ins Wohnzimmer.
Die Waschmaschine kommt in den Keller.
Das Sofa kommt ins Wohnzimmer.
Die Teller kommen in die Küche.
Der Sessel kommt ins Wohnzimmer.
Der Kühlschrank kommt in die Küche.
Der Fernseher kommt ins Wohnzimmer.
Das Bild kommt auch ins Wohnzimmer.
Die CDs kommen auch ins Wohnzimmer.
Das Regal kommt ins Arbeitszimmer.
Die Bücher kommen auch ins Arbeitszimmer.
Der Topf kommt in die Küche.
Die Gummiente kommt ins Badezimmer.
8 a Fast sechs Monate; **b** 4 + Küche und Bad; **c** €465, +
Nebenkosten; **d** Relativ zentral, in der Nähe vom Stadtpark;
e Sie sind sehr gut.

Vorteile (+)	Nachteile (−)
Sie haben jetzt mehr Platz. Die Wohnung liegt relativ zentral, in der Nähe vom Stadtpark. Die Wohnung hat auch einen großen Garten. Die Umgebung ist ruhig und sehr grün. Die Miete ist nicht so teuer, €465. Die Verkehrsverbindung sind sehr gut.	Das Arbeitszimmer ist sehr klein. Bis zum nächsten Supermarkt ist es ein bisschen weit.

10 a außerhalb; b klein; c dunkel; d interessant; e teuer; f neu; g antik; h laut. 11 a Wir wohnen in einer sehr großen Wohnung. b Die Wohnung hat 4 Zimmer, plus Küche und Bad. c Die Zimmer sind groß und hell. d Ja, wir haben einen großen Garten. e Die Miete ist nicht so teuer, €465, plus Nebenkosten. f Die Umgebung ist ruhig und sehr grün. g Die Verkehrsverbindungen sind sehr gut. h Ich fahre nur 10 Minuten zur Arbeit. i Ich fahre mit der U-Bahn. Im Sommer kann ich mit dem Fahrrad fahren.

Town or country?
13 b interessanter, bunter als auf dem Land; c stressiger; d besser, freundlicher; e jetzt länger; f viel entspannter.
14 a So ein Quatsch! Die Stadt Rom ist älter als Chicago. b So ein Quatsch! In Deutschland ist es kälter als in Südafrika. c So ein Quatsch! Das Essen im ‚Gourmet-Restaurant' ist besser als in der Mensa. d So ein Quatsch! Der Volkswagen Polo ist billiger als der Porsche. e So ein Quatsch! Tokio ist größer als Paris. f So ein Quatsch! Berlin ist interessanter als Buxtehude.

More practice
1 b größer; c älter; d besser; e teurer; f höher; g billiger; h interessanter.
2 *One possible answer*

Liebe Frau Löschmann,

ich danke Ihnen für Ihren Brief vom 13. Mai. Ich bin gerne bereit, Ihre Fragen zu beantworten.

Die Wohnung liegt sehr zentral – nur zwei Minuten bis zur Hauptstraße, aber sie liegt auch sehr ruhig, in der Nähe vom Stadtpark. Die Verkehrsverbindungen sind sehr gut – nur vier

Minuten bis zum Hauptbahnhof und zehn Minuten bis zur Bushaltestelle.

Die Wohnung hat drei Schlafzimmer und zwei Badezimmer.
Die Küche ist sehr groß, da kann man auch essen. Wir haben zwei Fernseher und einen Videorecorder. Man kann Satellitenprogramme, also auch deutsche Programme bekommen.

Wir haben einen großen, schönen Garten. Dort kann man im Sommer auch essen. Der Stadtpark liegt, wie gesagt, ganz in der Nähe.

Mit freundlichen Grüßen

Ihr Peter Smith

Unit 16

Booking a hotel room

1 a falsch; Er nimmt ein Doppelzimmer. **b** richtig; **c** falsch; Er möchte mit seiner Frau auf eine Antiquitätenmesse gehen.
d falsch; Er nimmt ein Zimmer mit Bad. **e** falsch; Das Zimmer kostet € 57,50. **f** richtig.
2 a iii; **b** iv; **c** v; **d** vi; **e** vii; **f** ii; **g** i. **3 a** Guten Tag. Haben Sie ein Zimmer frei? **b** Ein Einzelzimmer, bitte. **c** Für drei Nächte.
d Mit Dusche, bitte. **e** Um wie viel Uhr gibt es Frühstück?
4 a falsch; **b** richtig; **c** richtig; **d** falsch; **e** falsch; **f** richtig.

6

Hotels/Pension	Zimmer	Preis für Einzelzimmer	Entfernung	Pluspunkte
Offenbach	80	€ 55	5 Minuten vom Zentrum	sehr zentral, gute Bar
Atlanta	120	€ 95	30 Minuten (eine halbe Stunde vom Zentrum	Swimming-Pool und Park
Schneider	28	€ 37,50	20 Minuten vom Zentrum	familiäre Atmosphäre, ruhig

7 a größten; **b** billiger, am billigsten; **c** zentraler, am zentralsten; **d** -er, am ruhigsten.

Giving directions

8 a Das Rathaus ist gegenüber der Touristeninformation und rechts neben der Paulskirche. **b** Den Karlsbrunnen findet man hinter der Post und gegenüber der Bibliothek. **c** Die Post ist zwischen dem Karlsbrunnen und dem Hotel da Vinci und gegenüber dem Supermarkt. **d** Man findet die Touristeninformation gegenüber dem Rathaus. **e** Das Kino, ‚Fairbanks‘ ist links neben dem Café Schmidt. **f** Die Disco ‚Blue Angel‘ steht zwischen der Bank und dem Supermarkt und gegenüber dem Hotel ‚da Vinci‘. **g** Der Imbiss ist rechts neben der Apotheke und vor dem Parkplatz. **h** Ich stehe vor dem Imbiss und gegenüber der Kneipe ‚Der fröhliche Trinker‘. **9 a** vii; **b** iii; **c** vi; **d** i or v; **e** i or v; **f** iv **g** ii. **10** Gehen Sie geradeaus. Die Bibliothek ist auf der rechten Seite neben dem Museum./Ja, natürlich. Gehen Sie geradeaus und nehmen Sie die erste Straße links. Die Post liegt hinter dem Brunnen./Ja, natürlich. Gehen Sie links, dann rechts. Die Apotheke liegt zwischen dem Imbiss und dem Hotel ‚da Vinci‘./Gehen Sie geradeaus. Der Supermarkt ist gegenüber dem Museum./ Natürlich. Gehen Sie links, dann wieder links. Da finden Sie eine Kneipe auf der linken Seite, neben der Bäckerei. Die Kneipe ist sehr gut.

More practice

1 a Das Picasso-Poster haben sie über das Sofa gehängt. **b** Den Tennisschläger haben sie unter das Bett gelegt. **c** Das Sofa haben sie zwischen das Regal und die Stereoanlage gestellt. **d** Das Foto von Oma Lisbeth haben sie an die Wand gehängt. **e** Die Pflanze haben sie auf den Boden gestellt. **f** Die Gummiente haben sie in den Schrank gelegt. **g** Die Waschmaschine haben sie neben den Kühlschrank gestellt.

Unit 17

Fashion

1 Ist Mode wichtig (✓) oder unwichtig (✗) ?

	wichtig (✓)	unwichtig (✗)
Bettina Haferkamp		✗
Johann Kurz	✓	
Boris Brecht		✗
Ulrike Maziere	✓	

2 a Sie zeigt, was Leute denken und fühlen. **b** Die Leute sollen immer etwas Neues kaufen. **c** Schwarze Sachen finde ich am besten. **d** Ich ziehe nur an, was ich mag. **e** Mode ist ein wichtiger Ausdruck unserer Zeit./ Mode bedeutet viel für mich.

3

pro (+)	contra (−)
Sie zeigt, was Leute denken und fühlen.	Modetrends finde ich langweilig.
Mode bedeutet viel für mich.	
Eine modische Frisur, ein modernes Outfit – das ist sehr wichtig für mich.	

4 a Das war ein langweiliger Film. **b** Das ist ein starker Kaffee.
c Das ist ein interessantes Buch. **d** Das ist schwieriges Problem.
e Das ist ein neuer Computer. **f** Das sind unfreundliche Leute.
g Das ist ein billiges Hotel. **h** Das ist eine komplizierte Frage.
5 a Sie sagt, Verkäuferin ist ein interessanter Beruf. **b** Die
Arbeit im Haushalt ist anstrengend. **c** Ihr Sohn findet
Computer-Spiele interessant. **d** Sie findet, sie ist kein modischer
Typ. **e** Die Töchter von Frau Martens finden die Mode
wichtig. **f** Kunden sind manchmal unfreundlich.

Clothes
6 a falsch; Der Mann trägt einen **blauen** Anzug und eine **rote**
Krawatte. **b** richtig. **c** richtig. **d** falsch; Außerdem hat sie einen
braunen Rock, **gelbe** Strümpfe und **braune** Schuhe an.
e richtig. **f** falsch; Der Junge trägt eine **schwarze** Jeans, ein
grünes T-Shirt, eine **gelbe** Baseball-Mütze und **gelbe**
Turnschuhe. **8 a** -en, -em, -en. **b** -en, -en. **c** -em, -en,
-er, -en, -en, -en. **d** -em, -en, -er, -en, -en, -en. **e** -er, -en. **f** -em,
-en, -en, -en. **10 a** falsch, Jutta und Christian machen **jedes Jahr**
eine Party. **b** richtig. **c** richtig. **d** falsch, Die Person, die **am
schlechtesten, am hässlichsten** aussieht, bekommt einen Preis.
e falsch; Die Gäste bringen etwas zum **Trinken** mit.
12

	auf der Arbeit, an der Uni	zu Hause	was sie gern tragen	was sie nicht gern tragen
Mareike Brauer	eine bequeme Hose, eine Bluse, einen Pulli	eine Hose, oft eine Jeans, T-Shirt, Pullover	bequeme Sachen alles, was bequem ist	Röcke
Günther Scholz	einen Anzug, ein weißes Hemd, eine Krawatte	ein sportliches Hemd oder ein Poloshirt	sportliche Kleidung, elegante Kleidung	bunte Kleidung, rote Hemden, Hawaii-Hemden, bunte Hosen, usw.

13 Guten Tag. Ich suche einen neuen Anzug. /Einen grauen
Anzug, für eine Party. /Ich suche etwas Modisches. /Ja, gut,
aber italienische Anzüge sind sehr teuer. /Ja, das stimmt und
das ist auch eine sehr modische Party in New York.

More practice
1 a Verkäuferin Ich arbeite in einem großen Kaufhaus in
München. Bei der Arbeit trage ich einen schwarzen Rock und
eine weiße Bluse. Im Winter trage ich zu meinem schwarzen
Rock auch eine schwarze Jacke. **b Student** Im Moment arbeite
ich bei Burger King und muss eine hässliche Uniform tragen.

An der Uni trage ich aber immer eine blaue Levi-Jeans mit einem modischen T-Shirt. Mir gefallen am besten amerikanische oder britische T-Shirts. Alte Sachen vom Flohmarkt gefallen mir manchmal auch.

Unit 18

Invitations and presents

1 die Geburtstagsparty, die Hochzeit, die Grill-Party, die Hauseinweihungsfeier. 2 a falsch; Susanne und Michael heiraten **am 8. Mai** in Marbach. b richtig; c falsch; Uschi und Matthias haben ihr ‚Schloss' gefunden. d falsch; Mareike und Jörg wollen in ihrem Haus eine **Grill**-Party machen. e falsch; Sie haben auch Essen für Vegetarier.

3 The case needed is the dative: **ihm** means *(to) him*, **ihr** means *(to) her*, **ihnen** means *(to) them*.

4 a ihr; b ihm; c ihnen; d ihr; e ihnen; f ihm.

5
Wem?	Was bringen sie mit?	Warum?
Vater	Sie bringen ihm eine Baseball-Mütze von den New York Yankees mit.	Er sieht gern Baseball-Spiele im Fernsehen.
Oma	Sie bringen ihr einen neuen Bademantel mit.	Amerikanische Bademäntel sind sehr gut.
Tante Heidi	Sie bringen ihr Turnschuhe von Nike mit.	Nike-Turnschuhe sind in Amerika viel billiger als in Europa.
Onkel Georg	Sie bringen ihm einen U-Bahn-Plan von New York mit.	Er sammelt U-Bahn-Pläne.

Shopping for gifts

6 a 4; b 1; c 8; d 6; e 7; f 5; g 2; h 3. 7 a Er möchte seiner Frau etwas schenken. / Seiner Frau möchte er etwas schenken. b Beide kosten € 49,99. c Seine Frau hat schon eine. d Nein, er gefällt ihm nicht. e Er nimmt den blauen Schal. 8 a -e; b -e; c -e; d -en; e -e; f -en. 9 a 4; b 8; c 7; d 1; e 3; f 5; g 6; h 2. 10 Guten Tag. Können Sie mir helfen?/Ich suche ein Buch über New York. Können Sie mir etwas empfehlen?/Nein. Er gefällt mir nicht./ Das gefällt mir. Wie viel kostet es?/Das Buch nehme ich. Und haben Sie das neue Buch von Umberto Eco?/Danke schön. Wo ist die Kasse, bitte?

More practice

1 a Man kann ihm eine CD von Maria Callas schenken. b Man kann ihr ein Buch über Indien schenken. c Man kann ihm Turnschuhe schenken. d Man kann ihnen eine Flasche

Wein schenken. **e** Man kann ihr ein Buch über Blumen und Pflanzen schenken. **f** Man kann ihm ein Computer-Spiel schenken. **2 b** → 3 Die alte Katze schenkt er seiner Großmutter. **c** → 6 Das informative Buch über die englische Grammatik schenkt er seinem guten Freund, Jörg. **d** → 2 Den alten Computer schenkt er seinem jüngeren Bruder. **e** → 1 Das tolle Poster von Brad Pitt schenkt er seiner neuen Freundin. **f** → 5 Den schönen Hibiskus schenkt er seiner Mutter.

Unit 19

Healthy living

1

gesund	ungesund
• Salat essen	• fernsehen und Kartoffelchips essen
• zweimal in der Woche schwimmen gehen	• jeden Tag vier Flaschen Bier trinken
• ein Glas Rotwein pro Tag trinken	• fünf Stunden ohne Pause vor dem Computer sitzen
• Fahrrad fahren	
• lange spazieren gehen	

2 *Possible answers*
Es ist gesund, wenn man Salat isst.
Ich finde es ungesund, wenn man fernsieht und Kartoffelchips isst.
Es ist gesund, wenn man zweimal in der Woche schwimmen geht.
Ich finde es ungesund, wenn man jeden Tag vier Flaschen Bier trinkt.
Ich finde es aber gesund, wenn man ein Glas Rotwein pro Tag trinkt.
Es ist ungesund, wenn man fünf Stunden ohne Pause vor dem Computer sitzt.
Es ist gesund, wenn man Rad fährt und auch wenn man lange spazieren geht.
3 *Possible answers*
a Ja, es ist gut, wenn man manchmal (aber nicht zu oft!) einen Schnaps trinkt.
b Ja, es ist schlecht, wenn man zu viel Fernsehen sieht.
c Ja, man ist eigentlich ein bisschen altmodisch, wenn man keine Jeans trägt.
d Nein, es ist nicht ungesund, wenn man jeden Tag fünf Tassen Kaffee trinkt. (Aber es ist auch nicht besonders gesund!)
e Ja, es ist gesund, wenn man viermal pro Woche ins Fitness-center geht.

f Nein, es ist nicht schlecht, wenn man den ganzen Sonntag im Bett bleibt. (Vor allem, wenn man montags bis freitags schwer arbeitet!)

4   a   Wer joggt abends?   MW

      b   Wer möchte mehr relaxen?   ES-T

      c   Wer hat früher Volleyball gespielt?   MF

      d   Wer lebt sehr gesund?   GT

      e   Wer treibt viel Sport?   GT

      f   Wer darf nicht mehr Ski fahren?   MF

5

	Was tun sie Moment?	Was dürfen sie nicht tun?	Was sollen sie tun?	Was wollen sie tun?
Gabriela	treibt viel Sport, spielt Fußball, Handball, ein bisschen Tennis; raucht nicht, trinkt sehr wenig Alkohol; isst gesund	×	×	will vielleicht einen Fitness-Urlaub machen
Michael	joggt abends	darf nicht mehr rauchen	soll weniger Fett essen; soll mehr Sport treiben	will am Wochenende mehr mit dem Rad fahren
Marianne	geht vier- bis fünfmal in der Woche schwimmen	darf nicht mehr Volleyball spielen; darf auch nicht mehr Ski fahren	soll viel schwimmen gehen	will wieder aktiver leben
Egbert	geht Windsurfen und Tauchen; geht auch Ski fahren	×	soll nicht mehr so viel Sport machen	will mehr relaxen

6   Gabriela Tomascek   →   fühlt sich sehr fit.

     Michael Warnek   →   darf nicht mehr rauchen.

                                     soll mehr Sport treiben.

       Marianne Feuermann   →   darf nicht mehr Ski fahren.

       Egbert Schmidt-Tizian   →   soll weniger Sport treiben.

                                     will mehr Freizeit haben.

7 a Herr Kaspar ist zu dick. Die Ärztin sagt, er **soll** weniger essen. b Frau Meier liebt Italien. Sie **will** nächstes Jahr nach Neapel fahren. c Peter ist morgens immer müde. Seine Mutter sagt, er **soll** früher ins Bett gehen. d Beate Sabowski hat Herzprobleme. Der Arzt sagt, sie **darf** nicht mehr rauchen.

e Kinder unter 16 Jahren **dürfen** den Film nicht sehen. f Man **soll** nicht zu viel Kaffee trinken. g Im Sommer fahre ich nach Argentinien. Vorher **will** ich ein wenig Spanisch lernen.
9 a 8; **b** 3; **c** 2; **d** 1; **e** 5; **f** 7; **g** 4; **h** 6.
10 a richtig; **b** falsch; Die Schmerzen hat sie seit fast vier Wochen. **c** richtig; **d** richtig; **e** falsch; Sie darf nicht Volleyball spielen. Sie soll lieber zum Schwimmen gehen. **f** falsch; Sie sagt, es ist sehr wichtig. **11** Ich habe ziemlich starke Halsschmerzen./Etwa drei Tage, und es wird immer schlimmer./Ich bin Lehrer(in)./Ja, aber was soll ich tun?/Ja, nächste Woche fliege ich nach Florida./Gut, und vielen Dank.

More practice

1 a Werktags zwischen 7 und 19 Uhr **darf** man hier bis zu 60 Minuten parken. **b** In diesem Geschäft **kann** man Kaffee, Tee und Milch kaufen. **c** Wie alt sind Sie, wenn ich fragen **darf**? **d** Vor dieser Tür **darf** man nicht parken. **e** In dieser Straße **darf** man nur langsam fahren. **f** In diesem Theater **darf** man nicht rauchen. **2 a** Wenn du Englisch lernen möchtest, musst du in eine Sprachschule gehen. **b** Wenn Bodo ein altes Buch über Deutschland finden möchte, muss er auf dem Flohmarkt suchen. **c** Wenn ihr nächste Woche nach New York fliegen wollt, müsst ihr bald eure Tickets buchen. **d** Wenn Florian am Wochenende zu Heikes Party gehen möchte, muss er nett zu ihr sein. **e** Wenn Marcus ein Jahr in Madrid arbeiten möchte, muss er Spanisch lernen. **f** Wenn Sie kein Geld und keine Kreditkarte haben, müssen Sie mit einem Scheck bezahlen.

Unit 20

Weather

3

	wo sie waren	Jahreszeit	Temperaturen	Wetter
Bärbel Sprecht	auf Kreta	Frühling	um 28 Grad	Ideal. Kein Regen. Jeden Tag Sonne und ein leichter Wind.
Jutta Weiß	Australien	Dezember (Sommer in Australien)	über 35 Grad	Sonne. Manchmal ein Gewitter.

4 a In München ist es wärmer. **b** 20 Grad Celsius. **c** Ja, es gibt Schauer. **d** Nein. In Wien scheint die Sonne und es ist bedeckt. **e** In Spanien gibt es Gewitter. **f** In Kairo scheint die Sonne. Die Temperatur beträgt 35 Grad. **5 a** 8 bis 0 Grad. **b** 23 Grad. **c** Wolken und Regen. **d** Regen. **e** besser.

Holidays

6 a Er hat abends gut gegessen und ist manchmal in die Hotel-Bar gegangen. **b** Nein, er konnte auch richtiges deutsches Bier kaufen. (Wie zu Hause.) **c** Sie machen jedes Jahr im Winter einen Skiurlaub. **d** Nächstes Jahr wollen sie vielleicht mal in die Schweiz fahren. **e** Das Wetter war für sie eine Katastrophe. (Sie hatten meistens Regen. Außerdem war es sehr kalt.) **f** Nein, nächstes Jahr fliegen sie lieber in den Süden, nach Spanien oder Griechenland. **g** Nein, er sucht noch einen Job. **h** Vor zwei Jahren ist er nach Mexiko-City geflogen.

7 a mit dem Flugzeug fliegen; **b** auf den Berg steigen; **c** zu Fuß gehen; **d** mit dem Auto fahren; **e** im Meer schwimmen; **f** Ski laufen; **g** im Park spazieren gehen.

8 a Er **ist** zu Fuß nach Hause **gegangen**. **b** Petra und Ulrike **sind** jeden Tag vier Stunden im Meer **geschwommen**. **c** Frau Müller **ist** fast jeden Tag Ski **gelaufen / gefahren**. **d** Seppl Dreier ist auf den Mount Everest **gestiegen**. **e** Diesmal **bin** ich mit der Lufthansa nach London **geflogen**. **f** Annette **ist** viel mit dem Fahrrad **gefahren**. **g** Er **ist** im Stadtpark spazieren **gegangen**.

9 ‚Letztes Jahr war ich in Heidelberg im Urlaub. Ich bin nur drei Tage geblieben. Dort habe ich in einer Jugendherberge gewohnt. Abends bin ich in eine Karaoke-Kneipe gegangen. In der Kneipe habe ich ein Lied von Elvis Presley gesungen. Dort hat mich ein Produzent gehört / Dort hat ein Produzent mich gehört. Ihm hat meine Stimme sehr gut gefallen. Am nächsten Tag bin ich mit ihm nach Berlin geflogen. In einem Studio habe ich eine neue CD gemacht. Dann habe ich im Fernsehen und im Radio gesungen. Nächstes Jahr will ich in Las Vegas singen.' **10 a** falsch; **b** richtig; **c** richtig; **d** falsch; **e** falsch; **f** richtig.

11 Eine einzige Katastrophe./Die ersten drei Tage hatten wir Regen. Wir konnten also nicht spazieren gehen./Ein Freund und ich sind mit dem Wagen gegen einen Baum gefahren./Ja, meine Beine haben mir weh getan, aber es war nichts Schlimmes./Nur zwei Tage, aber dann musste ich wieder nach Hause kommen. / Jetzt geht es mir wieder gut.

12 a richtig **b** falsch; 22 Millionen Deutsche finden kurze Urlaube besser. **c** richtig **d** richtig **e** falsch; Es fahren mehr Leute nach London als nach Amsterdam.

More practice

1 *Na, wie geht's? Dieses Jahr sind wir nicht **nach** Indien geflogen oder **in** die Berge gefahren. Nein, wir haben Urlaub **an** der Ostsee gemacht, **auf** der Insel Rügen. Rügen liegt im Norden, in der ehemaligen DDR. Das Wetter war gut, wir sind viel geschwommen. Es gibt sogar Berge, und wir sind **auf** die Berge gestiegen. Außerdem haben wir einen Ausflug **nach** Berlin gemacht. Dort war es natürlich auch sehr interessant. So viel hat sich verändert. Wir sind **ins** Pergamon Museum gegangen und waren auch **im** Museum für Deutsche Geschichte.*

2 a wollte, musste; **b** konnten; **c** sollte, konnte; **d** durfte;
e Mussten.

Unit 21

Making telephone calls

2

informell	formell
– Hallo, Bernd, bist du es?	– Guten Tag, Herr Preiß. Hier spricht
– Ist Inga da?	Frau Weber.
	– Spreche ich mit Frau Schmidt?
	– Ich möchte mit Herrn Klaus sprechen.
	– Kann ich bitte mit Frau Groß sprechen?

3

	1	2	3
Sie ist beim Zahnarzt.	☐	☒	☐
Die Leitung ist besetzt.	☒	☐	☐
Er ist auf Geschäftsreise.	☐	☐	☒
Soll sie zurückrufen?	☐	☒	☐
Wollen Sie warten?	☒	☐	☐
Wollen Sie eine Nachricht hinterlassen?	☐	☐	☒
Er möchte mich morgen zurückrufen.	☐	☐	☒
Ich bin zu Hause.	☐	☒	☐
Ich rufe später noch mal an.	☒	☐	☐

a Sie telefoniert. **b** Sie ist beim Zahnarzt und kommt in einer Stunde wieder nach Hause. **c** Er ist auf Geschäftsreise (in Wien) und ist wahrscheinlich morgen wieder im Büro. **d** Sie möchte ihm ein (fantastisches) Geschenk geben. **4 a** 3; **b** 1; **c** 5: **d** 6; **e** 2; **f** 4. **5 a** Ich sage es **ihm**. *(I'll tell him.)* **b** Ich richte es **ihm** aus. *(I'll pass the message on to him.)* **c** Soll ich **ihnen** eine Nachricht geben? *(Should I give them a message?)* **d** Soll ich **ihr** etwas ausrichten? *(Should I pass on a message to her?)* **e** Sag **ihr** bitte, ich bin um fünf Uhr da. *(Tell her, please, I'll be there at 5 o'clock.)* **6** Guten Tag. **Hier** ist der telefonische Anrufbeantworter von Evelyn und Michael Schweighofer. Wir sind im Moment **leider** nicht da. Sie können uns aber gerne nach dem Pfeif-Ton eine **Nachricht** hinterlassen. Bitte sagen Sie uns Ihren **Namen** und Ihre **Telefonnummer** und wir **rufen** Sie dann so schnell wie möglich **zurück**.

7

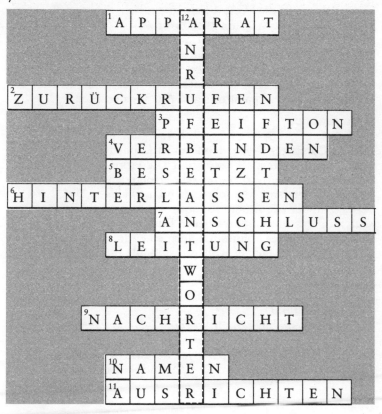

At the office

8 a 6; **b** 5; **c** 1; **d** 2; **e** 3; **f** 4. **9 a** Nein, links vorne war das Büro der Sekretärin, Frau Schüller. **b** richtig. **c** Nein, auf der rechten Seite in der Mitte war das Zimmer der Texter, Michaela und Günther; **d** Und ganz hinter rechts war der Raum der Chefin, Frau Conrad. **e** Ganz hinten links war dann das Zimmer des Managers, Guido Kafka. **10 a** Ich habe den Namen der Designerin vergessen. **b** Die Telefonnummer der Kundin ist 45 76 98. **c** Die Rechnung des Hotels war astronomisch. **d** Die Reparatur des Computers hat drei

Wochen gedauert. **e** Mir gefällt die Farbe des neuen
Firmenautos nicht. **f** Die Anzahl der Leute ohne Arbeit beträgt
über vier Millionen.
11 a richtig; **b** falsch; Herr Schneider hatte am Ende der
Woche einen Termin mit ihr; **c** falsch; Er fährt auf
Geschäftsreise in die USA; **d** richtig; **e** falsch; Sie machen einen
Termin für Donnerstag um 14.00 Uhr.
12 Ich möchte gern mit Frau Conrad sprechen./Vielen
Dank./Hier spricht .... Ich hatte einen Termin für Anfang der
Woche./Es tut mir Leid, aber ich muss den Termin absagen./Ja.
Passt es Ihnen am Ende der Woche?/Ich habe keine Termine für
Freitagmorgen. Das passt mir gut. Auf Wiederhören.

More practice
1 a 1; **b** 6; **c** 2; **d** 3; **e** 8; **f** 5; **g** 7; **h** 4.
2 a Der Computer meiner Kollegin ist fantastisch. **b** Das Auto
meines Bruders fährt sehr schnell. **c** Die Firma meines alten
Schulfreundes war letztes Jahr sehr erfolgreich. **d** Die Kollegen
meines Mannes sind alle schrecklich langweilig. **e** Die
Managerin der exquisiten Boutique ‚La dame' kommt aus
Krefeld. **f** Das Büro unseres neuen Designers ist sehr chic. **g**
Der Laptop meines Sohnes hat auch einen Internet-Anschluss.
h Die Ehepartner meiner Kollegen sind alle furchtbar nett.

Unit 22

Job applications
2 a *He needs special care*; **b** *Working hours by agreement*;
c *You have to have office experience*; **d** *Other applications are
pointless*; **e** *To start immediately*; **f** *Because of a sudden
vacancy.* **3 a** E; **b** C; **c** B; **d** D; **e** C; **f** A. **4 a** E; **b** A; **c** C;
d D; **e** B.

CVs
5 a falsch; Herr Frankenthal ist verheiratet. **b** richtig; **c** falsch;
Er hat in Offenbach seinen Realschulabschluss gemacht.
d richtig; **e** falsch; Seinen ersten Job hatte er bei der Dresdner
Bank. **f** richtig; **g** richtig. **7 a** wechseln; **b** machen;
c bekommen; **d** arbeiten; **f** sein; **g** besuchen. **8 a** 1968.
b Sie ist durch Asien gereist. **c** 1988–89. **d** An der Universität
Hamburg. **e** Vier Jahre. **f** Seit 1998.
9 Ich bin am 1. Juni 1968 in Bremen geboren. Von 1974 bis
1978 **ging** ich in die Grundschule in Bremen. Danach
wechselte ich auf das Heinrich-Heine Gymnasium. 1987

machte ich mein Abitur. Nach der Schule **reiste** ich durch Asien.

Von 1988 bis 1989 **machte** ich ein Praktikum bei der *Hamburger Zeitung*. Anschließend **studierte** ich Journalistik an der Universität Hamburg und 1994 **machte** ich meinen Abschluss.

Nach dem Studium **arbeitete** ich von 1994 bis 1998 bei der *Tageszeitung* in Berlin. 1998 **zog** ich wieder nach Hamburg und arbeitete beim Nachrichtenmagazin *Der Spiegel*.

More practice

1 a stand; **b** trank; **c** sagte; **d** fuhr; **e** war; **f** ging; **g** wartete; **h** dachte; **i** waren; **j** sah; **k** schlug; **l** kam. **2** Das Leben von Heinrich Böll **c** Von 1928 bis 1937 besuchte er das Kaiser-Wilhelm-Gymnasium in Köln. **d** 1937 machte er das Abitur. **e** 1937 begann er in Bonn eine Buchhandelslehre. **f** 1939 studierte er an der Universität Köln Germanistik. **g** Von 1939 bis 1945 war er Soldat im Zweiten Weltkrieg. **h** 1942 heiratete er Annemarie Zech. **i** Von 1946 bis 1949 veröffentlichte er Kurzgeschichten in Zeitungen und Zeitschriften. **j** 1949 erschien sein erstes Buch *Der Zug war pünktlich*. **k** Von 1949 bis 1985 schrieb er viele literarische Werke. **l** 1972 erhielt er den Nobelpreis für Literatur. **m** 1985 starb er am 16. Juli in Hürtgenwald / Eifel.

Unit 23

Deutschland, Österreich und die Schweiz

2 a Ich meine, dass Frankfurt das Finanzzentrum von Deutschland ist. **b** Ich glaube, dass es in Wien viele alte Kaffeehäuser gibt. **c** Ich denke, dass München eine sehr schöne Stadt ist. **d** Ich glaube, dass die Schweizer viel Humor haben. **e** Ich denke, dass die Deutschen viel Bier trinken. **f** Ich meine, dass Deutschland ein sehr interessantes Land ist.

3 *Possible answers*

a Ich glaube, dass Österreich größer als die Schweiz ist. **b** Ich bin sicher, dass die Hauptstadt von der Schweiz Bern heißt. **c** Ich glaube, dass es vier offizielle Sprachen in der Schweiz gibt. **d** Ich glaube, dass ich nur Innsbruck, Salzburg und Wien kenne. **e** Ich bin sicher, dass Mozart in Salzburg geboren ist. **f** Ich glaube, dass die Bundesrepublik Deutschland mehr als 80 Millionen Einwohner hat. **g** Ich bin sicher, dass die Hauptstadt der Bundesrepublik Berlin ist. **h** Keine Ahnung! **i** Ich glaube,

dass das Oktoberfest im September in München stattfindet.
j Ich bin sicher, dass Frankfurt am multikulturellsten ist.

4	Schweiz	Österreich	Deutschland
	Arzneimittel	Mozart-Kugeln	
	vier Sprachen	Schloss Schönbrunn	81,5 Millionen Einwohner
	7,2 Millionen Einwohner	etwas doppelt so groß wie die Schweiz 8,0 Millionen Einwohner	Biergärten Oktoberfest viele Leute aus der Türkei neue Hauptstadt multikulturelle Gesellschaft

5 a 83,853 km². b 41,293 km². c 81,5 Millionen. d 8,0
Millionen. e 7,2 Millionen. f 1990. g 3.10.1990. h 29,1%.

History

7 1947 wurde ein Hilfsprogramm für Westeuropa vom US-
Außenminister Marshall angekündigt. 1949 wurde die Nato
von mehreren westlichen Staaten gegründet. 1961 wurde die
Erde von Yuri Gagarin zum ersten Mal umkreist. 1968 wurde
Martin Luther King ermordet. 1990 wurde Nelson Mandela
nach 27 Jahren aus der Haft entlassen. 1997 wurden die
Verträge von Amsterdam von 15 europäischen Staaten
unterzeichnet. 2002 wurde der Euro als neue Währung in
Europa eingeführt. 8 a Die neunte Symphonie wurde von
Ludwig van Beethoven komponiert. b Die
Fußballweltmeisterschaft 1966 wurde von England gewonnen.
c Die Dampfmaschine wurde von James Watt erfunden.
d Frankenstein wurde von Mary Shelley geschrieben.
e Guernica wurde von Pablo Picasso gemalt. f Das Penizillin
wurde von Alexander Fleming entdeckt. g Waterloo wurde von
Abba gesungen. h Eva Peron wurde von Madonna gespielt.
9 i a falsch; b richtig; c richtig; d falsch; e falsch; f richtig;
g falsch. ii a (am 28. August) 1749 in Frankfurt am Main
geboren. b Jura. c Seine Novelle ‚Die Leiden des jungen
Werthers.' d an den Hof von Weimar. e nach Italien.
f Faust. g an den Teufel. h in Weimar. i in fast alle Sprachen
übersetzt. j nach ihm benannt.
10 Ja, in der Schweiz werden vier Sprachen gesprochen./Die
D-Mark wurde 1948 eingeführt./Die Berliner Mauer wurde
1961 gebaut./Deutschland wurde am 3. Oktober 1990
wiedervereinigt./Faust wurde von Johann Wolfgang von
Goethe geschrieben./Natürlich. Es wurde 1808 veröffentlicht.
/Natürlich. Das Goethe-Institut wurde nach ihm benannt.

More practice
1 Sagen Sie ihm, **a** ... dass ich angerufen habe. **b** ... dass ich heute Nachmittag an meinem Schreibtisch bin. **c** ... dass er zurückrufen soll. **d** ... dass ich heute Abend mit ihm essen gehen möchte. **e** ... dass er seine Freundin mitbringen soll. **f** ... dass wir nachher in die Disco gehen wollen. **2 a** 1948 wurde die neue Währung, die D-Mark, eingeführt. **b** 1949 wurden die Bundesrepublik Deutschland und die Deutsche Demokratische Republik gegründet. **c** 1961 wurde am 13. August die Berliner Mauer gebaut. **d** 1989 wurden die innerdeutsche Grenze und die Berliner Mauer geöffnet. **e** 1990 wurde die DDR offiziell in die Bundesrepublik Deutschland integriert. **f** (Im Jahr) 2002 wurde der Euro als neue Währung eingeführt.

Key to the tests
Units 1–4

1 **a** Ich heiße _____. / Mein Name ist _____. Ich komme aus _____ . **b** (i) Wie heißen Sie? / Wie ist Ihr Name? (ii) Wie heißt du? / Wie ist dein Name? **c** *Individual answers. You can check the pronunciation on page 3.* **d** Wie geht es Ihnen? / Wie geht es dir? **e** Es geht mir gut, nicht so gut, schlecht. / Mir geht's gut, nicht so gut, schlecht. **f** Ich bin verheiratet, ledig, unverheiratet. **g** Meine Telefonnummer ist _____. **h** Ich spreche Englisch, Französisch, Spanisch, Japanisch, ... und ein bisschen Deutsch.
2 ich komme; du kommst; Sie kommen; er/sie/es kommt; wir kommen; ihr kommt; Sie kommen; sie kommen.
3 **a** komme; **b** liegt; **c** arbeiten; **d** Wohnst; **e** Studiert; **f** lernen.
4 **a** place of birth; **b** marital status; **c** place of residence; **d** nationality; **e** studies; **f** work.

Units 5–8

1 **a** Taxifahrer; **b** Ärztin; **c** Sekretärin; **d** Verkäufer; **e** Krankenschwester; **f** Frisör.
2 *Individual answers. You can check the genders in the glossary, starting on page 333.*
3 **a** eine; **b** einen; **c** ein; **d** einen; **e** einen; **f** ein.
4 **a** Was sind Sie von Beruf? / Was bist du von Beruf? Ich bin _____ von Beruf. **b** Gibt es hier in der Nähe ein Cafè? /

Gibt es ein Café hier in der Nähe? **c** Ich möchte bitte ein Glas Tee. / Ich bekomme ein Glas Tee. **d** Ich möchte bitte einen Cappuccino, ein Mineralwasser und zwei Bier. **e** Ich möchte bezahlen, bitte. **f** Was kostet das? / Wie teuer ist das?

5   **a** 8 Hausgemachte Ochsenschwanzsuppe; **b** 9 Pizza Original – Tomaten, Käse, Salami, Champignons, Paprika; **c** 11 Pizza Primavera – Tomaten, Käse, Schinken, Artischocken; **c** 16 Portobello Pfanne – Rindfleisch mit Eiern, Tomaten, Zwiebeln etc.

Units 9–12

1   **a** Ich stehe normalerweise um _____ Uhr auf. **b** Meine Arbeit / Mein Studium fängt um _____ Uhr an. **c** Ja, ich sehe abends oft fern. / Nein, ich sehe abends selten (oder nie) fern. **d** Ich gehe dreimal / viermal pro Woche aus.

2   **a** Lesen; **b** Wandern; **c** Reisen; **d** Joggen; **e** Fußball; **f** Schwimmen.

3   **b** Können; **c** kann; **d** Kannst; **e** muss; **f** muss; **g** Müssen.

4   **a** Wie spät ist es? / Wie viel Uhr ist es? Es ist _____ Uhr. **b** *Individual answers. Here are a few examples of what you might say and write:* Ich lese gern. Ich trinke gern Wein. Ich spiele nicht gern Fußball. Ich gehe nicht gern in die Oper. (*For more possible answers, see Unit 9.*) **c** Montag möchte ich ins Kino gehen. Möchtest du mitkommen? **d** Wie kommt man zum Bahnhof? Was kostet eine Fahrkarte nach Berlin? **e** Zur Arbeit / Zur Uni fahre ich mit dem Bus / mit dem Fahrrad / mit dem Auto, usw. Normalerweise dauert es ungefähr ____ Minuten.

Units 13–16

1   **b** Um halb neun hat er zum Frühstück Kaviar gegessen und Champagner getrunken. **c** Zwischen halb zehn und zwölf Uhr hat er im Studio gearbeitet. **d** Um halb eins hat er mit Julio Iglesias (zu) Mittag gegessen. **e** Um zwei Uhr ist er einkaufen gegangen. **f** Zwischen vier und fünf Uhr nachmittags hat er im Fitnessstudio gejoggt. **g** Um neun Uhr abends hat er Claudia Schiffer getroffen.

2   **a** klein – kleiner - am kleinsten; **b** groß – größer – am größten; **c** interessant – interessanter – am interessantesten; **d** hoch – höher – am höchsten; **e** gut – besser – am besten.

3   **a** (das) Reihenhaus; **b** (das) Einfamilienhaus; **c** (die) Wohnung; **d** (die) Miete; **e** (das) Wohnzimmer; **f** (das)

Schlafzimmer; **g** (die) Küche; **h** (das) Badezimmer.

4 *Individual answers. Here are a few examples of what you might say and write. For more possible answers, refer back to the relevant units.* **a** Gestern bin ich um halb acht aufgestanden. Morgens bin ich mit meiner Freundin einkaufen gegangen. Zu Abend habe ich Rindfleisch mit Kartoffeln und Blumenkohl gegessen. Dann bin ich mit meinen Freunden ins Kino gegangen. **b** Ich wohne in einem Reihenhaus. Es hat drei Zimmer, eine Küche und ein Badezimmer. Ich wohne direkt in der Altstadt und es ist sehr schön. **c** Das Museum liegt hinter dem Parkplatz, neben dem Rathaus. **d** Ich möchte bitte ein Doppelzimmer für zwei Personen und für vier Nächte. Wie viel kostet das Zimmer? Und um wie viel Uhr gibt es Frühstück?

5 **a** musicals; **b** in the heart of Hamburg; **c** one or two nights; **d** a large breakfast buffet.

Units 17–20

1 **a** Hose; **b** Anzug; **c** Bluse; **d** Mantel; **e** Rock; **f** Krawatte; **g** Mütze; **h** Schuh.

2 **b** großes; **c** grünen, weiße; **d** dunkelblaues, modischen; **e** alten, großen; **f** neue; **g** neuen; **h** alten.

3 **a** dem; **b** meiner; **c** ihm; **d** ihr; **e** dir; **f** (i) For the direct object of a verb (ii) After a preposition that always requires the dative, or after a preposition that requires the accusative when motion is indicated, but the dative when position or location are indicated (iii) After certain verbs, such as *helfen* or *empfehlen*.

4 **a** *Individual answers, e.g* Ich trage sehr gern Jeans, aber ich trage nicht gern einen Anzug. **b** Können Sie mir bitte helfen? Können Sie mir bitte etwas empfehlen? **c** Ich habe oft Rückenschmerzen. Mein Arzt hat gesagt, ich soll öfter schwimmen gehen. **d** *Individual answers, e.g.* Letzten Sommer bin ich nach Gran Canaria geflogen. Das Wetter war sehr schön. Es hat nicht geregnet. Nächstes Jahr möchte ich nach Argentinien im Urlaub fliegen. (*For more examples, see Units 13 and 14.*)

Units 21–23

1 **b** ging; **c** hatte; **d** schrieb; **e** war; **f** komponierte; **g** starb

2 **a** ihres neuen Freundes; **b** meines Chefs; **c** Er hilft seiner jüngeren Schwester bei den Hausaufgaben. (sing.) Er hilft

seinen jüngeren Schwestern bei den Hausaufgaben. (plural);
d des schlechten Wetters.

3 a Die Bundesrepublik Deutschland wurde (im Jahre) 1949
gegründet. b (Im Jahre) 1961 wurde die Berliner Mauer
gebaut. c (Im Jahre) 1989 wurde die Berliner Mauer
geöffnet. d (Im Jahre) 1990 wurde Deutschland
wiedervereinigt und Berlin wurde als die neue Hauptstadt
gewählt.

4 *Individual answers. For more possible answers, refer back
to the relevant units.* a Guten Tag! Mein Name ist
_____. Kann ich bitte / Könnte ich bitte mit Herrn
Becker sprechen? b Ich wurde/bin 1976 in Manchester
geboren. Ich ging in Southport zur Schule. Nach der Schule
habe ich eine Lehre als Automechaniker gemacht. Jetzt
habe ich meine eigene Autowerkstatt. c Ich komme aus
Brasilien. Brasilien hat 167 Millionen Einwohner und die
Hauptstadt ist Brasilia. Andere Großstädte sind São Pãolo
und Rio de Janeiro. In Brasilien kann man sehr gut Urlaub
machen. Brasilien ist bekannt für seine Musik und natürlich
auch für seinen Karneval.

Unit 1: Saying hello

3 Ein Unfall

Polizist	Wie heißen Sie, bitte?
Frau Gruber	Ich heiße Gertrud Gruber.
Polizist	Gruber, Gertrud … Und Sie? Wie ist Ihr Name?
Herr Braun	Mein Name ist Braun, Martin Braun.
Polizist	Braun, Martin … Und Sie? Wie heißen Sie?
Herr Schwarz	Ich heiße Boris Schwarz.
Polizist	Schwarz, Boris …

Unit 1: Greeting people

6 Grüße im Radio und Fernsehen

- Guten Abend, verehrte Zuschauer…
- Radio Bayern. Guten Morgen, liebe Zuhörer…
- Hallo, schön guten Morgen…
- Gute Nacht, liebe Zuhörer…
- Guten Tag. Hier ist die Tagesschau…
- Unser Programm geht jetzt zu Ende. Wir wünschen Ihnen eine gute Nacht.

Unit 1: Where do you come from?

9 Woher kommen Sie?

Wie heißen Sie?
Woher kommen Sie?
Und wo wohnen Sie jetzt?

Unit 2: How are you?

3 Im Büro

Frau Bachmann	Guten Tag, Frau Huber!
Frau Huber	Tag, Frau Bachmann! Und wie geht's Ihnen?
Frau Bachmann	Na ja … Mir geht's heute nicht so gut.
Frau Huber	Das tut mir aber Leid.
Frau Bachmann	Und Ihnen? Wie geht's Ihnen denn?
Frau Huber	Mir geht's wirklich sehr gut… Oh, da kommt Herr Dietz!
Bachmann u. Huber	Tag, Herr Dietz!
Herr Dietz	Tag, Frau Huber! Tag, Frau Bachmann!
Frau Huber	Und wie geht's heute?
Herr Dietz	Ach, es geht.

Unit 3: Numbers 1–10

2 Fußballbundesliga

Die weiteren Ergebnisse vom 33. Spieltag:
Hamburg Dortmund: 2 zu 1
Bochum Sankt Pauli: 6 zu 0
Duisburg Mönchengladbach: 4 zu 2
Bielefeld Rostock: 1 zu 3
Schalke Freiburg: 0 zu 2
Karlsruhe 1860 München: 3 zu 0
Bremen Düsseldorf: 1 zu 0

4 Wer ist da?

- Guten Tag! Wie heißen Sie, bitte?
- Baumgart, Waltraud.
- Wie schreibt man das?
- B-A-U-M-G-A-R-T.
- Ja, gut. Sie stehen auf der Liste.
- Guten Tag! Mein Name ist Schanze, Martin Schanze.
- Und wie buchstabiert man Schanze?
- S-C-H-A-N-Z-E.
- Ja, Sie sind auch auf der Liste.
- Hallo! Mein Name ist Hesse, H-E-S-S-E.
- Danke. Ja, hier ist Ihr Name.
- Und ich heiße Schidelowskaja S-C-H-I-D-E…
- Ist schon gut! Sie sind auch dabei, Frau Schidelowskaja!

5 Welche Firmennamen hören Sie?

Und nun der Bericht von der Börse aus Frankfurt. Ein guter Tag für die AEG, plus 9 Punkte. Von der Autoindustrie ist Positives zu vermelden: BMW legte um 3 Prozent zu und auch VW meldet ein leichtes Plus. Dagegen ein schlechter Tag für die Banken: Deutsche Bank minus 5 Prozent und die DZ Bank minus 7. Nichts Neues von der Bahn: die DB meldete plus minus 0.

Unit 3: Numbers 11–100

8 Die Lottozahlen

Die Lottozahlen: 6 8 14 23 26 46 und die Zusatzzahl: 22.

9 Anrufe bei der Auskunft

Kunde	Guten Tag. Ich hätte gern die Telefonnummer von Berta Schulz in Hamburg.
Frauenstimme	Schulz? Wie schreibt man das bitte?
Kunde	S-C-H-U-L-Z.
Frauenstimme	Vorname Berta?
Kunde	Ja, richtig.
Computerstimme	Die Nummer ist 040 – 30 07 51.
Kunde	Hallo. Ich brauche die Nummer von Günter Marhenke hier in Hamburg.
Frauenstimme	Marhenke? Wie buchstabiert man das?
Kunde	M-A-R-H-E-N-K-E.
Frauenstimme	Können Sie das wiederholen?
Kunde	Ja, kein Problem: M-A-R-H-E-N-K-E.
Computerstimme	Die Nummer ist 040 – 73 45 92.

10 Telefonnummern, Faxnummern, usw.

Welche Telefonnummer haben Sie?
Wie ist Ihre Faxnummer?
Wie ist Ihre Hausnummer oder Zimmernummer?

Here is how Jochen replies:

Jochen   Meine Telefonnummer ist null – sieben – elf – dreiundzwanzig – achtunddreißig – einundvierzig. Meine Fax Nummer ist null – sieben – elf – vierundzwanzig – neunundachtzig – null – zwo. Meine Hausnummer ist hundertdreiundneunzig.

Unit 4: I speak German

2 Noch zwei Abendkursstudenten

Dialog 1

Gür Hallo! Mein Name ist Gür Yalezan. Ich bin Türke und komme aus Berlin. Ich wohne jetzt in der Nähe von Leipzig, in Taucha. Ich spreche Türkisch, Deutsch und ziemlich gut Englisch. Ich bin ledig und studiere in Leipzig.

Dialog 2

Susi Ich heiße Susi Merkl (das buchstabiert man S-U-S-I und M-E-R-K-L) und bin Österreicherin. Ich komme aus Innsbruck, wohne aber jetzt in Rötha, hier in der Nähe von Leipzig. Ich spreche Deutsch und Englisch und ich verstehe ein bisschen Spanisch. Ich bin seit vier Jahren verheiratet und arbeite zur Zeit hier in Leipzig.

Unit 4: Nationalities and languages

6 Und jetzt Sie!

Wie ist Ihr Name?
Woher kommen Sie?
Wo wohnen Sie jetzt?
Sind Sie Amerikaner oder Amerikanerin?
Ist Ihre Muttersprache Englisch?
Verstehen Sie ein bisschen Deutsch?
Sind Sie verheiratet?
Studieren Sie?

Unit 4: More practice

1 Rollenspiel

Interviewer	Wie heißen Sie?
Jürgen	Ich heiße Jürgen Krause.
Interviewer	Sind Sie Deutscher?
Jürgen	Nein, ich bin Österreicher.
Interviewer	Woher kommen Sie?
Jürgen	Ich kommen aus Wien.
Interviewer	Und wo wohnen Sie jetzt?
Jürgen	Ich wohne jetzt in Salzburg.
Interviewer	Was sprechen Sie?
Jürgen	Ich spreche Deutsch und Englisch.
Interviewer	Sind Sie verheiratet?

Jürgen	Nein, ich bin seit drei Jahren verwitwet.
Interviewer	Arbeiten Sie?
Jutta	Ja, ich arbeite in Salzburg.

315

listening comprehension transcripts

Unit 6: Occupations

3 Jochen Krenzler aus Dresden lernt Rainer Tietmeyer aus Coventry kennen

Jochen	Willkommen in Dresden! Mein Name ist Jochen Krenzler. Können Sie vielleicht Deutsch?
Rainer	Guten Tag! Ja, ich spreche Deutsch. Ich heiße Rainer Tietmeyer.
Jochen	Das ist ja großartig! Sind Sie denn Deutscher?
Rainer	Ja, aber meine Frau ist Engländerin und ich wohne seit 24 Jahren in England.
Jochen	Ach so. Und was sind Sie von Beruf?
Rainer	Ich bin Tischler.

4 Beantworten Sie die Fragen

Interviewer	Sind Sie Deutsche?
Gudrun	Ja, ich bin Deutsche.
Interviewer	Ist Ihr Mann auch Deutscher?
Gudrun	Nein, er ist Ire.
Interviewer	Und wo wohnen Sie?
Gudrun	Ich wohne seit 17 Jahren in Münster.
Interviewer	Sind Sie berufstätig?
Gudrun	Ja, ich bin Sekretärin bei Mannesmann.
Interviewer	Und was ist Ihr Mann von Beruf?
Gudrun	Er ist Taxifahrer.

Unit 6: What are you studying?

7 Was studieren sie?

Heike	Hallo! Ich heiße Heike und das ist Martina. Wie heißt ihr?
Paul	Hallo! Ich heiße Paul und komme aus Bremen.
Daniel	Grüßt euch! Ich bin der Daniel und komme aus Hamburg. Und woher kommt ihr?
Heike	Ich komme aus Düsseldorf und Martina kommt aus Köln. Seid ihr Studenten?
Paul	Ja, wir studieren in Bremen. Ich studiere Germanistik.
Daniel	Und ich Anglistik. Ihr seid wohl auch Studentinnen?
Heike	Ja, in Aachen. Ich studiere Informatik und Martina studiert Mathematik.

Unit 8: Shopping

7 Was kostet ...?

- Was kostet eine Flasche Wein?
- 5 Euro 10.

Und jetzt Sie!

- Was kostet ein Roggenbrot?
- 1 Euro 10.
- Was kostet eine Flasche Moselwein?
- 4 Euro 90.
- Und wie teuer ist eine Flasche Olivenöl?
- 5 Euro 40.
- Was kostet eine Dose Tomaten?
- 89 Cent.
- Und eine Packung Müsli?
- 1 Euro 65.
- Und was kosten die Äpfel?
- 1 Kilo 2 Euro 5.
- Und wie teuer ist der Emmenthaler Käse?
- 1 Kilo 12 Euro 25.
- Und was kostet ein Blumenkohl?
- 1 Euro 95.

Unit 9: Hobbies and leisure time

6 Was ist Ihr Hobby?

Interview 1

Reporter Guten Tag. Wir sind vom Radio und machen eine Umfrage. Was ist Ihr Hobby, bitte?

Touristin Mein Hobby? Also, mein Hobby ist mein Garten. Und ich wandere gern.

Interview 2

Reporter Entschuldigen Sie bitte. Haben Sie ein Hobby?

Tourist Ein Hobby? Ja, ich schwimme gern, ich gehe gern ins Kino und ich lese gern.

Reporter Lesen Sie gern Krimis?

Tourist Nein, ich lese nicht gern Krimis. Ich lese gern Romane und Biographien.

Unit 10: The time

3 & 4 Schreiben Sie die Uhrzeiten

Dialog 1.
Fem voice 1 Mensch, sag'mal Klaus, wie viel Uhr ist es denn jetzt?
Male voice 3 Warte mal, … achtundzwanzig Minuten nach sechs.
Fem voice 1 Was, schon so spät. Dann muss ich los.

Dialog 2.
Male voice 3 Sag mal, ist das denn schon neun Uhr?
Fem voice 1 Nee, das ist noch keine neun. Meine Uhr zeigt 10 vor neun.
Male voice 3 Ach so. Na gut, dann habe ich noch 'n bisschen Zeit.

Dialog 3.
Male voice 1 Entschuldige, Birgit. Weißt du, wie spät es ist?
Fem voice 2 Ja, halb fünf.

Dialog 4.
Male voice 2 Entschuldigung, wie viel Uhr ist es, bitte?
Male voice 4 Äh, Viertel vor neun.
Male voice 2 Vielen Dank.
Male voice 4 Gern geschehen.

6 Ist es morgens, mittags, nachmittags oder abends?

a Es ist ein Uhr mittags. / Es ist vier Uhr nachmittags. / Es ist acht Uhr abends. / Es ist elf Uhr abends. / Es ist neun Uhr morgens. / Es ist sechs Uhr morgens.

b Es ist dreizehn Uhr. / Es ist fünfzehn Uhr zwanzig. / Es ist sieben Uhr fünfundvierzig. / Es ist achtzehn Uhr zwölf. / Es ist dreiundzwanzig Uhr fünfunddreißig. / Es ist vier Uhr siebzehn.

10 Ein Tag im Leben von Herrn Fabione

Renate Herr Fabione, Sie arbeiten als Automechaniker in einer Autowerkstatt. Wie sieht denn ein typischer Tag bei Ihnen aus?
Harr Fabione Nun, normalerweise stehe ich früh auf, so gegen halb sieben Uhr. Oft kaufe ich morgens frische Brötchen und frühstücke mit meiner Frau und den Kindern.
Renate Wann fängt denn Ihre Arbeit an?
Herr Fabione Um acht Uhr.
Renate Wie lange arbeiten Sie denn?
Herr Fabione Bis 16 Uhr.

Renate	Und haben Sie eine Pause?
Herr Fabione	Nun, Mittagspause machen wir um 12 Uhr.
Renate	So, Feierabend ist gegen vier. Was machen Sie denn dann?
Herr Fabione	Tja, ich fahre nach Hause und spiele oft mit den Kindern. Manchmal gehen wir in den Park oder spielen Fußball.
Renate	Und wann essen Sie zu Abend?
Herr Fabione	Meistens um halb sieben. Danach bringen wir dann die Kinder ins Bett.
Renate	Bleiben Sie zu Hause oder gehen Sie oft aus?
Herr Fabione	Oft bleiben wir zu Hause. Wir sehen nicht viel fern, wir lesen viel und meine Frau und ich lernen im Moment auch zusammen Spanisch. Manchmal kommt meine Schwiegermutter als Babysitterin und passt auf die Kinder auf. Dann gehen meine Frau und ich aus, ins Kino oder ins Restaurant oder wir besuchen Freunde.
Renate	Und wann gehen Sie normalerweise ins Bett?
Herr Fabione	Meistens um halb 12, manchmal erst später.

Unit 13: Talking about the past

4 Sonntagmorgen

Angela	Hallo, Ulrike. Na, wie geht's?
Ulrike	Ganz gut, ich bin noch ein bisschen müde.
Angela	Oh, habe ich dich geweckt?
Ulrike	Nein, nein, ich habe gerade gefrühstückt.
Angela	Gerade gefrühstückt? Was hast du denn gestern gemacht?
Ulrike	Am Morgen war ich in der Stadt und habe eingekauft. Am Nachmittag habe ich Britta und Georg besucht. Abends waren wir dann zusammen in der neuen ‚Mondschein-Bar‘ und haben bis drei Uhr getanzt. Wir haben viel Spaß gehabt. Und du?
Angela	Ich habe gestern Morgen einen neuen Computer gekauft und, na ja, dann den ganzen Tag mit dem Computer gespielt.
Ulrike	Hast du auf dem Internet gesurft?
Angela	Genau, das war schon interessant.
Ulrike	Und wie viel hast du für den Computer bezahlt?
Angela	€900. Er hat €100 weniger gekostet.
Ulrike	Und was habt ihr abends gemacht?
Angela	Bernd und ich haben gekocht und dann noch ein bisschen

klassische Musik gehört. Ganz romantisch; wie früher, weißt du. Was machst du denn heute, Ulrike?

Ulrike Tja, ich weiß noch nicht so genau. Vielleicht können wir ja…

Unit 14: More about the past

5 Mehr über Peter Wichtig

Moderator Herr Wichtig, vielen Dank, dass Sie zu uns ins Studio kommen konnten. Ich weiß, Sie sind sehr busy im Moment.

Peter Wichtig Ja, das stimmt. Wir bereiten eine neue Tournee vor und wir haben gerade eine neue CD auf dem Markt.

Moderator Ja, bevor wir Ihren neuen Song spielen, Herr Wichtig, ein paar Fragen zu Ihrer Person. Wie lange machen Sie denn schon Musik?

Peter Wichtig Seit 10 Jahren genau. Auch meinen ersten Hit habe ich genau vor 10 Jahren geschrieben: *Um acht Uhr aus dem Bett, das finde ich nicht nett.* Wir haben 400.000 CDs verkauft.

Moderator Und wie viele CDs haben Sie insgesamt gemacht?

Peter Wichtig Insgesamt 10. Jedes Jahr eine, das ist nicht schlecht, oder?

Moderator Schreiben Sie alle Lieder selber?

Peter Wichtig Ja, ich komponiere die Musik und schreibe auch die Texte, klar.

Moderator Sie sind ein Allround-Mensch, Herr Wichtig, schreiben und komponieren, geben viele Interviews, gehen zweimal im Jahr auf Tournee, haben Sie denn überhaupt Freizeit?

Peter Wichtig Wenig, wenig.

Moderator Und wenn, was machen Sie dann?

Peter Wichtig Im Winter fahre ich gern Ski. Und im Sommer, nun ich surfe, spiele Tennis – ich bin ein guter Freund von Boris. Und dann die vielen Partys, New York, Berlin, Nairobi, Los Angeles, Monte Carlo… Und die vielen Freunde, die ich sehen muß: Robert de Niro, Michelle Pfeiffer, meinen Kollegen Mick Jagger, Claudia Schiffer, Franz Beckenbauer…

Moderator Äh, Herr Wichtig, ich muss Sie leider unterbrechen, aber wir müssen im Programm weitermachen.

Hier ist also der neueste Single von Peter Wichtig: ‚Dich kann man vergessen' – *Aah, pardon, Ich kann dich nicht vergessen.* (Puh)

Unit 14: Then and now

9 Hören Sie zu! Klassentreffen

Bernd   Hallo, Dieter, na, 25 Jahre ist das her. Kaum zu glauben.

Dieter   Tja, 25 Jahre, und du hast immer noch so lange Haare wie früher, Bernd. Fantastisch. Ich dagegen, na, kein Haar mehr, schon seit 5 Jahren und dabei hatte ich früher auch so schöne, lange Haare.

Bernd   Na komm, Dieter, charmant wie Yul Brunner. Sag mal, trinkst du denn immer noch so gern Rum und Cola wie früher?

Dieter   Cola und Rum, oh, das ist lange her. Nein, ich trinke jetzt sehr gern Wein, französischen Wein.

Aber sag mal Bernd, du trinkst Mineralwasser? Früher hast du doch immer viel Cognac getrunken, das war doch dein Lieblingsgetränk.

Bernd   Ja, das stimmt. Aber, na ja, mein Arzt hat gesagt, ich soll mit dem Alkohol aufhören. Und jetzt trinke ich eben mehr Wasser, Tee, Orangensaft, weißt du. Hörst du eigentlich immer noch so gern Blues-Musik, du hast doch damals alle Platten von Eric Clapton gehabt, oder?

Dieter   Ja, das ist lange her. Am meisten höre ich jetzt klassische Musik, vor allem Beethoven. Und du, immer noch der Elvis-Fan?

Bernd   Elvis forever, haha. Nein, Rock'n Roll höre ich nicht mehr. Ich höre viel Jazz-Musik.

Dieter   Und machst du noch selber Musik? Du hast doch früher in einer Band gespielt?

Bernd   Nein, das ist lange vorbei. Wenn ich Zeit habe, reise ich. Letzten Monat war ich erst für eine Woche in Moskau. Du warst doch früher ein guter Fußballspieler?

Dieter   Tja, das stimmt, aber im Moment spiele ich nur noch Tennis, ich bereite mich auf Wimbledon vor, haha. Guck mal, da drüben ist Gerd.

Bernd   Hallo Gerd, na, wie geht es …

Unit 15: In the home

11 Und jetzt Sie!

Moderator   Wo wohnen Sie?

Frau Martini   Wir wohnen in einer sehr großen Wohnung.

Moderator   Wie viele Zimmer hat die Wohnung?

Frau Martini   Die Wohnung hat vier Zimmer, plus Küche und Bad.

Moderator	Wie sind die Zimmer?
Frau Martini	Die Zimmer sind groß und hell.
Moderator	Haben Sie einen Garten?
Frau Martini	Ja, wir haben einen großen Garten.
Moderator	Ist die Miete oder die Hypothek teuer?
Frau Martini	Die Miete ist nicht so teuer, 465 Euro, plus Nebenkosten.
Moderator	Wie ist die Umgebung?
Frau Martini	Die Umgebung ist ruhig und sehr grün.
Moderator	Haben Sie gute Verkehrsverbindungen?
Frau Martini	Ja, die Verkehrsverbindungen sind sehr gut.
Moderator	Wie lange fahren Sie zur Arbeit oder in die Stadt?
Frau Martini	Ich fahre nur 10 Minuten zur Arbeit.
Moderator	Fahren Sie mit dem Auto, mit dem Bus oder mit der U-Bahn?
Frau Martini	Ich fahre mit der U-Bahn. Im Sommer kann ich mit dem Fahrrad fahren.

Unit 17: Fashion

5 Frau Martens ist Verkäuferin in einem Kaufhaus.

Interviewer	.... Und Sie Frau Martens. Sind Sie berufstätig?
Frau Martens	Ja, ich bin Verkäuferin in der Kaufhalle hier in Hanau. Ich arbeite seit sieben Jahren dort und finde meinen Beruf eigentlich ganz interessant.
Interviewer	Interessant, aber sicher auch anstrengend?
Frau Martens	Ich arbeite nur halbtags, von acht Uhr bis um 12.30 Uhr. Meine Arbeit ist also nicht besonders anstrengend. Doch wenn meine drei Kinder um eins nach Hause kommen – dann wird's anstrengend! Und wenn mein Sohn im Fernsehen ein neues Computer-Spiel sieht – dann muss er das unbedingt haben! Die eine Tochter mochte neue Schuhe von Bruno Magli, die andere eine neue Jeans-Jacke von Calvin Klein.
Interviewer	Und für Sie? Ist Mode auch für Sie wichtig?
Frau Martens	Ich persönlich finde Mode uninteressant. Ich ziehe nur an, was ich mag.
Interviewer	Und wie sind im Allgemeinen die Kunden?
Frau Martens	Wir haben meistens ganz nette Kunden. Nur selten sind sie unfreundlich. Also, ich versuche dann immer, besonders freundlich zu sein.

Unit 17: Clothes

12 Was für Kleidung tragen die Leute?

Dialog 1

Richard Was tragen Sie denn normalerweise für Kleidung auf der Arbeit?

Mareike Ich arbeite in einem Büro und die Atmosphäre ist sehr relaxed. Normalerweise trage ich eine bequeme Hose, meistens mit einer Bluse, wenn es kälter ist, mit einem Pulli.

Richard Und zu Hause?

Mareike Eigentlich dasselbe. Eine Hose, oft auch eine Jeans – auf der Arbeit trage ich kaum Jeans – T-Shirt, Pullover. Ich mag bequeme Sachen. Eigentlich trage ich alles, was bequem ist. Was ich aber nicht mag sind Röcke. Röcke ziehe ich fast überhaupt nicht an.

Dialog 2

Richard Herr Scholz, was tragen Sie denn normalerweise auf der Arbeit?

Günther Auf der Arbeit trage ich immer einen Anzug, meistens einen dunkelblauen. Dazu ein weißes Hemd und eine Krawatte.

Richard Und zu Hause?

Günther Zu Hause, nun, etwas Bequemeres, ein sportliches Hemd oder ein Poloshirt.

Richard Gibt es etwas, was Sie nicht gerne anziehen?

Günther Nun, wie gesagt, ich trage sehr gern sportliche Kleidung in meiner Freizeit, ich spiele auch Golf und Tennis, ich mag elegante Kleidung, was ich nicht mag ist bunte Kleidung, rote Hemden, Hawaii-Hemden, bunte Hosen und solche Sachen.

Unit 18: Invitations and presents

5 Was bringen wir der Familie mit?

Saskia Was für ein Stress, jetzt müssen wir auch noch nach den Geschenken suchen. Wir haben mal wieder bis zum letzten Tag gewartet.

Sys Na ja, das ist ja nichts Neues. Aber was kaufen wir bloß?

Saskia Wie wäre's mit einer Platte von Frank Sinatra für Mutti?

Sys Gute Idee! Mutti war immer ein großer Fan von ihm.

Saskia Und Vati? Was bringen wir ihm? Das ist doch schwierig, oder?

Sys	Vati sieht gern Baseball-Spiele im Fernsehen. Kaufen wir ihm doch einfach eine Baseball-Mütze von den New York Yankees.
Saskia	Toll! Vati mit einer Baseball-Mütze – das möchte ich sehen!
Sys	Und Oma hat gesagt, sie möchte einen neuen Bademantel.
Saskia	Gut, dann schenken wir ihr einen Bademantel. Hoffentlich ist er aber nicht zu teuer.
Sys	Oh, Tante Heidi müssen wir Turnschuhe von Nike kaufen. Nike-Turnschuhe sind in Amerika viel billiger als in Europa.
Saskia	Und Onkel Georg sammelt U-Bahn-Pläne. Ihm können wir einen U-Bahn-Plan von New York mitbringen.
Sys	Das wär's also. Gehen wir schnell einkaufen. Und vergiss nicht, deine Kreditkarte mitzunehmen!

Unit 20: Weather

3 Was für Wetter hatten sie im Urlaub?

Bärbel Specht	Wir waren diesen Frühling auf Kreta. Das war fantastisch. Ich war einmal im Sommer dort, oh, das war nicht auszuhalten: über 40 Grad. Aber diesmal: meistens so um 28 Grad. Ideal. Und auch kein Regen. Jeden Tag Sonne und ein leichter Wind. Zum Windsurfen war das wirklich toll. Das kann ich nur jedem empfehlen. Kreta im Frühling: Das ist ein Erlebnis.
Jutta Weiß	Mein Traum war es immer, einmal nach Australien zu fahren und eine alte Schulfreundin von mir dort zu besuchen. Und letzten Dezember hat es endlich geklappt, da hatte ich Zeit und auch genug Geld. In Deutschland war Winter, minus 12 Grad, alle haben hier gefroren, und als ich in Sydney ankam, da war dort Sommer: über 35 Grad. Und Weihnachten haben wir im T-Shirt gefeiert, die machen dort Straßenpartys, unglaublich. Drei Wochen nur Sonne, nur manchmal hat es ein Gewitter gegeben. Aber – ganz ehrlich – mir war das manchmal einfach zu heiß.

5 Der Wetterbericht im Radio

Nun die Wettervorhersage für Sonntag, den 25. Mai. Nachts kühlt es auf 8 bis 0 Grad ab. Tagsüber im Südosten 23, in den übrigen Gebieten 13 bis 20 Grad Celsius. Die weiteren

Aussichten: Montag im Norden und Osten Wolken und Regen.
Dienstag in ganz Deutschland Schauer. Am Mittwoch ab und zu
sonnige Abschnitte, und nur noch im Osten Schauer.

Unit 21: Making telephone calls

3 Telefonanrufe

Dialog 1

Receptionist	Berchtesmeier und Company. Guten Tag. Was kann ich für Sie tun?
Herr Giesecke	Guten Tag. Giesecke von der Firma Krönke, Maschinenbau. Könnte ich bitte mit Frau Dr. Martens sprechen?
Receptionist	Einen Moment bitte, ich verbinde... (Pause) Herr Giescke, es tut mir Leid, aber Frau Dr. Martens telefoniert gerade. Die Leitung ist besetzt. Wollen Sie warten?
Herr Giesecke	Äh, Giesecke, mit e, nicht Giescke.
Receptionist	Oh. Entschuldigung, Herr Giesecke.
Herr Giesecke	Wie lange kann es denn dauern?
Receptionist	Ja, das ist schwer zu sagen. Soll ich Frau Dr. Martens vielleicht etwas ausrichten? Oder soll sie Sie zurückrufen?
Herr Giesecke	Nein, nein, nein. Das ist nicht nötig. Ich rufe später noch mal an. Auf Wiederhören.
Receptionist	Auf Wiederhören, Herr Giescke... äh (Pause). Puh.

Dialog 2

Nadine möchte ihre Freundin, Sandy, sprechen. Hören Sie zu.

Nadine	Hallo, Frau Stoll, hier ist Nadine. Ist die Sandy da?
Frau Stoll	Hallo Nadine. Na, wie geht's dir?
Nadine	Ganz gut, danke.
Frau Stoll	Das ist ja schön, Nadine. Aber leider ist die Sandy im Augenblick nicht da.
Nadine	Oh, das ist schade. Wo ist sie denn?
Frau Stoll	Sie ist gerade beim Zahnarzt.
Nadine	Oh, nein. Wann kommt sie denn wieder?
Frau Stoll	Ich denke, so in einer Stunde. Soll sie dich dann zurückrufen?
Nadine	Ja, das wäre toll. Ich bin zu Hause.
Frau Stoll	Gut, ich sage es ihr. Und grüß deine Familie.
Nadine	Klar, das mache ich.
Frau Stoll	Tschüs Nadine.
Nadine	Tschüs Frau Stoll.

Dialog 3

Corinna	Hallo Peterle, bist du's?
Herr Schulz	Äh, meinen Sie Herrn Fink? Der ist im Moment nicht da, der ist auf Geschäftsreise.
Corinna	Oh, äh, das wusste ich gar nicht.
Herr Schulz	Ja, er musste für drei Tage nach Wien.
Corinna	Wann kommt er denn wieder?
Herr Schulz	Wahrscheinlich morgen. Wollen Sie vielleicht eine Nachricht hinterlassen?
Corinna	Wenn das geht, ja, gerne.
Herr Schulz	Natürlich. Kein Problem.
Corinna	Können Sie ihm sagen, Corinna hat angerufen und er soll mich morgen zurückrufen. Ich habe ein fantastisches Geschenk für ihn.
Herr Schulz	Gut. Das sage ich ihm.
Corinna	Vielen Dank. Auf Wiederhören.
Herr Schulz	Auf Wiederhören.

Unit 22: CVs

8 Lebenslauf II

Frau Schulte Mein Name ist Claudia Schulte und im Moment lebe und arbeite ich in Hamburg. Geboren bin ich aber 1968 in Bremen, wo ich dann auch zur Schule gegangen bin und zwar zunächst von 1974 bis 1978 auf die Grundschule und danach aufs Heinrich-Heine Gymnasium. Nach dem Abitur 1987 war ich dann nicht so sicher, was ich eigentlich machen sollte und habe dann ein bisschen gejobbt, um genug Geld zu haben und bin dann für ein Jahr durch Asien gereist. Das war eine wichtige Erfahrung für mich.

Als ich dann nach Deutschland zurückgekommen bin, habe ich mit etwas Glück eine Praktikumsstelle bei der *Hamburger Zeitung* gefunden und dort für zwei Jahre, von 1988 bis 1989 als Praktikantin gearbeitet.

Nach den zwei Jahren Praxis habe ich dann ein Studium an der Universität Hamburg angefangen und von 1989 bis 1994 studiert, nebenbei natürlich für verschiedene Zeitungen geschrieben.

Nach dem Studium habe ich gleich eine Stelle bei der *Tageszeitung* in Berlin gefunden und dort vier Jahre – von 1994 bis 1998 – gearbeitet.

Seit 1998 arbeite ich beim *Spiegel*, wieder in Hamburg – das ist natürlich ein Traum für jeden Journalisten.

Unit 23: Deutschland, Österreich und die Schweiz

9 Ein Radioprogramm

Johann Wolfgang von Goethe gilt heute über 150 Jahre nach seinem Tod als einer der universalen Repräsentanten europäischer Kultur. Geboren am 28.8. 1749 in Frankfurt am Main, erhielt er als Kind Privatunterricht und ging dann auf die Universität von Leipzig und Straßburg, wo er Jura studierte. Beinflusst wurde er durch einen anderen bekannten Schriftsteller, Johann Gottfried Herder, der ihn dazu bewegte, zu schreiben.

Berühmt wurde Goethe 1774 durch seine Novelle *Die Leiden des jungen Werthers*, die ihn über Nacht in ganz Europa bekannt machte.

1775 ging Goethe an den Hof von Weimar, wo er in den Staatsdienst eintrat und auch politisch tätig wurde. Weiterhin schrieb er Theaterstücke und andere Werke.

1786 reiste er für zwei Jahre nach Italien und wurde stark vom Klassizismus beeinflusst. Zurück in Weimar begann er eine sehr produktive Zeit: Er veröffentlichte Bücher über naturwissenschaftliche Themen und schrieb einige seiner bekanntesten Werke. 1808 erschien dann sein wohl bekanntestes Theaterstück *Faust*, in dem ein Wissenschaftler und Philosoph seine Seele an den Teufel verkauft. Bis zu seinem Tod 1832 in Weimar blieb Goethe ein äußerst produktiver Schriftsteller, dessen Werke in fast alle Sprachen übersetzt wurden. Das Goethe-Institut, das Kulturinstitut Deutschlands, ist nach ihm benannt.

The glossary covers the most important grammar terminology used in this book. qv (quod vide) means 'which see', i.e. please see the entry for this word

adjectives Adjectives are used to provide more information about nouns. In English they can stand on their own after a verb, such as *to be* or *to seem*, or they can appear in front of a noun: The car is *new*. **Das Auto ist *neu*.** The *new* car wasn't cheap. **Das *neue* Auto war nicht billig.** Note that in German endings are needed on adjectives that come in front of a noun: **Peter ist ein *guter* Freund.** Peter is a *good* friend.

adverbs Just as adjectives provide more information about nouns, so adverbs tend to provide more information about verbs: Wayne ran *quickly* down the stairs. But adverbs can also provide more information about adjectives: I was *completely* exhausted. In English adverbs often (but not always) end in *-ly*. In German adverbs often have the same form as adjectives: **Deine Arbeit ist *gut*.** Your work is *good*. **Du hast das sehr *gut* gemacht.** You did that very *well*.

articles There are two types of articles: *definite* and *indefinite*. In English the definite article is *the*. In German there are three definite articles: **der, die** and **das**, referring to the three different genders in German. The term indefinite article is given to the words *a* and *an*. In German the indefinite articles are **ein** and **eine**. (See also **gender**.)

auxiliary verbs Auxiliary verbs are used as a support to the main verb, e.g. I *am* working; he *has* gone. The most important auxiliary verbs in German are **haben, sein** and **werden**. These are used in the formation of the perfect *tense* (qv) and of the *passive* (qv): **Ich *habe* gerade einen sehr guten Film gesehen.** I *have* just seen a good film. **Die neue Schule *wurde* 1998 gebaut.** The new school *was* built in 1998. (See also **modal verbs**.)

cases There are four cases in German: the *nominative*, the *accusative*, the *genitive* and the *dative*. Cases are used in German to express relationships between the various parts of the sentence. Here is a short summary:

Nominative – this is the term used for the case that indicates the *subject* (qv) of the sentence:

Der Mann kauft einen Computer. *The man* buys a computer.

Accusative – this is the term used for the case that indicates the direct object (*object* qv) of the sentence:

Der Mann kauft *einen Computer*. The man buys a *computer*.

Dative – this is the term used for the case that indicates the indirect object (*object* qv) of the sentence:

Wir haben den Computer *meinem Bruder* gegeben.
We gave the computer *to my brother*.

Genitive – this is the term used for the case that indicates possession:

Das ist der Computer *meines Bruders*.
That's *my brother's* computer.

Note that *prepositions* (qv) in German are followed by the accusative, dative or genitive case.

comparative When we make comparisons, we need the comparative form of the *adjective* (qv). In English this usually means adding *-er* to the adjective or putting *more* in front of it:

This shirt is *cheaper* than that one. This blouse is *more* expensive than that one.

Making comparisons in German follows the first example and adds *-er* to the adjective:

Dieses Hemd ist *billiger* als das da. Diese Bluse ist *teurer* als die da.

(See also **superlative**.)

conjunctions Conjunctions are words such as *and, but, when, if, unless, while* and *although*. They link words, clauses or sentences together: Bread *and* butter. **Brot *und* Butter.** He comes from Berlin *but* now lives in London. **Er kommt aus Berlin, *aber* lebt jetzt in London.**

In German a distinction is made between *co-ordinating conjunctions* and *subordinating conjunctions*. Co-ordinating conjunctions such as **und** *and*, **aber** *but* and **oder** *or* simply join two main clauses together and do not affect the word order: **Anna kommt aus München *und* ist 21 Jahre alt.** Anna comes from Munich *and* is 21 years old.

Subordinating conjunctions include such words as **wenn** *when, if*, **weil** *because*, **obwohl** *although* and **seitdem** *since* and send the verb to the end of the clause: **Er kann nicht kommen,** *weil* **er krank** *ist.* He can't come, *because* he is ill.

demonstratives Words such as *this, that, these, those* are called demonstratives or *demonstrative adjectives*: *This* book is interesting. **Dieses Buch ist interessant.** *These* exercises are very difficult. **Diese Übungen sind sehr schwer.**

In German **dieser** (masculine), **diese** (feminine & plural), **dieses** (neuter) are the most commonly used demonstratives.

gender In English gender is usually linked to male and female persons or animals, so for example we refer to a man as *he* and to a woman as *she*. Objects and beings of an indeterminate or no sex are referred to as having neuter gender. For instance, we refer to a table as *it*.

In German nouns have a gender irrespective of sex. For instance, the gender of the word for *girl* (**das Mädchen**) is neuter. In German there are three genders, *masculine, feminine* and *neuter*: **der Tisch** *the table,* **die Lampe** *the lamp,* **das Haus** *the house.*

imperative The imperative is the form of the verb used to give orders or commands: *Help* me, please.

In German there are three main forms of the imperative, because of the various forms of address. **Helfen Sie mir, bitte!** (Sie form); **Hilf mir, bitte!** (du form); **Helft mir, bitte!** (ihr form).

infinitive The infinitive is the basic form of the verb. This is the form that you will find entered in the dictionary. In English the infinitive is usually accompanied by the word *to,* e.g. *to go, to play.* In German the dictionary entry for the infinitive usually ends in **-en: gehen** *to go,* **spielen** *to play,* **machen** *to do,* etc.

irregular verbs see **verbs**

modal verbs Verbs which express concepts such as permission, obligation, possibility, etc. (*can, must, may*) are referred to as modal verbs. Verbs in this category cannot in general stand on their own and therefore also fall under the general heading of *auxiliary verbs* (qv). Modal verbs in German include **wollen** *to want to,* **können** *to be able to,* **dürfen** *to be allowed to.*

nouns Nouns are words like *house* **Haus,** *bread* **Brot** and *beauty* **Schönheit.** They are often called 'naming words'. A useful test of a noun is whether you can put *the* in front of it: e.g. *the house, the bread.* Nouns in German have one of three *genders* (qv) and take a capital letter.

object The term object expresses the 'receiving end' relationship between a noun and a verb. Look at the following sentence: The dog bit the postman. **Der Hund biss den Postboten.** The postman is said to be the object of the sentence, as he is at the receiving end of the action. (See also **subject**.)

Sentences such as: 'My mother gave my wife an expensive ring' have both a *direct object* (an expensive ring) and an *indirect object* (my wife).

In German the direct object requires the *accusative case* and the indirect object the *dative case*: **Meine Mutter gab *meiner Frau*** (dative) ***einen teuren Ring*** (accusative).

passive voice Most actions can be viewed in two different ways: 1 The dog bit the postman. *active voice*
2 The postman was bitten by the dog. *passive voice*

In German you will also find both the active and passive voice. The passive is normally formed with the verb **werden** rather than with the verb **sein**:

1 Der Hund biss den Postboten.
2 Der Postbote *wurde* vom Hund gebissen.

personal pronouns Personal pronouns refer to persons. In German they are: **ich** *I*; **du** *you* (informal singular), **Sie** *you* (formal singular); **er, sie, es** *he, she, it*; **wir** *we*; **ihr** *you* (informal plural), **Sie** *you* (formal plural); **sie** *they*. (See also **pronouns**.)

plural see **singular**

possessives Words such as **mein** *my*, **Ihr** *your* (formal), **dein** *your* (informal), **ihr** *her*, **sein** *his* are given the term possessives or *possessive adjectives*, because they indicate who something belongs to.

prepositions Words like **in** *in*, **auf** *on*, **zwischen** *between*, **für** *for* are called prepositions. Prepositions often tell us about the position of something. They are normally followed by a noun or a pronoun: **a** This present is *for* you. **b** *Despite* the weather I'm going to walk. **c** Your book is *on* the table.

In German prepositions require the use of a *case* (qv), such as the accusative, genitive or dative: **a Dieses Geschenk ist *für* dich.** (accusative) **b *Trotz des Wetters* gehe ich zu Fuß.** (genitive neuter) **c Dein Buch liegt *auf dem Tisch*.** (dative masculine)

pronouns Pronouns fulfil a similar function to nouns and often stand in the place of nouns mentioned earlier. The *lamp* (noun) is modern. *It* (pronoun) is ugly. **Die *Lampe* ist modern. *Sie* ist hässlich.** Note that in German the pronoun has to be the same gender as the noun which it stands for (*die Lampe* → *sie*).

singular and plural The terms singular and plural are used to make the contrast between 'one' and 'more than one': **Hund/Hunde** *dog/dogs*; **Buch/Bücher** *book/books*, **Hut/Hüte** *hat/hats*.

Most plural forms in English are formed by adding an -s, but not all: *child/children, woman/women, mouse/mice*. There are many different plural forms in German. Here are just three: **Kind/Kind*er*, Frau/Frau*en*, Maus/Mäuse**.

Some nouns do not normally have plurals and are said to be *uncountable*: **das Obst** *fruit*; **die Luft** *air*.

subject The term subject expresses a relationship between a noun and a verb. Look at the sentence 'The dog bit the postman'. Here the dog is said to be the subject of the verb *to bite*, because it is the dog that is doing the biting.

In German the subject of the sentence needs to be in the *nominative case*: *Der Hund* biss den Postboten.

superlative The superlative is used for the most extreme version of a comparison: **a** This shirt is the *cheapest* of all. **b** This blouse is the *most* expensive of all.

The superlative in German follows a similar pattern: **a** Dieses Hemd ist das *billigste* von allen. **b** Diese Blue ist die *teuerste* von allen.
(See also **comparative**.)

tense Most languages use changes in the verb form to indicate an aspect of time. These changes in the verb are traditionally referred to as tense, and the tenses may be *present, past* or *future*. Tenses are often reinforced with expressions of time:

Present: *Today* I am staying at home. *Heute* bleibe ich zu Hause.
Past: *Yesterday* I went to London. *Gestern* bin ich nach London gefahren. / *Gestern* fuhr ich nach London.
Future: *Tomorrow* I'll be flying to Berlin. *Morgen* werde ich nach Berlin fliegen.

The German tenses dealt with in this book are the present, the simple past (or preterite), the perfect tense and the future tense.

verbs Verbs often communicate actions, states and sensations. So, for instance, the verb *to play* **spielen** expresses an action, the verb *to exist* **existieren** expresses a state and the verb *to see* **sehen** expresses a sensation. A verb may also be defined by its role in the sentence or clause and usually has a *subject* (qv). It may also have an *object* (qv).

Verbs in German can be *regular* (often called *weak verbs*), or *irregular* (*strong* or *mixed verbs*). The forms of irregular verbs need to be learned. A list of the most common irregular verbs is provided on the next page.

List of common strong and mixed verbs

infinitive	simple past tense (er/sie form)	past participle	Vowel changes: present tense er/sie form
anfangen to start, begin	fing an	angefangen	fängt an
anrufen to call up	rief an	angerufen	
aufstehen to get up	stand auf	aufgestanden*	
beginnen to begin	begann	begonnen	
bleiben to start	blieb	geblieben*	
bringen to bring	brachte	gebracht	
denken to think	dachte	gedacht	
einladen to invite	lud ein	eingeladen	lädt ein
empfehlen to recommend	empfahl	empfohlen	empfiehlt
essen to eat	aß	gegessen	isst
fahren to go (by vehicle)	fuhr	gefahren*	fährt
finden to find	fand	gefunden	
fliegen to fly	flog	geflogen*	
geben to give	gab	gegeben	gibt
gefallen to be pleasing	gefiel	gefallen	gefällt
haben to have	hatte	gehabt	hat
halten to hold; to stop	hielt	gehalten	hält
heißen to be called	hieß	geheißen	
helfen to help	half	geholfen	hilft
kennen to know, be acquainted with	kannte	gekannt	
lesen to read	las	gelesen	liest
nehmen to take	nahm	genommen	nimmt
raten to advise; to guess	riet	geraten	rät
schlafen to sleep	schlief	geschlafen	schläft
schreiben to write	schrieb	geschrieben	
schwimmen to swim	schwamm	geschwommen*	
sehen to see	sah	gesehen	sieht
sein to be	war	gewesen*	ist
singen to sing	sang	gesungen	
sitzen to sit	saß	gesessen	
sprechen to speak	sprach	gesprochen	spricht
tragen to carry; to wear	trug	getragen	trägt
treffen to meet	traf	getroffen	trifft
trinken to drink	trank	getrunken	
tun to do	tat	getan	
umsteigen to change (transport)	stieg um	umgestiegen*	
verbinden to connect, put through	verband	verbunden	
vergessen to forget	vergaß	vergessen	vergisst
verlassen to leave	verließ	verlassen	verlässt
verlieren to lose	verlor	verloren	
verstehen to understand	verstand	verstanden	
waschen to wash	wusch	gewaschen	wäscht
werden to become	wurde	geworden*	wird
wissen to know (a fact)	wusste	gewusst	weiß
ziehen to go, move; to pull, draw	zog	gezogen*	

*These verbs normally form their perfect tense with **sein**.

This glossary is intended to help you recall and use the most important words that you have met during the course. It is not intended to be comprehensive.

* indicates this verb or its root form is in the verb list on page 332 and is irregular.

l indicates that a verb is separable (e.g. anlrufen).

NB: With professions, nationalities etc., the feminine version is usually given in an abbreviated form, e.g. der Mechaniker (-) /die -in. The feminine versions of professions which end in -**in** form their plural with -**nen**, e.g. die Mechanikerin, die Mechanikerinnen.

der Abend (-e) *evening*
abends *in the evening*
das Abenteuer (-) *adventure*
aber *but, however*
ablfahren* *to depart*
ablholen *to pick up, fetch*
das Abitur (-e) *leaving exam at Gymnasium, roughly A-levels*
die Adresse (-n) *address*
alles *everything*
der Alptraum (¨e) *nightmare*
alt *old*
altmodisch *old-fashioned*
die Ananas (-) *pineapple*
der Anfang (¨e) *beginning*
anlfangen* *to begin, start*
anlkommen* *to arrive*
anlrufen* *to telephone, call up*
anschließend *afterwards*
anstrengend *tiring, strenuous*

die Antwort (-en) *answer*
anlziehen* *to put on*
der Anzug (¨e) *suit*
der Apfel (¨) *apple*
der Apparat (-e) *apparatus, phone*
die Arbeit (-en) *work*
arbeiten *to work*
arbeitslos *unemployed*
arm *poor*
der Arm (-e) *arm*
der Arzt (¨e) /die Ärztin (-nen) *doctor*
auch *also*
Auf Wiedersehen! *Goodbye!*
der Aufenthalt (-e) *stay*
aufregend *exciting*
auflstehen* *to get up*
das Auge (-n) *eye*
der Augenblick (-e) *moment*
der Ausdruck (¨e) *expression*
der Ausflug (¨e) *excursion, outing*

ausgezeichnet *excellent*
die Auskunft (¨e) *information, directory enquiries*
der Ausländer (-) / die -in *foreigner*
auslprobieren *to try out*
jemandem etwas auslrichten *to pass on a message to someone*
auslsehen* *to look, appear*
außerhalb *outside*
die Aussicht (-en) *prospect, outlook*
das Auto (-s) *car*
der Automechaniker/ die -in *mechanic*

das Baby (-s) *baby*
die Bäckerei (-en) *bakery*
das Bad (¨er) *bath*
das Badezimmer (-) *bathroom*
die Bahn *rail, railway*
der Bahnhof (¨e) *railway station*
bald *soon*
der Balkon (-s/-e) *balcony*
die Bank (-en) *bank*
der Bankkaufmann (¨er)/ -frau (-en) *qualified bank clerk*
der Bauch (¨e) *stomach, belly*
bauen *to build*
der Baum (¨e) *tree*
beantworten *to answer*
der Becher (-) *beaker, cup; sundae dish*
bedeckt *overcast*
bedeuten *to mean*
beenden *to finish*
das Bein (-e) *leg*
das Beispiel (-e) *example*
bekannt *famous, well known*
bekommen* *to get*
beliebt *popular*
bequem *comfortable*
der Berg (-e) *mountain*
der Beruf (-e) *profession, occupation*
berufstätig *working, employed*
berühmt *famous*
besetzt *busy, engaged*
besonders *especially*
die Besprechung (-en) *discussion, consultation*
bestellen *to order*
besuchen *to visit*
betragen* *to amount to*
das Bett (-en) *bed*
die Bewerbung (-en) *application*

bezahlen *to pay*
die Bibliothek (-en) *library*
das Bier (-e) *beer*
der Biergarten (¨) *beer garden*
das Bild (-er) *picture*
billig *cheap*
bis *until, by*
bisschen – ein bisschen *a bit (of)*
bitte *please*
blau *blue*
bleiben* *to stay*
die Blume (-n) *flower*
der Blumenkohl (-e) *cauliflower*
die Bluse (-n) *blouse*
der Bonbon (-s) *sweets*
brauchen *to need*
braun *brown*
bringen* *to bring*
das Brot (-e) *bread*
das Brötchen (-) *bread roll*
die Brücke (-n) *bridge*
der Bruder (¨) *brother*
der Brunnen (-) *well, fountain*
die Brust (¨e) *chest, breast*
das Buch (¨er) *book*
buchen *to book, reserve*
buchstabieren *to spell*
die Bundesrepublik Deutschland *the Federal Republic of Germany*
bunt *colourful*
das Büro (-s) *office*
der Bus (-se) *bus*
der Busen (-) *bosom, breast, bust*
die Bushaltestelle (-n) *bus stop*
die Butter *butter*

das Café (-s) *café*
die CD (-s) *CD*
der Chef (-s) / die Chefin *head, boss*
der Computer (-) *computer*

da *there; also: here*
damals *then, at that time*
die Dame (-n) *lady*
danach *after that, afterwards*
daneben *next to*
der Dank – Vielen Dank *thanks – Many thanks*
danke – Danke schön *thank you – Thank you very much*
dann *then*
dauern *to last*
denken* *to think*

Deutsch *German* (language)
Deutscher / Deutsche *German* (person)
dick *fat*
die Disco / Disko (-s) *disco*
das Dorf ("er) *village*
dort *there*
die Dose (-n) *can*
dunkel *dark*
durstig *thirsty*
die Dusche (-n) *shower*

die Ecke (-n) *corner*
ehemalig *former*
eigentlich *actually*
einfach *single (journey); simple*
das Einfamilienhaus ("er) *detached family house*
einlführen *to introduce*
einlkaufen *to shop*
einlladen* *to invite*
die Einladung (-en) *invitation*
einmal *once*
der Eintritt (-e) *entrance, start*
der Einwohner (-) *inhabitant*
das Eis *ice cream*
die Eltern (pl) *parents*
empfehlen* *to recommend*
das Ende (-n) *end*
der Engländer (-) die -in *Englishman, -woman*
der Enkelsohn ("e) /-tochter (") *grandson/ -daughter*
entdecken *to discover*
entlassen* *to release*
entschuldigen *to excuse*
die Erde *the Earth*
die Erfahrung (-en) *experience*
erhalten* *to receive*
erreichbar *reachable*
erscheinen* *to appear*
erzählen *to tell, narrate*
essen* *to eat*
das Examen (-) *examination*

das Fach ("er) *subject*
fahren* *to go* (in a vehicle), *drive*
die Fahrkarte (-n) *ticket*
der Fahrplan ("e) *timetable (for transport)*
das Fahrrad ("er) *bicycle*
die Familie (-n) *family*
die Farbe (-n) *colour*

das Fax (-e) *fax*
fehlen *to be missing, lacking*
die Feier (-n) *celebration*
feiern *to celebrate*
der Feiertag (-e) *public holiday*
die Ferien (pl) *holidays*
fernlsehen* *to watch TV*
der Fernseher (-) *TV set*
die Ferse (-n) *heel*
das Fett *fat*
der Film (-e) *film*
finden* *to find, to think*
der Finger (-) *finger*
die Flasche (-n) *bottle*
das Fleisch *meat*
fliegen* *to fly*
fließend *fluent(ly)*
der Flohmarkt ("e) *flea market*
der Flug ("e) *flight*
der Flur (-e) *corridor, hall*
fotografieren *to take photos*
die Frage (-n) *question*
fragen *to ask*
der Franzose (-n)/ die Französin *Frenchman/ -woman*
Französisch *French (language)*
die Frau (-en) *woman; Mrs*
frei *free, vacant*
der Freund (-e)/ die Freundin *boyfriend/ girlfriend; friend*
frisch *fresh*
der Friseur /die Friseuse *hairdresser*
die Frisur (-en) *hairstyle*
früh *early*
der Frühling (-e) *spring*
das Frühstück (-e) *breakfast*
fühlen *to feel*
der Führerschein (-e) *driving licence*
der Fuß ("e) *foot*
der Fußball ("e) *football*
die Fußgängerzone (-n) *pedestrian precinct*

der Garten (") *garden*
der Gast ("e) *guest*
das Gebäude (-) *building*
geben* *to give*
das Gebiet (-e) *area, region*
der Geburtstag (-e) *birthday*
gefährlich *dangerous*
gefallen (+ dative) *to be pleasing*
gegen *around (of time); against*

das Gegenteil (-e) *opposite*
gehen* *to go*
gelb *yellow*
das Geld (-er) *money*
gemischt *mixed*
das Gemüse *vegetables*
genau *exactly, precisely*
genug *enough*
geradeaus *straight ahead*
gern – Ich trinke gern Tee. *I like drinking tea.*
das Geschäft (-e) *business, shop*
geschäftlich *on business*
das Geschenk (-e) *present*
die Geschichte (-n) *history, story*
geschieden *divorced*
der Geschmack ("er) *taste*
das Gesicht (-er) *face*
gesund *healthy*
die Gesundheit *health*
das Getränk (-e) *drink*
das Gewicht (-e) *weight*
gewinnen* *to win*
das Gewitter (-) *thunderstorm*
das Glas ("er) *glass*
glauben *to believe*
gleich *straight away; also: equal, same*
das Gleis (-e) *track*
das Glück *fortune, luck, happiness*
glücklich *happy*
der Grafiker (-)/ die -in *illustrator; graphic designer*
das Gramm *gram*
grau *grey*
die Grenze (-n) *border*
die Grippe (-n) *flu*
groß *large, big*
grün *green*
gründen *to establish, found*
die Grundschule (-n) *primary school*
ins Grüne *into the countryside*
günstig *favourable, reasonable (of price)*
gut *good, fine*
das Gymnasium (...ien) *grammar school*

das Haar (-e) *hair*
haben* *to have*
die Hähnchenbrust ("e) *chicken breast*
der Hals ("e) *neck, throat*

die Hand ("e) *hand*
der Hang ("e) *slope*
hängen *to hang*
hassen *to hate*
hässlich *ugly*
häufig *frequently*
das Hauptgericht (-e) *main course*
die Hauptstadt ("e) *capital city*
das Haus ("er) *house*
die Hauseinweihungsfeier (-n) *house-warming party*
die Haut ("e) *skin*
heiraten *to marry*
heiß *hot*
heißen* *to be called*
heiter *bright, fine*
hektisch *hectic*
helfen* (+ dative) *to help*
hell *light, bright*
das Hemd (-en) *shirt*
der Herbst (-e) *autumn*
der Herr (-en) *gentleman; Mr*
das Herz (-en) *heart*
heute *today*
hier *here*
hin und zurück *return; there and back*
hinterlassen *to leave (a message)*
das Hobby (-s) *hobby*
das Hochhaus ("er) *tower block*
die Hochzeit (-en) *wedding*
hoffen *to hope*
hoffentlich *hopefully*
der Höhepunkt (-e) *highlight*
holen *to fetch, to get*
hören *to hear*
die Hose (-n) *(a pair of) trousers*
das Hotel (-s) *hotel*
der Hut ("e) *hat*

die Idee (-n) *idea*
der Imbissstand ("e) *hot-dog stand*
immer *always*
die Insel (-n) *island*
interessant *interesting*

die Jacke (-n) *jacket*
das Jahr (-e) *year*
-vor einem Jahr *a year ago*
die Jahreszeit (-en) *season*
jeder / jede/ jedes *every. each*
- jeden Tag *every day*
jetzt *now*
der Job (-s) *job*

der / das Joghurt *yoghurt*
die Jugendherberge (-n) *youth hostel*
jung *young*
der Junge (-n) *boy*

der Kaffee (-s) *coffee*
kalt *cold*
das Kännchen (-) *pot*
die Kartoffel (-n) *potato*
der Käse *cheese*
die Kasse (-n) *cash desk, checkout*
kaufen *to buy*
das Kaufhaus ("er) *department store*
kein *no, not a*
der Keller (-) *cellar*
der Kellner (-) / die -in *waiter/waitress*
kennen* *to know, be acquainted with*
die Kenntnis (-se) (often pl.)
 knowledge
das Kilo (-[s]) *kilo*
das Kind (-er) *child*
das Kino (-s) *cinema*
die Kirche (-n) *church*
die Kirsche (-n) *cherry*
das Klassentreffen (-) *class reunion*
sich kleiden *to dress* (oneself)
die Kleidung *clothing*
klein *small*
das Klima (-s) *climate*
die Kneipe (-n) *pub*
das Knie (-) *knee*
der Knoblauch *garlic*
kochen *to cook*
der Kollege (-en) / die Kollegin (-nen)
 colleague
komfortabel *comfortable*
kommen* *to come*
das Königshaus ("er) *monarchy*
können *to be able to, can*
das Konzert (-e) *concert*
der Kopf ("e) *head*
der Körper (-) *body*
der Körperteil (-e) *part of the body*
die Kosmetikerin (-nen) *beautician, cosmetician*
kosmopolitisch *cosmopolitan*
kosten *cost*
krank *ill, sick*
das Krankenhaus ("er) *hospital*
die Krankenkasse (-n) *health insurance fund*
der Krankenpfleger (-) *male nurse*

die Krankenschwester (-n) *female nurse*
die Krankenversicherung (-en) *health insurance*
die Krawatte (-n) *tie*
der Krimi (-s) *crime novel*
die Küche (-n) *kitchen*
der Kuchen (-) *cake*
kühl *cool*
der Kühlschrank ("e) *refrigerator*
der Kunde (-n) / die Kundin (-nen) *customer, client*
der Kurs (-e) *course*
kurz *short, shortly*
die Küste (-n) *coast*
der Laden (") *shop*
die Lampe (-n) *lamp*
das Land ("er) *country*
 – aufs Land fahren *to go the country*
lang *long*
langweilig *boring*
laufen* *to walk, run*
laut *loud, noisy*
leben *to live*
der Lebenslauf ("e) *CV*
die Lebensmittel (pl) *food*
lecker *delicious, tasty*
ledig *single, unmarried*
legen *to lay, put*
die Lehre (-n) *apprenticeship*
der Lehrer (-) / die -in *teacher*
das Leid - Das tut mir Leid *I am sorry*
die Leitung (-en) *line*
lernen *to learn*
lesen* *to read*
die Leute (pl) *people*
lieben *to like very much, to love*
lieber – Ich trinke lieber Kaffee. *I prefer drinking coffee.*
die Lieblingsfarbe (-n) *favourite colour*
das Lied (-er) *song*
liegen* *to lie (in the sun etc.)*
die Limonade (-n) / die Limo (-s) *lemonade*
links *(on the) left*
die Lippe (-n) *lip*
das Lotto *national lottery*
der Luftballon (-s) *balloon*
Lust haben *to feel like*

machen *to do, to make*
das Mädchen (-) *girl*
der Mais *sweetcorn*
malen *to paint*
man *one*
manchmal *sometimes*
der Mann ("er) *man*
der Mantel (") *coat*
das Märchen (-) *fairy tale*
die Mark (-) *mark*
der Markt ("e) *market*
das Maß (-e) *measure*
die Mauer (-n) *wall*
der Maurer (-) /die -in *bricklayer*
der Mechaniker (-) /die -in *mechanic*
das Meer (-e) *sea*
meinen *to think, to mean*
die Meinung (-en) *opinion*
meistens *mostly*
die Mensa (...sen) *refectory*
der Mensch (-en) *person, human being*
die Messe (-n) *(trade) fair*
die Miete (-n) *rent*
mieten *to rent*
die Milch *milk*
die Minderheit (-en) *minority*
mindestens *at least*
das Mineralwasser (-) *mineral water*
die Minute (-n) *minute*
mitlkommen* *to come (along, as well)*
das Mittagessen (-) *lunch*
mittags *at midday*
die Mitte *middle*
das Möbel (-) *furniture*
möchten - Was möchten Sie? *What would you like?*
die Mode (-n) *fashion*
modisch *fashionable*
möglich *possible*
die Möglichkeit (-en) *possibility*
der Moment (-e) *moment*
der Monat (-e) *month*
der Morgen (-) *morning*
morgen *tomorrow*
morgens *in the morning*
das Motorrad ("er) *motor bike*
müde *tired*
der Mund ("er) *mouth*
die Musik *music*

der Musiker (-) /die -in *musician*
das Müsli (-s) *muesli*
müssen *to have to, must*
die Mutter (") *mother*
die Muttersprache (-n) *mother tongue*
die Mütze (-n) *cap*

der Nachbar (-n) *neighbour*
nachher *afterwards*
nachmittags *in the afternoon*
die Nachricht (-en) *message*
die Nachspeise (-n) *dessert*
die Nacht ("e) *night*
nachts *at night*
die Nähe - in der Nähe von *near*
der Name (-n) *name*
die Nase (-n) *nose*
natürlich *of course*
der Nebel (-) *fog*
nehmen* *to take*
nett *nice*
neu *new*
nicht *not*
nie *never*
noch *still*
die Nordsee *North Sea*
nötig *necessary*
die Nudel (-n) *pasta*
die Nummer (-n) *number*
nun *now*
nützlich *useful*

das Obst *fruit*
obwohl *although*
oder *or*
offen *open*
öffnen *to open*
oft *often*
das Ohr (-en) *ear*
die Ökologie *ecology*
das Omelett (-e or -s) *omelette*
der Onkel (-s) *uncle*
der Orangensaft ("e) *orange juice*
der Österreicher (-) / die -in *Austrian*
die Ostsee *the Baltic*

die Packung (-en) *packet*
das Parfüm (-s) *perfume*
der Park (-s) *park*
der Parkplatz ("e) *parking lot*
die Party (-s) *party*
der Pazifik *the Pacific*
pensioniert *retired*

die Person (-en) *person*
das Pfund (-e) *pound*
der Pilz (-e) *mushroom*
die Pizza (Pizzen) *pizza*
die Platte (-n) *record*
der Platz (¨e) *square, place, seat*
die Polizei *police*
die Pommes frites (pl) *French fries*
die Postkarte (-n) *postcard*
das Praktikum (...ka) *work experience*
der Preis (-e) *price*
prima (inform.) *brilliant, great*
das Problem (-e) *problem*
der Produzent (-en) / -in *producer*
die Prüfung (-en) *examination*
der Pullover (-), Pulli (-s) *pullover*

das Rad (¨er) *wheel, cycle*
Rad fahren *to cycle*
das Radio (-s) *radio*
die Radiosendung (-en) *radio broadcast*
raten* *(+ dative)* to advise
das Rathaus (¨er) *town hall*
rauchen *to smoke*
der Raum (¨e) *room, space*
der Realschulabschluss (¨e) roughly equivalent to *GCSE* in the UK
rechts *(on the) right*
der Redakteur (-e) / die -in *editor*
reden *to talk*
das Regal (-e) *shelves*
der Regen *rain*
der Regenschirm (-e) *umbrella*
regnen *to rain*
reich *rich*
das Reihenhaus (¨er) *terraced house*
die Reinigung (-en) *dry cleaner's*
der Reis *rice*
die Reise (-n) *journey, trip*
reisen *to travel*
reservieren *to reserve*
die Richtung (-en) *direction*
das Rindfleisch *beef*
der Rock (¨e) *skirt*
der Roman (-e) *novel*
die Romantik *the Romantic Period*
rot *red*
der Rücken (-) *back*
ruhig *quiet*

die Sache (-n) *thing*

der Saft (¨e) *juice*
sagen *to say*
die Sahne *cream*
die Salami (-s) *salami*
der Salat (-e) *salad*
sammeln *to collect*
der Sänger (-) / die -in *singer*
der Satz (¨e) *sentence*
die Schallplatte (-n) *record*
scheinen* *to shine*
schenken *to give* (as a present)
scheußlich *terrible*
der Schinken (-) *ham*
schlafen* *to sleep*
das Schlafzimmer (-) *bedroom*
schlecht *bad*
schlimm *bad*
das Schloss (¨er) *castle*
der Schlüssel (-) *key*
schmecken *to taste*
  – Hat es geschmeckt? *Did it taste good?*
der Schmerz (-en) *pain*
der Schnaps (¨e) *spirit*
der Schnee *snow*
schneiden *to cut; to edit*
schneien *to snow*
schon *already*
schön *beautiful, nice*
der Schrank (¨e) *cupboard*
schrecklich *terrible*
schreiben *to write*
der Schreibtisch (-e) *desk*
schreien* *to yell, scream*
der Schriftsteller (-) die -in *author*
der Schuh (-e) *shoe*
die Schule (-n) *school*
schwarz *black*
schwatzen *to chat*
die Schwester (-n) *sister*
schwimmen* *to swim*
das Segeln *sailing*
sehen* *to see*
die Sehenswürdigkeit (-en) *sight (worth seeing)*
sehr *very*
die Seide *silk*
sein* *to be*
der Sekretär (-e) / die- in *secretary*
der Sekt *German bubbly wine*
selten *seldom, rarely*

der Sessel (-) *armchair*
sicher *sure, certain(ly)*
singen* *to sing*
sitzen* *to sit*
Ski laufen* / fahren* *to ski*
die Socke (-n) *sock*
das Sofa (-s) *sofa*
sogar *even*
der Sohn (¨e) *son*
der Soldat (-en) *soldier*
der Sommer (-) *summer*
die Sonne (-n) *sun*
die Sonnenbrille (-n) *(pair of)*
 sunglasses
sonnig *sunny*
sonst *otherwise*
 – Sonst noch etwas? *Anything else?*
sowieso *in any case*
der Spaß *fun*
 – Es macht Spaß *It's fun*
spät *late*
 – Wie spät ist es? *What's the time?*
spazieren gehen* *to go for a walk*
der Spaziergang (¨e) *walk*
 – einen Spaziergang machen
 to go for a walk
die Speisekarte (-n) *menu*
das Spiel (-e) *game*
spielen *to play*
der Sport *sport*
die Sprache (-n) *language*
sprechen* *to speak*
das Stadion (Stadien) *stadium*
die Stadt (¨e) *town, city*
die Stadtführung (-en) *guided tour (of*
 a town)
stark *strong*
stehen* *to stand*
stellen *to put, to place*
das Stellenangebot (-e) *job*
 advertisement
sterben* *to die*
die Stimme (-n) *voice*
das Stipendium (-ien) *grant*
der Strand (¨e) *beach*
die Straße (-n) *street*
die Straßenbahn (-en) *tram, street-car*
der Strumpf (¨e) *stocking*
die Strumpfhose (-n) *pair of tights*
das Stück (-e/ -) *piece*
der Student (-en) / - in (-nen) *student*

das Studentenwohnheim (-e) *student*
 residence
studieren *to study*
das Studium (-ien) *study*
die Stunde (-n) *hour*
suchen *to look for, to seek*
der Supermarkt (¨e) *supermarket*
die Suppe (-n) *soup*
das Surfen *surfing*
süß *sweet*
die Süßigkeit (-en) *sweet,*
 confectionery
die Tablette (-n) *tablet*
der Tag (-e) *day*
die Tante (-n) *aunt*
tanzen *to dance*
die Tasse (-n) *cup*
das Tauchen *diving*
das Taxi (-s) *taxi*
der Tee (-s) *tea*
teilen *to share, divide*
das Telefon (-e) *telephone*
telefonieren *to telephone*
die Temperatur (-en) *temperature*
das Tennis *tennis*
der Termin (-e) *date, appointment*
der Terminkalender (-) *appointments*
 diary
teuer *dear, expensive*
der Teufel (-) *devil*
der Texter (-)/ -in (-nen) *copy-writer*
das Theater (-) *theatre*
das Theaterstück (-e) *play*
das Thema (-men) *topic, theme*
der Tisch (-e) *table*
der Tischler (-) / -in (-nen) *carpenter*
die Tochter (¨) *daughter*
toll *great, terrific*
die Tomate (-n) *tomato*
total *total(ly)*
die Touristeninformation (-en) *tourist*
 information
die Tournee (-n) *tour*
tragen* *to wear*
trainieren *to train, work out*
der Traum (¨e) *dream*
treffen* *to meet*
der Treffpunkt (-e) *meeting place*
trennbar *separable*
treten* - in den Ruhestand treten *to*
 retire (go into reitrement)

trinken* *to drink*
der Tropfen (-) *drop*
trotzdem *nevertheless*
Tschüs!/ Tschüss! *bye!*
tun* *to do*
der Türke (-n) / die Türkin *Turk*
der Turnschuh (-e) *trainer*
die Tüte (-n) *bag*
der Typ (-en) *type*
typisch *typical*
die U-Bahn (-en) *underground, subway*
überhaupt nicht *not at all*
übersetzen *to translate*
die Übung (-en) *exercise*
die Uhr (-en) *clock*
- neun Uhr *nine o'clock*
die Umfrage (-n) *survey*
der Umgang *contact, dealings*
um|steigen* *to change (a train, bus etc.)*
die Umwelt *environment*
und *and*
ungefähr *approximately, about*
die Universität (-en) *university*
das Unterhemd (-en) *vest*
unterzeichnen *to sign*
der Urlaub (-e) *holiday*
der Vater (¨) *father*
die Verabredung (-en) *arrangement, appointment*
die Verantwortung *responsibility*
das Verb (-en) *verb*
verbinden* *to connect, put through*
die Verbindung (-en) *connection, link*
verboten *forbidden*
verbringen *to spend (time)*
verdienen *to earn*
die Vergangenheit (-en) *past*
verheiratet *married*
verkaufen *to sell*
der Verkäufer (-) / -in (-nen) *shop assistant*
der Verkehr *traffic*
die Verkehrsmittel (pl.) *means of transport*
die Verkehrsverbindungen (pl.) *transport (links)*
verlassen* *to leave*
veröffentlichen *to publish*
verschieden *different, various*

verschreiben* *to prescribe*
verstehen* *to understand*
versuchen *to try*
der Vertrag (¨e) *treaty*
verwitwet *widowed*
viel *much, a lot*
vielleicht *perhaps*
das Viertel (-) *quarter*
-Viertel nach acht *quarter past eight*
vor|bereiten *to prepare*
die Vorlesung (-en) *lecture*
der Vormittag (-e) *morning*
die Vorspeise (-n) *starter*
wach *awake*
wahr *true*
wahrscheinlich *probably*
die Währung (-en) *currency*
wandern *to hike, to ramble*
wann? *when?*
war/waren *was/were (past tense of sein: to be)*
warm *warm*
warten *to wait*
warum? *why?*
was? *what?*
das Wasser *water*
wechseln *to change*
der Wecker (-) *alarm clock*
wehtun *to hurt, ache*
weil *because*
der Wein (-e) *wine*
weiß *white*
weit *far*
die Welt (-en) *world*
der Weltkrieg (-e) *World War*
wenig - nur ein wenig *only a little*
wenn *when, whenever*
der Werdegang (¨e) *development, career*
werden* *to become*
das Werk (-e) *work*
das Wetter *weather*
der Wetterbericht (-e) *weather report*
die Wettervorhersage (-n) *weather forecast*
wichtig *important*
wie? *how?*
wie viel? *how much? how many?*
Wie viel Uhr ist es? *What time is it?*
wieder *again*

Wiederhören - Auf Wiederhören!
Goodbye! (on radio or phone)
wieder|kommen* to come again,
come back
Wiedersehen - Auf Wiedersehen!
Goodbye!
die Wiedervereinigung reunification
der Wind (-e) wind
windig windy
der Winter (-) winter
wirklich really
die Wirtschaftswissenschaften (pl.)
economics
wissen* to know (a fact)
der Witz (-e) joke
wo? where?
die Woche (-n) week
das Wochenende (-n) weekend
der Wodka vodka
woher? where ... from?
wohnen to live
die Wohngemeinschaft (-en) flat-share
die Wohnung (-en) flat
das Wohnzimmer (-) living room
wolkig cloudy
die Wurst (¨e) sausage
das Würstchen (-) (small) sausage

die Zahl (-en) number, figures
der Zahn (¨e) tooth
der Zahnarzt / die Zahnärztin
dentist
die Zehe (-n) toe
zeigen to show
die Zeit (-en) time
die Zeitschrift (-en) journal
die Zeitung (-en) newspaper
zentral central(ly)
die Zentralheizung (-en) central
heating
ziehen* to move
ziemlich quite, fairly
das Zimmer (-) room
der Zucker sugar
der Zug (¨e) train
die Zunge (-n) tongue
zurück|rufen* to call back
zusammen together.
der Zuschlag (¨e) supplement

This glossary is intended to help you recall and use some of the most important words that you have met during the course. It is not intended to be comprehensive.

* indicates this verb or its root form is in the verb list on page 332 and is irregular.

| indicates that a verb is separable (e.g. an|rufen).

about ungefähr
actually eigentlich
address die Adresse (-n)
adventure das Abenteuer (-)
to advise raten* (+ dative)
afternoon der Nachmittag (e)
afterwards anschließend, nachher
again wieder
against gegen
ago vor (+ dative); *a year ago* vor einem Jahr
alarm clock der Wecker (-)
already schon
also auch
although obwohl
always immer
and und
to answer beantworten
answer die Antwort (-en)
apartment die Wohnung (-en)
apparatus der Apparat (-e)
to appear (seem) aus|sehen*
to appear erscheinen*
apple der Apfel (¨)
application die Bewerbung (-en)
appointment der Termin (-e)
apprenticeship die Lehre (-n)

approximately ungefähr
area das Gebiet (-e)
arm der Arm (-e)
armchair der Sessel (-)
to arrive an|kommen*
to ask fragen
aunt die Tante (-n)
Austrian (person) der Österreicher (-) / die -in (-nen)
autumn der Herbst (-e)
awake wach

baby das Baby (-s)
back der Rücken (-)
bad schlecht; schlimm
bag die Tüte (-n)
bakery die Bäckerei (-en)
balcony der Balkon (-s/-e)
balloon der Luftballon (-s)
Baltic die Ostsee
bank die Bank (-en)
bath das Bad (¨er)
bathroom das Badezimmer (-)
to be sein*
be able to können
to be called heißen*
beach der Strand (¨e)
beautician die Kosmetikerin (-nen)

beautiful schön
because weil
to become werden*
bed das Bett (-en)
bedroom das Schlafzimmer (-)
beef das Rindfleisch
beer das Bier (-e)
to begin anlfangen*; beginnen*
beginning der Anfang
to believe glauben
belly der Bauch (¨e)
bicycle das Fahrrad (¨er); das Rad (¨er)
big groß
birthday der Geburtstag (-e)
bit: a bit (of) bisschen: ein bisschen
black schwarz
blouse die Bluse (-n)
blue blau
body der Körper (-)
to boil kochen
book das Buch (¨er)
to book buchen
border die Grenze (-n)
boring langweilig
boss der Chef (-s) / die Chefin (-nen)
bottle die Flasche (-n)
boy der Junge (-n)
boyfriend der Freund (-e)
bread roll das Brötchen (-)
bread das Brot (-e)
breakfast das Frühstück (-e)
bricklayer der Maurer (-) /die -in
bridge die Brücke (-n)
bright hell
to bring bringen*
brother der Bruder (¨)
brown braun
to build bauen
building das Gebäude (-)
bus stop die Bushaltestelle (-n)
bus der Bus (-se)
business das Geschäft (-e)
but aber
butter die Butter
to buy kaufen

café das Café (-s)
cake der Kuchen (-)
to call rufen*
to call (on the phone) anlrufen*
to call back zurücklrufen*

can die Dose (-n)
cap die Mütze (-n)
capital city die Hauptstadt (¨e)
car das Auto (-s)
carpenter der Tischler (-) / die -in (-nen)
to carry tragen*
cash desk die Kasse (-n)
castle das Schloss (¨er)
cauliflower der Blumenkohl (-e)
CD die CD (-s)
to celebrate feiern
celebration die Feier (-n)
cellar der Keller (-)
central heating die Zentralheizung (-en)
central(ly) zentral
certain(ly) sicher
to change wechseln
to change (a train, bus, etc.) umlsteigen*
to chat schwatzen
cheap billig
cheese der Käse
cherry die Kirsche (-n)
chest die Brust (¨e)
child das Kind (-er)
church die Kirche (-n)
cinema das Kino (-s)
climate das Klima (-s)
clock die Uhr (-en)
clothing die Kleidung
cloudy wolkig
coast die Küste (-n)
coat der Mantel (¨)
coffee der Kaffee (-s)
cold kalt
colleague der Kollege (-n) / die Kollegin (-nen)
to collect sammeln
colour die Farbe (-n)
to come kommen*
comfortable bequem
computer der Computer (-)
concert das Konzert (-e)
to connect verbinden*
connection die Verbindung (-en)
to cook kochen
cool kühl
corner die Ecke (-n)
corridor der Flur (-e)

to cost kosten
country das Land (¨er)
course der Kurs (-e)
cream die Sahne
cup die Tasse (-n)
cupboard der Schrank (¨e)
currency die Währung (-en)
customer der Kunde (-n) / die Kundin (-nen)
to cut schneiden*
CV der Lebenslauf (¨e)
cycle Rad fahren*

to dance tanzen
dangerous gefährlich
dark dunkel
date der Termin (-e)
daughter die Tochter (¨)
day der Tag (-e)
dear teuer
delicious lecker
dentist der Zahnarzt (¨e) / die Zahnärztin (-nen)
to depart ab|fahren*
department store das Kaufhaus (¨er)
desk der Schreibtisch (-e)
dessert die Nachspeise (-n)
devil der Teufel (-)
to die sterben*
different verschieden
direction die Richtung (-en)
directory enquiries die Auskunft (¨e)
disco die Disco / Disko (-s)
to discover entdecken
to divide teilen
diving das Tauchen
divorced geschieden
to do machen; tun*
doctor der Arzt (¨e) / die Ärztin (-nen)
dreadful scheußlich
dream der Traum (¨e)
to dress (oneself) sich kleiden
to drink trinken*
drink das Getränk (-e)
to drive fahren*
driving licence der Führerschein (-e)
drop der Tropfen (-)
dry cleaner's die Reinigung (-en)

ear das Ohr (-en)
early früh
to earn verdienen

Earth die Erde
to eat essen*
ecology die Ökologie
economics die Wirtschaftswissenschaften (pl.)
editor der Redakteur (-e) / die -in (-nen)
end das Ende (-n)
engaged (phone line etc.) besetzt
Englishman, -woman der Engländer (-) / die -in (-nen)
enough genug
environment die Umwelt
especially besonders
euro der Euro (-)
even sogar
evening; in the evening der Abend (-e); abends
every jeder / jede / jedes
everything alles
exact(ly) genau
examination die Prüfung (-en); das Examen (-)
example das Beispiel (-e)
excellent ausgezeichnet
exciting aufregend
excursion der Ausflug (¨e)
to excuse entschuldigen
exercise die Übung (-en)
expensive teuer
experience die Erfahrung (-en)
expression der Ausdruck (¨e)
eye das Auge (-n)

face das Gesicht (-er)
fair (trade) die Messe (-n)
fairly ziemlich
fairy tale das Märchen (-)
family die Familie (-n)
famous berühmt
far weit
fashion die Mode (-n)
fashionable modisch
fat das Fett; dick
father der Vater (¨)
favourite colour die Lieblingsfarbe (-n)
to feel fühlen
to fetch holen; ab|holen
figure die Zahl (-en)
film der Film (-e)
to find finden*
finger der Finger (-)

to finish beenden
flat die Wohnung (-en)
flea market der Flohmarkt ("e)
flight der Flug ("e)
flower die Blume (-n)
flu die Grippe (-n)
fluent(ly) fließend
to fly fliegen*
fog der Nebel
food die Lebensmittel (pl)
foot der Fuß ("e)
football der Fußball ("e)
forbidden verboten
foreigner der Ausländer (-) / die -in (-nen)
to forget vergessen*
former ehemalig
fortune das Glück
to found gründen
free frei
French (language) Französisch
French fries die Pommes frites (pl)
Frenchman/ -woman der Franzose (-n) / die Französin (-nen)
frequently häufig
fresh frisch
friend der Freund (-e) / die Freundin (-nen)
fruit das Obst
fun der Spaß
furniture das Möbel (-)

game das Spiel (-e)
garden der Garten (")
garlic der Knoblauch
gentleman der Herr (-en)
German (language) Deutsch
German (person) ein Deutscher / eine Deutsche
to get up auflstehen*
to get bekommen*
girl das Mädchen (-)
girlfriend die Freundin (-nen)
to give geben*
to give (as a present) schenken
glass das Glas ("er)
to go gehen*
to go for a walk spazieren gehen*; einen Spaziergang machen
good gut
Goodbye! Auf Wiedersehen!; Auf Wiederhören! (on radio or phone)

gram das Gramm (-)
grammar school das Gymnasium (Gymnasien)
grandson / -daughter Enkelsohn ("e) /-tochter (")
grant das Stipendium (-ien)
graphic designer der Grafiker (-) / die -in (-nen)
green grün
grey grau
to grow wachsen
guest der Gast ("e)

hair das Haar (-e)
hairdresser der Friseur (-e) / die Friseuse (Friseusinnen), die Friseurin (-nen)
hairstyle die Frisur (-en)
ham der Schinken (-)
hand die Hand ("e)
to hang hängen
happiness das Glück
happy glücklich
hat der Hut ("e)
to hate hassen
to have haben*
to have to müssen
head der Kopf ("e)
health die Gesundheit
health insurance die Krankenversicherung (-en)
healthy gesund
to hear hören
heart das Herz (-en)
hectic hektisch
heel die Ferse (-n)
to help helfen* (+ dative)
here hier
to hike wandern
history die Geschichte (-n)
hobby das Hobby (-s)
to hold halten*
holiday der Urlaub (-e)
holiday (public) der Feiertag (-e)
holidays die Ferien (pl)
to hope hoffen
hopefully hoffentlich
hospital das Krankenhaus ("er)
hot heiß
hotel das Hotel (-s)
hour die Stunde (-n)
house das Haus ("-er)

how? wie?
how many? wie viele?
how much? wie viel?
however aber
human being der Mensch (-en)
to hurt weh|tun

ice cream das Eis
idea die Idee (-n)
ill, sick krank
important wichtig
information die Auskunft (¨e)
inhabitant der Einwohner (-)
interesting interessant
to introduce ein|führen
invitation die Einladung (-en)
to invite ein|laden*
island die Insel (-n)

jacket die Jacke (-n)
job der Job (-s)
joke der Witz (-e)
journal die Zeitschrift (-en)
journey die Reise (-n)
juice der Saft (¨e)

key der Schlüssel (-)
kilo das Kilo (-[s])
kitchen die Küche (-n)
knee das Knie
to know (a fact) wissen*
to know (be acquainted with) kennen*
knowledge die Kenntnis (-se) (often pl.)

lady die Dame (-n)
lamp die Lampe (-n)
language die Sprache (-n)
large groß
to last dauern
late spät
to lay legen
to learn lernen
least at least: mindestens
to leave verlassen*
to leave (a message) hinterlassen
lecture die Vorlesung (-en)
left links
leg das Bein (-e)
lemonade die Limonade (-n) / die Limo (-s)
library die Bibliothek (-en)
to lie (in the sun, etc.) liegen*

lip die Lippe (-n)
to live leben; *(dwell)* wohnen
living room das Wohnzimmer (-)
long lang
to look aus|sehen*
to look for suchen
to lose verlieren*
loud laut
to love lieben
lunch das Mittagessen (-)

magazine die Zeitschrift (-en)
main course das Hauptgericht (-e)
to make machen
man der Mann (¨er)
market der Markt (¨e)
married verheiratet
to marry heiraten
to mean bedeuten
meat das Fleisch
mechanic der Mechaniker / die -in (-nen)
to meet treffen*
menu die Speisekarte (-n)
message die Nachricht (-en)
message: pass on a message to someone jemandem etwas aus|richten
middle die Mitte
milk die Milch
mineral water das Mineralwasser
minority die Minderheit (-en)
minute die Minute (-n)
mixed gemischt
moment der Augenblick (-e); der Moment (-e)
money das Geld (-er)
month der Monat (-e)
morning der Morgen (-)
mostly meistens
mother die Mutter (¨)
mother tongue die Muttersprache (-n)
motor bike das Motorrad (¨er)
mountain der Berg (-e)
mouth der Mund (¨er)
much viel
mushroom der Pilz (-e)
music die Musik
musician der Musiker (-) /die -in
name der Name (-n)
near die Nähe; in der Nähe von

necessary nötig
neck der Hals ("e)
to need brauchen
neighbour der Nachbar (-n)
never nie
nevertheless trotzdem
new neu
newspaper die Zeitung (-en)
nice nett; schön
night die Nacht ("e)
nightmare der Alptraum ("e)
noisy laut
North Sea die Nordsee
nose die Nase (-n)
not nicht
not a kein
novel der Roman (-e)
now nun
now jetzt
number die Nummer (-n); die Zahl (-en)
nurse (female) die Krankenschwester (-n)
nurse (male) der Krankenpfleger (-)

occupation der Beruf (-e)
of course natürlich
office das Büro (-s)
often oft
old alt
old-fashioned altmodisch
omelette das Omelett (-e *or* -s)
once einmal
open offen
to open öffnen
opinion die Meinung (-en)
opposite das Gegenteil (-e)
or oder
orange juice der Orangensaft ("e)
to order bestellen
otherwise sonst
outing der Ausflug ("e)
outside außerhalb

packet die Packung (-en)
pain der Schmerz (-en)
to paint malen
parents Eltern (pl)
park der Park (-s)
to park parken
party die Party (-s)
past die Vergangenheit (-en)
pasta die Nudeln (pl)

to pay bezahlen
pedestrian der Fußgänger (-)
people die Leute (pl)
perfume das Parfüm (-s)
perhaps vielleicht
person der Mensch (-en); die Person (-en)
to pick up ab|holen
picture das Bild (-er)
piece das Stück (-e)
pineapple die Ananas (-)
to play spielen
please bitte
police die Polizei
poor arm
popular beliebt
possibility die Möglichkeit (-en)
possible möglich
postcard die Postkarte (-n)
pot das Kännchen (-)
potato die Kartoffel (-n)
pound das Pfund
to prefer: I prefer drinking coffee. Ich trinke lieber Kaffee.
to prepare vor|bereiten
to prescribe verschreiben*
present das Geschenk (-e)
price der Preis (-e)
probably wahrscheinlich
problem das Problem (-e)
producer der Produzent (-en) / die -in (-nen)
prospect die Aussicht (-en)
pub die Kneipe (-n)
to publish veröffentlichen
to pull ziehen*
pullover der Pullover (-s), Pulli (-s)
to put stellen
to put on (clothes) an|ziehen*

quarter das Viertel (-)
question die Frage (-n)
quiet ruhig

radio das Radio (-s)
railway die Bahn
railway station der Bahnhof ("e)
rain der Regen
to rain regnen
ramble wandern
rare(ly) selten
to read lesen*

really wirklich
to receive erhalten*
recommend empfehlen*
record die Schallplatte (-n)
red rot
refrigerator der Kühlschrank (¨e)
rent die Miete (-n)
to rent mieten
to reserve reservieren
responsibility die Verantwortung
responsible verantwortlich
retire in den Ruhestand treten*
retired pensioniert
return (ticket) hin und zurück
reunification die Wiedervereinigung
rice der Reis
rich reich
right rechts
room das Zimmer (-)
to run laufen*

sailing das Segeln
salad der Salat (-e)
salami die Salami (-s)
salesperson der Verkäufer (-) / die -in (-nen)
same gleich
sausage die Wurst (¨e)
to say sagen
school die Schule (-n)
to scream schreien*
sea das Meer (-e)
season die Jahreszeit (-en)
seat der Platz (¨e)
secretary der Sekretär (-e) / die -in (-nen)
to see sehen*
to seek suchen
seldom selten
to sell verkaufen
sentence der Satz (¨e)
to share teilen
shelves das Regal (-e)
to shine scheinen*
shirt das Hemd (-en)
shoe der Schuh (-e)
shop assistant der Verkäufer (-) / die -in (-nen)
shop das Geschäft (-e); der Laden (¨)
to shop einlkaufen
short kurz

to shout schreien*
to show zeigen
shower die Dusche (-n)
sight (worth seeing) die Sehenswürdigkeit (-en)
sign unterschreiben*; unterzeichnen
silk die Seide
simple einfach
to sing singen*
singer der Sänger (-) / die -in (-nen)
single ledig
sister die Schwester (-n)
to sit sitzen*
ski Ski laufen* / fahren*
skin die Haut (¨e)
skirt der Rock (¨e)
to sleep schlafen*
slope der Hang (¨e)
small klein
to smoke rauchen
snack der Imbiss (-e)
snow der Schnee
to snow schneien
sock die Socke (-n)
sofa das Sofa (-s)
soldier der Soldat (-en)
sometimes manchmal
son der Sohn (¨e)
song das Lied (-er)
soon bald
sorry Leid; *I am sorry* Das tut mir Leid
soup die Suppe (-n)
space der Raum (¨e)
to speak sprechen*
to spell buchstabieren
to spend (money) auslgeben
to spend (time) verbringen
sport der Sport
spring der Frühling (-e)
square (in a town) der Platz (¨e)
stadium das Stadion (Stadien)
to stand stehen*
to start anlfangen*
starter die Vorspeise (-n)
to stay bleiben*
stay der Aufenthalt (-e)
still noch
stocking der Strumpf (¨e)
stomach der Magen (¨e)
story die Geschichte (-n)

straight ahead geradeaus	*tie* die Krawatte (-n)
straight away gleich; sofort	*tights* die Strumpfhose (-n)
street die Straße (-n)	*time* die Zeit (-en)
streetcar die Straßenbahn (-en)	*timetable* der Fahrplan (¨e)
strenuous anstrengend	*tired* müde
strong stark	*tiring* anstrengend
student der Student (-en) / - in (-nen)	*today* heute
study das Studium (Studien)	*toe* die Zehe (-n)
to study studieren	*together* zusammen
subject das Fach (¨er)	*tomato* die Tomate (-n)
subway (train) die U-Bahn (-en)	*tomorrow* morgen
sugar der Zucker	*tongue* die Zunge (-n)
suit der Anzug (¨e)	*tooth* der Zahn (¨e)
summer der Sommer (-)	*topic* das Thema (Themen)
sun die Sonne (-n)	*tour* die Tournee (-n)
sunglasses die Sonnenbrille (-n)	*tower block* das Hochhaus (¨er)
sunny sonnig	*town* die Stadt (¨e)
supermarket der Supermarkt (¨e)	*town/city hall* das Rathaus (¨er)
sure sicher	*track* das Gleis (-e)
surfing das Surfen	*traffic* der Verkehr
survey die Umfrage (-n)	*train* der Zug (¨e)
sweet der Bonbon (-s); süß	*trainer* der Turnschuh (-e)
sweetcorn der Mais	*tram* die Straßenbahn (-en)
to swim schwimmen*	*to translate* übersetzen
	to travel reisen
table der Tisch (-e)	*treaty* der Vertrag (¨e)
tablet die Tablette (-n)	*tree* der Baum (¨e)
to take nehmen*	*trip* die Reise (-n)
to talk reden	*trousers (a pair of)* die Hose (-n)
to taste schmecken	*true* wahr
taste der Geschmack (¨er)	*to try* versuchen
taxi das Taxi (-s)	*to try out* aus|probieren
tea der Tee (-s)	*tube (train)* die U-Bahn (-en)
teacher der Lehrer (-) / die -in (-nen)	*Turk* der Türke (-n) / die Türkin
telephone das Telefon (-e)	(-nen)
to telephone telefonieren; an|rufen*	*TV set* der Fernseher (-)
to tell erzählen	*type* der Typ (-en)
temperature die Temperatur (-en)	*typical* typisch
tennis das Tennis	*ugly* hässlich
terraced house das Reihenhaus (¨er)	*umbrella* der Regenschirm (-e)
terrible schrecklich	*uncle* der Onkel (-s)
thank you; thank you very much	*understand* verstehen*
danke; danke schön	*unemployed* arbeitslos
theatre das Theater (-)	*university* die Universität (-en)
then damals; dann	*until* bis
there dort; da	*useful* nützlich
thing die Sache (-n)	
to think denken*	*vacation* der Urlaub (-e)
thirsty durstig	*various* verschieden
throat der Hals (¨e)	*vegetable(s)* das Gemüse
thunderstorm das Gewitter (-)	*verb* das Verb (-en)
ticket die Fahrkarte (-n)	*very* sehr

vest   das Unterhemd (-en)
village   das Dorf (¨er)
to visit   besuchen
voice   die Stimme (-n)

to wait   warten
waiter/waitress   der Kellner (-) / die
   -in (-nen)
walk   der Spaziergang (¨e)
to walk   (spazieren) gehen
wall   die Mauer (-n)
warm   warm
to wash   waschen*
to watch TV   fernlsehen*
water   das Wasser
to wear   tragen*
weather   das Wetter
weather forecast   die
   Wettervorhersage (-n)
weather report   der Wetterbericht (-e)
wedding   die Hochzeit (-en)
week   die Woche (-n)
weekend   das Wochenende (-en)
weight   das Gewicht (-e)
well-known   bekannt
what?   was?

wheel   das Rad (¨er)
when?   wann?
whenever   wenn
where ... from?   woher?
where?   wo?
white   weiß
why?   warum?
widowed   verwitwet
to win   gewinnen*
wind   der Wind (-e)
windy   windig
wine   der Wein (-e)
winter   der Winter (-)
woman   die Frau (-en)
work   die Arbeit (-en)
to work   arbeiten
world   die Welt (-en)
World War   der Weltkrieg (-e)
to write   schreiben*

year   das Jahr (-e)
yellow   gelb
yoghurt   der / das Joghurt
young   jung
youth hostel   die Jugendherberge (-n)

taking it further

If you have enjoyed working your way through *Teach Yourself German* and want to take your German further, why not try *Teach Yourself German Extra!*? You should find it ideal for building on your existing knowledge and improving your listening, reading and writing skills.

Here are just three examples of websites that you might find helpful:

http://www.goethe.de   The *Goethe Institut* is represented in most countries and staff may be able to inform you about German language courses in your area. They will also have information on short intensive courses based in Germany.

http://www.austria.org   for information about Austrian life and culture.

http://www.swissinfo.org   for information about Swiss life and culture.

Try some real German!

Have a go at listening to German-speaking radio and TV stations and reading German newspapers and magazines.

Whatever you try, it's best to concentrate on small extracts at first – either a video or audio clip or a short article. See how much you can work out, going over the material several times. Then look up any key words that you have not understood, and go on till you are satisfied that you have grasped the main ideas. If you do this on a regular basis, you'll find that your command of German increases steadily.

Sources of real German

- Newspapers, magazines (e.g. *Bild-Zeitung, Stern, Focus*).
- Satellite and cable TV channels (e.g. ARD, RTL, SAT1, ZDF).
- Radio stations via satellite and, within Europe, on Medium Wave after dark.
- Internet – most German newspapers have websites where you can browse for short articles that interest you. TV and radio stations, too, have websites where you can often find audio and video clips of the latest newscasts. In some cases you will also find transcripts of the newscasts to help you if you run into difficulties with the spoken language.

  You can use our homepage or a German-language search engine or portal such as http://www.google.de, http://de.yahoo.com or http://www.tiscali.de to find any of the above and lots more besides.
- Last but not least, we would highly recommend that you try speaking German with native-speakers, whether in your home country or in a German-speaking country. Explore Berlin, Vienna or Zürich (or any other German-speaking city) and make contact with the locals!

Viel Spaß beim Weiterlernen!

index to grammar

The numbers after each entry refer to the units. For a summary of grammatical terminology used in this book, see the Glossary of grammatical terms on pages 327–31.